Fred Grenkowitz

Von Tegel über Indochina nach Berlin

Lebenserinnerungen

Fred Grenkowitz

Von Tegel über Indochina nach Berlin

Book Print Verlag

Bibliografische Information der Deutschen Nationalbibliothek

Die Deutsche Nationalbibliothek verzeichnet diese Publikation in der
Deutschen Nationalbibliografie;
detaillierte bibliografische Daten sind im Internet über
http://dnb.ddb.de abrufbar.

Book Print Verlag
Karlheinz Seifried
Weseler Straße 34
47574 Goch
http://www.bp-verlag.de

Hergestellt in Deutschland • 2. Auflage 2008

© Book Print Verlag, Karlheinz Seifried, 47574 Goch

© Alle Rechte beim Autor: Fred Grenkowitz

Satz: Heimdall DTP-Service, Rheine

Coverfotos: © Fred Grenkowitz, © fotolia.de

ISBN: 978-3-940754-38-7

Vorwort

Der Büchermarkt ist überschwemmt mit Literatur. Leben werden vermarktet, Ansichten und Einsichten erfunden oder kolportiert. Ein Literaturhungriger muss sich beraten lassen, was es für ihn Lesenswertes zu kaufen gibt.

Trotz dieser Wertung kam mir zu einem bestimmten Zeitpunkt die Idee, für meine Verwandten und Freunde mein Leben darzustellen. Und nun bin ich sogar zu der Ansicht gekommen, dass es auch ein Buch sein kann – für andere Interessierte.

Vom Kleinkind zum Hitlerjungen, später zum Leichtmatrosen und dann zum Fremdenlegionär – darüber habe ich geschrieben.

Es ist das Jahr 2008. Ich habe aus meinem langen Leben von über 79 Jahren einiges erzählt. Wie viele Jahre mir noch vergönnt sind, weiß ich nicht. Die mir noch verbleibende Zeit will ich nutzen.
Ich blicke zurück:

Es begann in Tegel

Es ist Sonntag, der 17. März 1929. In der Wohnung meiner Großeltern mütterlicherseits in Berlin-Tegel, Havelmüllerweg 16, erblickte ich gegen Abend das Licht der Welt.

Durch die am 14.9.1929 erfolgte Eheschließung meiner Eltern wurde aus meinem Namen Scholle der Name Grenkowitz.

Zum Zeitpunkt meiner Geburt befand sich mein Vater auf der Polizeischule Brandenburg. Als er seinem Hauptmann die Geburt seines Sohnes mitteilte, habe dieser zu ihm gesagt: »Nun komm, Vater Staat und zahle.« Darauf soll mein Vater geantwortet haben, dass er für sein Kind auch allein aufkommen könne und nicht der Staat. Er kündigte. Alle Versuche seines Chefs und seiner Polizeikameraden, die Kündigung zurückzunehmen, schlugen fehl. Er ging in die Arbeitslosigkeit, anstatt in den Polizeiberuf.

Mein Vater wurde am 24.11.05 als 15. Kind seiner Eltern Wilhelmine und Josef Grenkowitz in Danzig-Langfuhr geboren. Sein Vater war Zimmerer. Er wollte, dass sich sein jüngster Sohn Artur ebenfalls mit einem holzverarbeitenden Beruf befassen sollte. Er zwang ihn, den Tischlerberuf zu erlernen. Einen Beruf erlernen zu <u>müssen</u> und dann die Gesellenprüfung mit einer Eins zu bestehen, empfinde ich auch heute noch als eine tolle Leistung.

Meine Mutter, Erika Grenkowitz, entstammt einer Familie, in der sehnlichst ein Sohn erwartet wurde. Als dann ein junger Otto geboren wurde, waren mein Großvater Otto Scholle und seine Frau Luise sehr glücklich. Leider starb der kleine Otto sehr schnell.

Bei weiteren Geburten meiner Großmutter (Hausgeburten) fragte mein Großvater danach die Hebamme: »Wasser oder Wein?« Sie konnte immer nur: »Wasser« (Töchter) antworten. Daraufhin soll mein Großvater immer enttäuscht weggegangen sein, ohne seiner Frau die notwendige Beachtung zu schenken.

Meine Großeltern mütterlicherseits hatten sechs Töchter. (Das reichte im Dritten Reich aber immer noch zu der Auszeichnung »Das Goldene Mutterkreuz«, was meine Oma väterlicherseits mit fünfzehn Kindern natürlich auch erhielt.) Bei ihrer Feststunde mit der Verleihung des Mutterkreuzes war ich als Kind mit anwesend.

Luise und Otto Scholle – die Eltern meiner Mutter – wohnten in Berlin in der Lehrter Straße 34, 2. Etage Vorderhaus – vorher in der Wilsnacker Straße.

Kurz vor Kriegsende wurde in der Lehrter Straße nur dieses eine Haus zerstört. Meine Großeltern zogen dann in die Straße Alt-Moabit 110 als Untermieter ein.

Mein Großvater arbeitete im Robert-Koch-Krankenhaus als »Mädchen für alles«. Damit er sich ab und zu mal ein Bier von Tante Hannchen im Lokal einige Häuser weiter leisten konnte, verdingte er sich für die Sonntage als Nachtwächter und bekam dafür acht Reichsmark.

Da er nicht mehr so gut sehen konnte, fuhr er mit seinem Fahrrad durch die verdunkelten Straßen und landete im Westhafen. Beide wurden aus dem Wasser gezogen.

Die Wohnung meiner Großeltern war recht groß, der Balkon voll schöner Geranien. Im Wohnzimmer über dem Sofa hing lange Zeit das Bild »Jesus auf dem Ölberg«.

Als die Verbindung ihrer jüngsten Tochter Uschi mit einem langen Soldaten der SS-Leibstandarte »Adolf Hitler« feste Formen annahm, verschwand das Jesusbild im Keller. Neben dem schönen Ofen mit

Sims wurde eine Säule aufgestellt. Auf ihr war bis zum Kriegsende die Büste Adolf Hitlers zu bewundern. An der Wohnzimmertapete dahinter prankten viele WHW-Abzeichen (Gliederungen der NSDAP sammelten mit Büchsen Geld ein und vergaben dabei kleine Abzeichen des Winterhilfswerkes der verschiedenartigsten Motive.)

Anfang der fünfziger Jahre waren das Ehepaar Uschi und ihr Mann immer noch Anhänger des Nationalsozialismus. Diesmal hieß ihr »Führer« Generalmajor Remer, der nach dem Attentat auf Hitler 1944 in Berlin von sich reden machte und »Ruhm und Ehre« errang. Später war er Vorsitzender der »Sozialistischen Reichspartei«, die verboten wurde.

Wenn ich aus der schönen großen lichten Wohnung dieser Großeltern in die meiner anderen Großeltern in die Grünberger Straße 46, Quergebäude Parterre links, kam, waren der Wohnraum und die Küche meist dunkel. Es wurde selten die Lampe angemacht. Zuerst fühlte ich mich als Kind etwas gruselig, doch wenn Besuch da war, meistens ihre Tochter Mariechen aus Springeberg bzw. Woltersdorf bei Erkner, die sich hingebungsvoll um ihre Eltern kümmerte, habe ich viele angenehme Stunden in der Dunkelheit verbracht. Ich saß eingequetscht zwischen anderen Verwandten auf dem Sofa und lauschte dem, was die Verwandten zu sagen hatten.

Meine Großeltern stammten im weitesten Sinne aus der Danziger Ecke ab. Mein Vater war der Lieblingssohn seiner Mutter.
Mein Großvater Josef, der erst nach dem Krieg 1945 in Springeberg bei seiner Tochter Maria Bauditz wohnte und starb, hatte also einen Bismarck, Kaiser Wilhelm den II., die Weimarer Republik, das Dritte Reich mit Generalfeldmarschall von Hindenburg und Adolf Hitler und nach Kriegsende 1945 noch die Russische Besatzungsmacht erlebt (der hätte ein Buch schreiben können).

Meine Kindheit

Meine Mutter liebte ich über alles (Mama Eka). Vor meinem Vater hatte ich meistens Angst. Er hatte für meinen Körper eine zu große kräftige Hand, und ich kann mich noch daran erinnern, wie er mich zu Beginn des Krieges, als die Straßen schon verdunkelt werden mussten, zum Einkaufen schickte – ich glaube, es war eine Reichelt-Filiale in der Grünberger Straße – ich legte ihm das Geld auf den Tisch und die eingekaufte Ware, und er sagte: »Da fehlt beim Geld etwas. Los, zurück! Und du kommst mir nicht ohne das fehlende Geld wieder!« Aufgeregt rannte ich die Grünberger Straße in Richtung Warschauer Straße und eigentlich auch schon voller Angst vor meinem Vater. Da hörte ich es unten in meiner zugebundenen Skihose klimpern. Ich hatte ein Loch in der Tasche und das fehlende Geld war durchgerutscht. Gott sei Dank, dachte ich. Doch welch' ein Irrtum!

Mein Vater dachte, ich hätte ihn vorher angeschwindelt, und dafür wollte er mich jetzt bestrafen. Er hatte neben seiner großen Hand auf dem Küchenschrank ein ziemlich dickes Schlauchende zu liegen. Er schlug mich mit der Hand und mit dem Schlauch über meinen ganzen Körper. Vor lauter Angst konnte ich schon nicht mehr schreien.

Als meine Mutter spät abends vom Dienst kam, machte ich im Korridor kein Licht an, weil ich wusste, wie ich aussah. Mutti sagte: »Was ist los, Fredi?« Sie knipste das Licht an. Ihr Gesicht war äußerst entsetzt. Sie rief zu meinem Vater: »Ich gehe mit dem Jungen zum Doktor.« Der hatte seine Praxis schräg gegenüber in einer Privatklinik, und war für meine Großeltern und uns das, was man Familienarzt nennt.

Mutti weinte, als sie mich »vorstellte«.

»War das dein Mann?«, fragte der Arzt. Mutti nickte wortlos.

»Wenn ich eure Familie nicht so gut kennen würde,« sagte der Doktor, »würde ich jetzt gegen Artur bei der Polizei Anzeige wegen Kindesmisshandlung erstatten.«

Auf gut deutsch hatte mich mein Vater zusammengeschlagen. Ich bekam Angst vor ihm, ja, ich fing an, ihn zu hassen.

Von Tegel in die Fliederstraße nach Ost-Berlin

Soweit ich mich erinnern kann, verlebte ich meine Kindheit bis ca. 5 ½ Lebensjahre bei meinen Großeltern mütterlicherseits in Berlin Tegel. Die Umgebung in Tegel war landschaftlich schön. Nicht weit vom Havelmüllerweg war ein Kanal, dann viel Wald. Es war eine für mich unbeschwerte Zeit. Irgendwann nannte mich ein Mieter des Hauses, in dem meine Großeltern wohnten, aus irgendeinem Grund, »Du kleines Ekelpaket«. Daraufhin sprach ich einen Herren einmal an mit: »Du bist ein Ekelpaket.« Ich wusste natürlich nicht, dass dieser Mann nach dem Ende des zweiten Weltkrieges meine Tante Lisa heiraten würde. Ihr erster Mann ist im Krieg gefallen. Bei dem »Ekelpaket« handelte es sich um Onkel Ewald, zu dem ich bis zu seinem Tode ein freundschaftliches Verhältnis hatte.

Ich hatte lange blonde Haare wie ein Mädchen. Meinem Vater passte das nicht. Ich fand mich sicher sehr schön. Das fand auf einem Spielplatz, nicht weit von der Wohnung meiner Großeltern, ein älterer Mensch wohl auch, der mich an die Hand nahm und in Richtung Wald mit mir losging. Bald darauf hörte ich meine Großmutter laut rufen: »Fredi bleib stehen!« Ich soll dann auch fröhlich zurückgewinkt haben und bin mit dem Menschen weitergegangen. Meine Oma keuchte hinterher. Meinem Entführer wurde die Lage wohl zu mulmig. Er ließ mich stehen und suchte das Weite. Großmutter klärte mich danach auf, nie mit fremden Menschen mitzugehen.

Das war das einzige Negativerlebnis im Bereich meiner Großeltern, das ich nicht mehr im Gedächtnis hatte, als sie es mir erzählten.

Kurz vor meinem sechsten Lebensjahr schlug auch für mich der Ernst der Stunde. Meine Eltern holten mich aus Tegel in die Stadt, da ich ja bald zur Schule kommen sollte. Der Kontrast der elterlichen Wohnung zur Wohnung meiner Großeltern war sehr groß und für mich schlimm. Wir wohnten in einem Haus in der damaligen Fliederstraße, die von der Gollnowstraße abging. Im Treppenhaus und in der Küche brannte Gaslicht. Der Flur war dunkel. Die Wohnung meiner Eltern bestand aus der Küche, die direkt vom Flur aus zu erreichen war, einem Zimmer (Wohnraum und Schlafzimmer) und einem WC, natürlich ohne Badewanne. Ich empfand die elterliche Wohnung räumlich als sehr bedrückend und eng.

Später in meinem Leben hatte ich Obdachlosenwohnungen gesehen, die räumlich größer waren.

In der Straße schräg gegenüber hatten meine Tante Charlotte und ihr Mann Ewald mit ihren Kindern Uschi und Wolfgang eine Portierstelle. Das ganze räumliche Umfeld dort ist mir sehr negativ und ärmlich in Erinnerung.

Neben meiner Mutter war der einzige Lichtblick meine Lehrerin in der 161. Volksschule in der Georgenkirchstraße.

Das erste Zeugnis vom 11. Oktober 1935 enttäuschte mich sehr, da es nicht die von mir erwartete Benotung, sondern nur einen Gesamtbericht zum Inhalt hatte, den mir mein Vater vorlas, als ich mit Masern krank im Bett lag. Der Gesamtbericht lautete: »Fred ist ein begabter Junge, der gute Leistungen aufzuweisen hat. Sein allzu lebhaftes Wesen macht sich im Unterricht etwas störend bemerkbar.«

Meine Erinnerungen an diese Zeit meiner Kindheit sind nicht sehr positiv. Diese Wohnlage im wohl untersten Milieu Berlins, der geringe Verdienst meines Vaters und das mir fehlende Umfeld meiner Großeltern, sowie meine nunmehr kurzgeschnittenen Haare gehörten zu den ersten negativen Eindrücken meiner Kindheit, an die ich mich noch heute erinnern kann.

Drei kleine Erlebnisse dieser Zeit habe ich noch im Gedächtnis:
Erstes Erlebnis:
Am Heiligen Abend 1935 holte mich meine Mutter in das Wohn-/Schlafzimmer. Meine Blicke gingen zu den brennenden Kerzen am Tannenbaum. Darunter standen auf dem Tisch drei bunte Teller. Sonst nichts! Mutti sagte zu mir:»Fredi, du weißt, dass Papa zur Zeit noch nicht gut verdient. Das ist alles, was wir Dir schenken können.« Meine Augen füllten sich bei diesen Worten mit Tränen. Mutti bekam Mitleid und sagte:»Na, guck doch mal rasch nach rechts.« Ich tat es mit tränenumflorten Augen und einem enttäuschten Gesicht. Ich sah auf ein riesengroßes, wunderschönes Kasperletheater. Der Vorhang war aus grauem Stoff mit rotgoldenen Litzen besetzt. Auf der Bühne saßen fünf Kasperlepuppen, im Hintergrund eine wunderschöne Waldkulisse. Papa hatte sie gemalt. Ich war entzückt, die Tränen versiegten, der Heiligabend gerettet.

Ich bekam dann noch ein kleines Dorf geschenkt mit zahlreichen Häusern und einer Kirche.

Alle diese Sachen wurden in der Werkstatt meines Großvaters in der Grünberger Straße 46 von meinem Vater und Opa hergestellt.

Zweites Erlebnis:
Die Kinder in der Fliederstraße wollten irgendwann im darauffolgenden Jahr (Es war das Jahr der Olympiade 1936 in Berlin) ein Wettrennen veranstalten. Wir hatten keine Olympiamedaillen, also mussten Preise her. Großzügig, wie ich manchmal schon in meiner Kindheit war, erinnerte ich mich des geschenkten Dorfes. Ich holte es auf die Straße zu meinen Spielgenossen, und die Häuser des ge-

schenkten Dorfes waren dann die Siegesprämien. Als meine Mutter abends von der Arbeit kam, sie war Krankenschwester zu dieser Zeit, stellte sie sehr schnell fest, dass mein Dorf nicht mehr in der Spielkiste lag. Ich beichtete ihr meine Sünde. Sie erfragte von mir, wer die Gewinner unseres Sportfestes waren, wo sie wohnten und ging dann gleich zu den Eltern meiner Spielgefährten. Es gelang ihr, das Dorf zurückzuerobern. Sie sagte damals zu mir: »Papa wäre sehr enttäuscht gewesen, wenn er gesehen hätte, wohin sein Dorf gegangen ist.«

Drittes Erlebnis:
Einer meiner Spielgefährten und ich hatten irgendwann Appetit auf Schnecken und Amerikaner. Was war also zu tun, um in den Besitz derselben zu gelangen?

Ich ging zu unserem Bäcker in die Gollnowstraße und flunkerte ihm vor, dass ich im Auftrag meiner Mutter einige Schnecken und Amerikaner kaufen sollte. Mutti komme später und bezahle alles.

Dieses Kunststück gelang mir noch ein- bis zweimal. Dann erfuhr meine Mutti bei einem Einkauf von meinen Sünden. Sie bezahlte meine Schulden und hielt mir eine freundliche Gardinenpredigt. Papa erfuhr natürlich nichts.

Der Ehrlichkeit halber möchte ich noch erwähnen, dass wir in der Gollnowstraße oft jüdische Geschäftsleute geärgert haben. Es fällt mir ein Händler ein, der ein Geschäft im Keller hatte. Vor dem Eingang zu seinem Geschäft auf dem Gehweg wurden einige Sachen feilgeboten, darunter auch Matze. Das waren tellerartige, pufferähnliche Gebäckstücke, die eigentlich nach nichts schmeckten. Wir Jungs und Mädchen wollten aber trotzdem, ohne zu bezahlen, diese Dinger haben. Einige von uns gingen auf den Hof und riefen von dort aus in den Keller: »Jude Itzig Lebertran, hat'n Arsch voll Marzipan!« Als der Händler das hörte, war er natürlich wütend, rannte auf den Hof, um einige Übeltäter zur Rede zu stellen. Das war dann der Moment, in dem der Rest unserer kleinen Räuberbande dem Geschäftsmann einige Scheiben Matze von dem Stapel stahlen – klauten, sagten wir damals.

Unsere kleinen kriminellen Handlungen stellten wir bald darauf schnell ein, als wir merkten, die Matze schmeckt nach nichts.

Unsere neue Wohnung in der Grünberger Straße 52

Nach dem 27. März 1936 zogen meine Eltern mit mir aus der Fliederstraße fort. Es ging dann in die neue Wohnung Grünberger Straße (vormals Romintner Straße) Nummer 52. In unserem Nebenhaus Grünberger Straße 50 befand sich unter anderem das Unternehmen »Otto Zeiger – Fabrik für gelochte Bleche«.

Unsere neue Wohnung befand sich im Quergebäude, Parterre rechts. Von Luxus keine Spur. Sie war zwar größer als die in der Fliederstraße, hatte aber auch nur Stube und Küche und eine Toilette, natürlich ohne Bad. Ich durfte in der Küche auf einem Klappbett, das am Tage wie eine Couch dekoriert war, schlafen.

In dieser Wohnung erblickte meine Schwester Karin am 26. November 1938 das Licht der Welt. Ich hörte ihre Geburt in der Küche. Mir war unheimlich, denn das Schreien meiner Mutti drang zu mir bis in die Küche.

In diesem Quergebäude wohnten noch einige Kinder, so Eva und Gisela im Parterre neben uns. Die Mutter der beiden Mädchen flüchtete bei Gewitter vor Angst immer in die Wohnung meiner Eltern. Der Vater der beiden Mädels ließ sein Leben im zweiten Weltkrieg in der Sowjetunion.

Ein paar Etagen höher wohnten die Geschwister Heinz und Helga. Heinz war ungefähr in meinem Alter. Auch er gab kurz vor Kriegsende sein Leben »Für Führer, Volk und Vaterland«.

Ich erinnere mich außerdem noch an den kleinen Peter, der bei seiner Mutter lebte. Im Seitenflügel wohnte dann noch Edith, ungefähr in meinem Alter. Ich erinnere mich noch an ein paar andere Kinder in der Grünberger Straße, nämlich in der Nummer 38 an ein Mädchen namens Anita, deren Vater Chauffeur des Direktors der Dresdner Bank war, der sich nach Kriegsende beim zuständigen Polizeirevier in der Grünberger Straße melden musste. Von dort aus verschwand er in das nun von den Russen geleitete Konzentrationslager Sachenhausen. Ihre Familie waren die einzigen in meinem Umfeld mir bekannten Bewohner, die damals schon einen Telefonanschluss hatten und deren Tochter Anita auf einem Klavier die »Schule des jungen Pianisten« erlernen durfte. Sie war für mich in meiner Kindheit meine platonisch erste Liebe. Mehr ist nie daraus entstanden.

Egon und Günter wohnten in der Grünberger Straße 48 und ein weiterer Spielgefährte Kurt im Haus Nummer 46. Nach dem Krieg rempelte mich dieser Kurt etwas unhöflich an und teilte mir mit, dass sein Vater aus einem Konzentrationslager entweichen konnte (Ich war wohl für ihn als ein ehemaliger Jungzugführer bei den Pimpfen/DJ in der HJ-Fähnlein 10, Bann 21, ein verantwortlicher Nazi.).

Dann erinnere ich mich noch der Kinder Helga und Rudi in der Grünberger Straße 40.

Meine Großeltern väterlicherseits Josef und Wilhelmine Grenkowitz wohnten in der Grünberger Straße 46, Quergebäude Parterre links. Meine Großmutter hatte viele Jahre Angst, in die Öffentlichkeit zu gehen, da sie irgendwann einmal fast von einem Taxi angefahren wurde. Im Nebenhaus Grünberger Straße 48 wohnten Freunde meiner Eltern.

In der Volksschule in der Lasdehner Straße hatte ich einen Lieblingslehrer mit Namen »Klein«. Einige Lehrer aus dieser Schule im damaligen Bezirk Horst Wessel, jetzt Friedrichshain, mit dem Rektor sind mir noch in guter Erinnerung.

Wenn ich mich an meine Kindheit zurückerinnere, ist es die Grünberger Straße, in der ich sie überwiegend verbrachte.

Kurz vor Beginn der Olympiade 1936 in Berlin bewegte ich mich mit meinem einfachen Roller (kein Tretroller) von der Grünberger Straße bis zum Roten Rathaus und schaute dort zu, wie Arbeiter dieses große Haus von einem Gerüst aus mit einem Sandstrahlgebläse »neu machten«. Ich erlebte die gesamte Olympiade nur von Außen, mit den Olympiafahnen und den Hakenkreuzflaggen überall auf den Straßen und an meinem Kinderroller. Fernsehen war ja damals ein noch unbekanntes Wort. Mein einziges Fortbewegungsmittel blieb in meiner Kindheit nur der Roller. Einen Tretroller oder gar ein Fahrrad habe ich nie besessen.

Im Jahr 1938 begann ich meine »Karriere« als kleiner Nazi. Ich wollte unbedingt zu den Pimpfen und obwohl das offizielle Eintrittsalter das 10. Lebensjahr war, gelang es mir 1938, also schon im 9. Lebensjahr, bei ihnen aufgenommen zu werden. Ich war also ohne Zwang meiner Eltern, aber natürlich mit ihrer Duldung, Mitglied in diesem Jugendverband. Und es dauerte nicht all zu lange, da wurde ich Jungenschaftsführer mit rot-weißer Kordel an der Uniformjacke und dann Jungzugführer mit grüner Kordel an der Jacke. Die Uniformschnüre gaben immer die Dienststellung kund und wurden von der linken Schulter bis zur Brusttasche getragen und die Dienstgradabzeichen wurden auf Uniformhemd oder -jacke auf dem linken Oberärmel aufgenäht getragen. Das heißt, zu meiner Führerschnur als Jungzugführer trug ich auf dem Oberarm einen aufgestickten silbernen Stern als Dienstgradabzeichen. Ich entwickelte mich langsam, aber sicher, zu einem immer überzeugteren Nazikind.

Mein Vater war zwar Mitglied der NSDAP und auf der untersten Stufe der Hierarchie bekleidete er den Titel eines Blockleiters. Das sah für mich in der Praxis so aus, dass ich einmal monatlich die NS-Schulungsbriefe (Zeitungen im DINA-4-Format) an NS-Mitglieder in drei Häusern zu verteilen hatte – nämlich Grünberger Straße 50, 52 und 54.

Ich kann mich nicht erinnern, dass meine Eltern in irgendeiner Form auf mich Druck ausübten, weiter in der Nazihierarchie voranzukommen. Meine ständig steigende Begeisterung für das Regime kann ich mir heute unter anderem nur so erklären, dass ich faszinierter Zuhörer am Volksempfänger (Radiogerät) war, wenn Hitler oder der Reichspropagandaminister Josef Goebbels ihre Reden hielten. Bei beiden faszinierte mich schon als Kind zuerst der Klang ihrer Stimmen und dann erst der Inhalt.

Ich hatte als Jungzugführer unter anderem auch die Aufgabe, in den Heimabenden meines Jungzuges kleine politische Vorträge zu halten. Dazu gehörten natürlich auch die Lebensläufe der »Nationalsozialistischen Führerelite«.

Ich spornte die Jungen in meinem Zug an, mit mir gemeinsam Altmetall bei den Bewohnern unseres Bezirks zu sammeln. Auf diesem Sektor hatte ich bald einen guten Ruf.

Wenn ich unser Lebensmittelgeschäft in der Grünberger Straße betrat, grüßte ich damals natürlich mit »Heil Hitler!« Und wenn mir mit »Guten Tag« geantwortet wurde, sagte ich etwas lauter und deutlich: »Heil Hitler, habe ich gesagt!«

Beginn des Zweiten Weltkrieges

Ich hörte die Kriegsrede von Adolf Hitler, dass die Polen irgendwo an der deutsch-polnischen Grenze heimtückisch das Reich angegriffen hatten und als Vergeltung erklärte Deutschland den Polen den Krieg. Unter donnerndem Applaus sagte Adolf Hitler, ich glaube, es war im Sportpalast: »Seit 5.45 Uhr wird zurückgeschossen!« Er meinte damit den Panzerkreuzer Schleswig-Holstein, der aus sicherer Position mit seinen schweren Geschützen die Westernplatte in Polen beschoss. Ich war damals empört über die Angriffe der Polen und klatschte innerlich Beifall, als der Führer die beschlossenen Kampfmaßnahmen des Großdeutschen Reiches vor seinen fanatischen Zuhörern erläuterte. Ich glaubte damals alles, was ich im Radio hörte oder schlagzeilenartig im »Völkischen Beobachter« las.

Vor dem deutschen Angriff auf Polen lag natürlich die Forderung der Sudetendeutschen in der Tschechoslowakei. Sie wollten heim ins Reich. Unter dem Jubel der Bevölkerung marschierten deutsche Truppen in die damalige Hauptstadt Prag ein. Alle Bemühungen des amtierenden Ministerpräsidenten Benesch waren zum Scheitern verurteilt. Ohne im Moment alle richtigen Daten zur Hand zu haben, kann ich mich daran erinnern, dass vor Kriegsausbruch die verantwortlichen Politiker, aus England der Premierminister Neville Chamberlain, aus Frankreich der Regierungschef Daladier, aus Italien der Außenminister Graf Ciano, dem Führer ihre Aufwartung machten, um das Schlimmste abzuwenden. Chamberlain sagte nach der Unterredung mit Hitler in London auf dem Flugplatz sinngemäß: »Ich habe uns den Frieden gebracht.« Wie sehr hatte er sich doch geirrt. Österreich wurde »heimgeholt« ins Reich. In Wien versammelten sich Hunderttausende, die ihm – dem Führer – bei seiner Rede tosenden Beifall spendeten. (Nach dem Krieg fand man kaum einen Österreicher, der sich erinnern konnte, dabei gewesen zu sein.)

Für mich als Kind, im damaligen Alter von 10 Jahren, war das alles – heute würde man sagen »irre, toll« – was ich in der damaligen Politik erlebte. Ich war in der Folgezeit vom Radio nicht wegzubekommen, wenn Goebbels oder Hitler zur großdeutschen Bevölkerung sprachen.

Nach dem Blitzkrieg in Polen und dem Sieg über die polnische Armee war mir klar, Deutschland würde es seinen Feinden schon zeigen. Ein Onkel von mir war in der Leibstandarte Adolf Hitler. Bei einem Kurzurlaub von ihm in der Wohnung meiner Großeltern in der Lehrter Straße erzählte er unter anderem, wie polnische Frauen vor ihm knieten und um ihr Leben bettelten – wie dumm und schlecht informiert waren weite Teile der deutschen Bevölkerung, also auch ich, über das furchtbare Geschehen in Polen mit dem unermesslichen Leid der Zivilbevölkerung und der Niederlage der polnischen Armee.

Ich habe es noch im Kopf, dass wir damals hörten, dass die tapferen Soldaten zu Pferde mit ihren Lanzen die deutschen Panzer angriffen, weil man ihnen vorher gesagt hatte: »Die Deutschen fahren nur Panzeratrappen aus Pappe und Holz.« Inzwischen wissen wir alle, welch großes Leid wir über Polen brachten. Die Sowjetunion, noch Verbündeter des Großdeutschen Reiches, besetzte weite Teile Polens und gab sie auch nach Kriegsende nicht mehr her. – Deutschland siegte weiter. England und Frankreich hatten uns den Krieg erklärt. Weite Teile der Grenze zu Frankreich wurden von der Organisation Todt zum Westwall umgebaut, der später für die Alliierten so wenig hinderlich war, wie die Maginotlinie zu Frankreich für Deutschland.

Meine Mutter hatte inzwischen eine Ausbildung bei der Reichsbahn als Zugbegleiterin der Fernbahnstrecke Lehrter Bahnhof nach Hamburg hinter sich. An einem Tag, sie war mit mir allein, hatte sie ein Schreiben in der Hand und sagte unter Tränen: »Papa hat einen Einberufungsbefehl bekommen. Er muss sich in der nächsten Woche melden.« Und ich »schlimmes Kind« war voller Freude, dass er nun bald nicht mehr in meiner Nähe ist und sagte zu meiner traurigen Mutter: »Au, prima!« Da hatte ich die erste kräftige Backpfeife von ihr erhalten. Später konnte ich ihre Traurigkeit verstehen. Aber meine damalige Freude über sein Weggehen kann ich noch heute nachvollziehen. Nach seiner soldatischen Ausbildung kam er zu einer schweren Batterie der Marine-Artillerie nach Nord-Westdeutschland zwischen Wesermünde und Ueterlande.

Später, nach der Geburt meiner Schwester am 26. November 1938, als sie noch in einem sehr kindlichen Alter war, fuhr ich mit ihr und der Reichsbahn von Berlin nach Wesermünde-Bremerhaven. Meine

Mutter war vor unserer Ankunft schon zur Erholung bei einer Familie in Ueterlande untergebracht. Sie lag vor ihrer Reise im Robert-Koch-Krankenhaus in Moabit – schon wieder einmal – und war sehr blutarm. Die Gastgeber päppelten sie so richtig auf, mit Rotwein und eingequirlten Eiern und auch einer sonst sehr reichhaltigen Verpflegung.

Meine Schwester Karin und ich verlebten in Ueterlande schöne Ferientage. Einmal wäre meine Mutter mit meiner Schwester auf der Wiese fast einem Bullenangriff zum Opfer gefallen. Wir konnten uns zu dritt gerade noch hinter einem Gatter retten. Ich hatte inzwischen in Berlin im Flakensee in Springeberg bei Erkner das Schwimmen gelernt, Gott sei Dank, ohne Hilfe meines Vaters, der mich früher bei Schwimmversuchen immer unter Wasser stukte. Nun konnte ich ihm in der Alten Weser beweisen, dass ich auch ohne seine Hilfe etwas leisten konnte. Manchmal durften wir ihn in seiner Artillerie-Stellung auch besuchen. Er war dort auf dem Leitstand der schweren Marine-Artillerie eingesetzt.

Irgendwann im Jahr 1943, meine Mutter war inzwischen von der Reichsbahn bei der Kriminalpolizei in Berlin gelandet, machte ich meine Notabschlussprüfung in der Handelsschule für Jünglinge in Berlin-Charlottenburg und sollte dann von ihr erfahren, dass meine Schwester und ich unsere Wohnung verlassen mussten, da meine Mutter aus dienstlichen Gründen oft nicht zu Hause war. Meine Schwester Karin kam bis 1945 in dem Ort Diebelbruch bei Tante

Meine Eltern

Berta, in der Nähe von Schneidemühl, im heutigen Polen, unter. Sie hatte es sehr gut bei ihr. Ich dagegen landete im Jugendwohnheim 9, in der Limonenstraße 22, in der Nähe vom Asternplatz am Botanischen Garten. Viele Jungs zwischen 10 Jahren und ihrer Einberufung zur Wehrmacht wohnten dort, aus den unterschiedlichsten Gründen. Wir unterstanden der Marine-HJ im Bann 200. Der letzte Heimleiter, bis Kriegsende, war Ottomar »X«. Bei Katastrophenfällen während eines Fliegeralarms waren wir oft im Löscheinsatz. Ich kann mich heute noch an einen Einsatz in Dahlem erinnern. In der Straße Am Hirschsprung wohnte der damalige Reichsbauernführer oder Landwirtschaftsminister Darré. Sein Haus brannte. Eine Gruppe von uns rannte mit entsprechenden Geräten in den ersten Stock, um zu löschen. Andere versuchten, wertvolle Gegenstände zu bergen. Auf einmal krachte der Fußboden eines brennenden Zimmers ein. Ich konnte noch einen Satz nach nebenan machen. Mein Freund Otto stürzte mit den brennenden Trümmern ins Erdgeschoss. Er wurde mit schweren Brandwunden gerettet und überlebte. Und ich Übriggebliebener schrie aus einem der großen Fenster in die dunkle Nacht hinein um Hilfe, aber niemand hörte mich. Alle waren vorn im Grundstück mit Löschen und Bergung beschäftigt. Ich hatte Angst, dass der Fußboden in dem Zimmer, in dem ich mich befand, bald auch vor Brand einstürzen würde. Ich hing mich voller Angst aus dem Fenster und versuchte, mit meinen Füßen eine große Flügeltür am Haus so in Bewegung zu setzen, das ich mich, an ihr runterrutschend, retten

Meine Schwester

konnte. Es gelang mir. Ende des Jahres erhielt ich vom Nachfolger des Ministers Darré, Herrn Backe, – kein Kriegsverdienstkreuz mit oder ohne Schwerter, – sondern eine eingemachte Ente. Meine Mutter war darüber erfreut, ich dagegen sehr enttäuscht, da ich in meinem Ordenshunger ein Kriegsverdienstkreuz erhoffte. Später erging es mir ähnlich in Lauban in Niederschlesien, als ein 14jähriger Meldegänger der HJ mit dem Eisernen Kreuz ausgezeichnet wurde und ich wieder ordensmäßig leer ausging.

Wir und Sonja Ziemann

Doch, so komisch es klingt, ich entwickelte mich gleichzeitig zu einem kleinen Künstler. Mein Freund Gerhard, der leider als Kind zu früh verstarb und dessen Eltern das Restaurant »Stadtwappen« in der Simon-Dach-Straße bewirtschafteten, und ich hatten die Möglichkeit, in einer Vorstellung in der Plaza, damals ein sehr großes

Theater am Küstriner Platz mit der europaweit größten Varietebühne, eine junge Tänzerin des Plazabaletts zu erleben, die in ihrer ersten Solobalettrolle die »Spieluhr von Sanssouci« tanzte. »Die Frau oder keine« – war unsere Devise. Unser Plan stand fest: Fotos von uns machen, sie sollten billig, aber schön sein. Damals gab es auch schon Fotomaton-Automaten. Auf die Rückseite dieser Fotos schrieben wir unsere Namen und machten uns älter. Als ein Dritter war ein weiterer Freund mit von der Partie. Nun brauchten wir noch Blumen.

Mein Freund Gerhard machte in einem richtigen Moment einen Griff in die Ladenkasse seiner Eltern. Von dem Ertrag kauften wir uns am Sonntag bei geschlossenen Geschäften einen wunderschönen Gladiolenstrauß. Dazu schrieben wir einen Brief und baten um ein Rendezvous. Dann eilten wir in die Plaza, gaben Brief und Blumen am Bühneneingang beim Portier ab, mit der Bitte, dass unser Star nach ihrer Tanzvorstellung auf der Bühne diese Blumen überreicht bekam. Anschließend rannten wir zum Theatereingang und baten einen Logenschließer, uns doch bitte in dem Moment in den Theatersaal schauen zu lassen, in dem die Künstlerin ihren ersten Blumenstrauß ihrer künstlerischen Laufbahn auf der Bühne überreicht bekam.

Bald erhielt ich ihren Dankeschönbrief aus Eichwalde, Kreis Teltow, Kronprinzenstraße 48. Die kleine Tänzerin und spätere berühmte Schauspielerin Sonja Ziemann lud uns zu einem Treffen ein.

Der Brief von ihr vom 20.09.1941 ist noch heute in meinem Besitz:

Liebe Jungs!

Zuerst möchte ich mich bedanken für die wundervollen Blumen, die ihr mir geschickt habt. Sie wurden mir abends auf der Bühne überreicht und ich habe mich wirklich sehr darüber gefreut. Nun las ich aus eurem Brief, dass ihr mich gerne einmal persönlich sprechen wolltet. Das ist aber leider nicht möglich, da meine Zeit mit Proben und Training ausgefüllt ist. Ihr könntet höchstens nach einer Nachmittagsvorstellung

zum Bühneneingang gehen und mich vom Pförtner herunterrufen lassen, damit ich euch einmal Guten Tag sagen kann. Das wäre die einzige Möglichkeit, mich zu sprechen. Also, lasst es euch gut gehen und viele Grüße
Sonja Ziemann.

Ihrem Vorschlag folgend haben sich mein Freund Gerhard und ich dann in unserer Pimpfenuniform der Deutschen Jugend in der Hitlerjugend »hübsch« gemacht. Wir fuhren unverzüglich zum Küstriner Platz und baten den Pförtner am Bühneneingang der Plaza, Sonja Ziemann nach unten zu bitten. Wenige Minuten später kam sie in einem tollen Kostüm zu uns an den Eingang. Wir konnten nur den Mund aufsperren, schluckten einige Male verlegen und stammelten dann: »Wir sind sehr erfreut, Fräulein Ziemann, Sie zu sehen.« Mehr brachten wir in unserer Aufregung nicht heraus. Sie hatte natürlich die Situation ganz schnell erkannt, sprach einige freundliche Worte und rauschte davon.

Im Kinderchor von Emmi Goedel-Dreising

Unser Entschluss stand fest, wir wollten näher an die Sonja Ziemann ran. Wir kannten ein Mädchen namens Uschi, die uns gegenüber, auch in der Grünberger Straße wohnte und die im Kinderchor der Chorleiterin Emmi Goedel-Dreising aktives Mitglied war. Dieser Kinderchor war über die Grenzen Berlins sehr bekannt, und er pflegte hauptsächlich das Kinderlied. Also, ran an die Uschi. Aber natürlich bei ihr kein Wort über die Sonja Ziemann, denn wir wollten ja nicht belächelt werden. Sie empfahl uns, zur Vorstellung in diesem Chor, der in der Plaza beheimatet war, das bekannte Lied »Weißt du, wieviel Sternlein stehn« zu trainieren. Sie übte es richtig mit uns. Zeitweise kamen wir uns beim Singen richtig albern vor, denn wir hätten ja lieber das Lied »Die Blauen Dragoner, sie reiten …« gesungen. Aber für Sonja Ziemann nahmen wir erstmal jedes Opfer in Kauf.

Bald kam der Tag des Vorsingens bei Emmi Goedel-Dreising in den Räumen der Plaza. Wir beide also zur Prüfung hin. Mindestens sechs bis acht kleine Mädels mit ihren Muttis standen schon zur Prüfung bereit. Und wir kamen ohne jeden elterlichen Beistand.

Zuerst durfte Gerhard seine künstlerische Kostprobe abgeben. Er fand Gnade vor den Augen seiner Prüferin – in dem kleinen Chorsaal saßen mindestens noch zwanzig Mädchen im Alter zwischen sieben und vierzehn Jahren, die hämisch grinsten, als ich an die Reihe kam. Mir war unbehaglich zumute. Meiner Prüferin ging es wahrscheinlich ähnlich, denn sie sagte nach meinem Gesang über die Sternlein: »Na, mein Junge, versuche es doch später noch einmal.« Das hieß auf gut deutsch für mich, dass ich die Sangesprobe nicht bestanden hatte. Schade. Nach zwei bis drei Wochen sagte der Gerhard zu mir: »Fred, du musst unbedingt nochmal vorsingen kommen, denn ich bin ja bei der Goedel-Dreising nur von Mieken umgeben.«(Mieke hieß zu damaliger Zeit Mädchen, in leicht abfälliger Form natürlich).

Na ja, gesagt, getan. Nach einigen Wochen stand ich frech wie Oskar wieder vor der Chorleiterin, um vorzusingen. Mit meinem Erscheinen hatte sie wahrscheinlich nicht mehr gerechnet. Netterweise fragte sie mich, ob ich denn ein anderes Lied singen würde als »Weißt du, wieviel Sternlein stehn«. Erleichtert nickte ich mit dem Kopf und meinte: »Die Blauen Dragoner, sie reiten« wäre mein Lied. Zu meiner Unterstützung durfte mein Freund Gerhard an meine Seite treten. Wir schmetterten das *Kinderlied* »Die Blauen Dragoner, sie reiten« unter dem Kichern und Grinsen der zuhörenden Mädchen in die Luft des Prüfungsraumes. Meine Bemühungen wurden belohnt. Ich fand, wenn auch erstmal probeweise, Aufnahme im Chor. Nach

Ich (dritter von links) bin aktiver Chorsänger

einigen Wochen mussten wir zu einer Gedenkfeier am Totensonntag zusammen mit anderen Künstlern in der Plaza auftreten. In unserem Repertoire war unter anderem das »Ave Verum«. Dieses recht schwierige Lied wurde mir als Prüfungsaufgabe gegeben. Ich übte, sang mich ein und gab es bei der Prüfung zum Besten. Ich hatte bestanden und war glücklich darüber.

Einige Zeit später durfte ich im kleinen Chor der damaligen Volksoper in der Kantstraße (das heutige Theater des Westens) in der Oper »Der Evangeliemann« mitsingen.

Im Haus des Rundfunks war ich ein- bis zweimal in der Woche und in kleiner Besetzung – 10 bis 12 Kinder – auf Sendung. Aus dieser Zeit kenne ich auch den Funkturm, auch »Der lange Lulatsch« genannt, aus eigenem Erleben. Unsere Chorproben fanden in einem Plazaraum statt. In einigen Märchen, wie zum Beispiel »Prinzessin Huschewind«, waren Gerhard und ich auf der Bühne ganz in der

*100 Kinder singen unter Mitwirkung des Kammerchororchesters
in der Berliner Philharmonie am 14. Januar 1942
Mein Schulfreund Gerhard Lehmann (dritter von rechts in der dritten Reihe)
und ich (vierter von rechts in der vierten Reihe) sind dabei*

Nähe unseres Idols Sonja Ziemann. Es gelang uns allerdings nicht, dass sich einer von uns beiden mit ihr hätte verloben können.

In dieser Zeit meiner »künstlerischen Laufbahn« bekam ich im Fach Musik in der Schule die Note Ungenügend = 6. Ich kannte nämlich keine Noten und konnte sie dem entsprechend auch nicht lesen. Meine Chorleiterin und ihre technische Mitarbeiterin amüsierten sich sehr über meine musikalisch schlechte Benotung.

In dieser Zeit verlor ich leider meinen Freund Gerhard. Er starb im jugendlichen Alter an einer schlimmen Krankheit.

Am 14. Januar 1942 gab unser großer Chor von 100 Kindern in der damaligen Philharmonie in der Bernburger Straße ein Konzert unter Mitwirkung des Kammerorchesters der Staatsoper.

Die spätere Schlagersängerin Rita Paul sang in dem genannten Konzert vom »Bäumlein, das andere Blätter hat gewollt«.

Umzug in die Knorrpromenade 2

In der letzten Wohnung meiner Eltern in Berlin in der Knorrpromenade 2, einer ehemals »vornehmen« Straße, die bis zum Beginn der Altmetallsammlungen während des Zweiten Weltkrieges unter der Schirmherrschaft von Hermann Göring mit schmiedeeisernen Gittern abends auf dem Gehweg und der Fahrbahn verschlossen wurde, wurde ich nie so richtig heimisch. Im Erdgeschoss befand sich das einstmals bekannte »Casino«, das später zur Leihbibliothek »degradiert« wurde. Zu unserer Wohnung gelangten wir sowohl durch das Vorderhaus – hatten aber keine Fenster zur Straße hinaus – als auch durch den Seitenflügel. Also ein Ausblick wie früher, nur nach hinten. Zwei lange Korridore, Küche und nun auch Bad, Schlafzimmer meiner Eltern und Wohnzimmer. Also auch hier wieder für mich nur ein Nachtquartier auf der Couch. Im Gegensatz zu vielen Kindern von heute, hatte ich nie ein Kinderzimmer, sondern nur eine Spielkiste auf dem Korridor. Wenn ihr Inhalt nicht sorgfältig genug von mir gestapelt wurde und mein Vater kontrollierte, flogen durch ihn meine Spielsachen auf den Fußboden und es hieß für mich dann immer: neu einräumen. Viele Kinder in der heutigen Zeit wissen vielleicht gar nicht, wie schön sie es in ihrem eigenen Zimmer haben.

Bei den immer häufiger einsetzenden Fliegeralarm-Tagen war ich nur wenige Male im Luftschutzkeller dieses Hauses. Hellhörig geworden, verursachten die den Keller durchlaufenden Gas- und Wasserleitungen Angstgefühle in mir. Ich dachte, wenn wir mal eine Bombe auf das Dach bekommen, die das Haus bis unten durchschlägt, werden die Mieter im Luftschutzkeller nicht nur verschüttet, sondern könnten möglicherweise auch ertrinken oder vergiftet werden. Ich rannte deshalb bei Fliegeralarm immer in eine nahegelegene Schule mit einem sehr großen und »freundlichen« öffentlichen Luftschutzraum.

Wir Kinder nahmen überhaupt die Fliegeralarme mehr so abenteuerlich auf. Zuerst war Gekicher und Gelache und viel später Gejammer und Angst an der Tagesordnung.

Wenn ich mich richtig erinnere, erlebte ich die für mich schlimmsten Bombenangriffe der Alliierten auf Berlin am 22. zum 23. und 24. zum 25. November 1943. Überall in der Stadt, soweit ich es nachvollziehen kann, loderten die Brände. Ganze Straßenzüge wurden in Schutt und Asche gelegt.

Die Insassen aus dem Jugendwohnheim mussten während der Fliegerangriffe das Haus verlassen und zum Asternplatz rennen. Dort befand sich ein großer Splitterschutzgraben, in dem auch der damalige stellvertretende Gauleiter von Berlin, ich glaube, er hieß Görlitzer, Schutz suchte.

Ein Freund von mir und ich schlugen sich nach den Angriffen bis in den Osten unserer Stadt durch. An der Ecke Frankfurter Allee/ Petersburger Straße befand sich ein großes Kaffee mit Namen Leitmeyer. Wir gingen dort hinein und tranken eine Brause. Dann ertönten schon wieder die Luftschutzsirenen. Wir wollten nicht in dem öffentlichen Luftschutzraum des Cafés bleiben und rannten sofort die Warschauer Straße hoch, bis zur Grünberger Straße 54. Dort befand sich eine Luftschutzleitstelle, in der sich viele einsatzbereite Helfer meldeten. So auch wir. Zwei, drei Minuten später klingelte das Telefon: Café Leitmeyer brennt! Wir sollten sofort zum Einsatz hin. Uns bot sich ein grauenhaftes Bild, als wir eintrafen. Das Eckhaus mit dem großen Café und einige Häuser in der Frankfurter Allee, sowie vier Häuser bis zum damaligen Postamt Berlin O 34 standen in Flammen oder besser gesagt, die Eckfassade stand teilweise und brannte. Alle von mir genannten Häuser waren nur noch ein riesiger, flammender Trümmerberg. Ich hörte jemanden sagen: »Hier war ein öffentlicher

Luftschutzraum. Die da unten sind jetzt alle verschüttet.«

Auf der rechten Seite der Warschauer Straße in Richtung Frankfurter Allee befand sich ein Schirmgeschäft. Einige kleine Stabbrandbomben entfesselten die Flammen. Wir wollten löschen. Das ging nicht, denn Saboteure, so sagten wir damals, hatten einige Hydranten in der Straße so zerstört, dass die Feuerwehr und wir keine Wasserschläuche anschließen konnten. Ergebnis: Die rechte Seite der Warschauer Straße von der Boxhagener Straße bis zur Frankfurter Allee brannte dadurch völlig aus. – Wir sahen verdreckt und verrußt aus und unsere Augen waren entzündet. In der Grünberger Straße 38 wurden wir durch das Vorderhaus auf den Hof gelotst. Das Vorderhaus stand fast intakt, das Hinterhaus war ein großer qualmender Trümmerberg. Ich weiß heute nicht mehr, wie lange wir uns dort aufhielten. Irgendwann gingen wir beide dann weiter zur Wohnung meiner Eltern in die Knorrpromenade 2. Bis auf ein Eckhaus standen die Häuser in der Straße unversehrt da.

Auch die Fensterscheiben in unserer Wohnung waren erhalten. Soweit wie wir es sahen oder man es uns sagte, loderten in unserer ganzen Heimatstadt viele, viele Brände, türmten sich qualmende Trümmerberge, suchten verzweifelte Menschen Angehörige oder Freunde oder Bekannte.

Im Jahre 1944 wurde ich auf eine Marine-HJ-Schule nach Heisternest auf die Halbinsel Hela geschickt. Dort lernten wir von Marineveteranen das Einmaleins der Christlichen Seefahrt. Bald konnte ich morsen und funken, beherrschte das Einmaleins des Flaggensignalisierens und die Bedeutung der internationalen Beflaggung auf Schiffen. Wir lernten die Unterschiede zwischen Backbord und Steuerbord und die Bojen der Fahrwassermarkierung zur weiter entfernten Stadt, damals Gotenhaven, heute Gdingen, kennen.

Wir lernten von unserem Lehrpersonal die kleine Navigation. Wir konnten mit den Zirkeln bald Wasserrouten abstecken und Kurse auf

Der Autor als Angehöriger der Marine H.-J.

der Karte festlegen. Wir lernten die Unterschiede zwischen Normal- und Patentanker und alle gängigen seemännischen praktischen Knoten und Zierknoten kennen. Wir mussten mit dicken Tampen das Schlaufenwerfen lernen und wie man mit den großen Fangleinen Schiffe an der Mole festmacht oder seemännisch ausgedrückt, belegt.

Natürlich kam des Einmaleins der NS-Ideologie auch nicht zu kurz. Den Lebenslauf Adolf Hitlers konnte ich schon im Schlaf vor- und rückwärts aufsagen, und dass der Endsieg des Deutschen Reiches mit Sicherheit kommen wird. Wir wurden natürlich auch »geschliffen«. Wir hatten das Marinedrillichzeug als Bekleidung mit kurzen Knobelbechern, das sind kleine Stiefel, an und mussten große Ruderblätter waagerecht mit den Armen halten und auch mit ihnen hüpfen. Das alles ging sehr auf unsere Muskeln und machte uns schlapp. Doch nach ca. 14 Tagen war ich ein gut ausgebildeter kleiner Matrose der HJ.

Nur kurze Zeit später kam ich schon wieder zur Schulung, dieses Mal nach Ziegenort in der Nähe von Stettin auf das Segelschulschiff Admiral von Trotha. Wir machten u. a. damals mit großen Segelschiffen über das Stettiner Haff Fahrten bis nach Swinemünde. Dort durften wir ein großes Schlachtschiff der deutschen Marine besichtigen. Unsere auf dem »B«-Lehrgang erworbenen Kenntnisse wurden weiter vertieft. Wir wussten jetzt auch, dass es dort nicht rudern, sondern pullen hieß und jeden Morgen um acht Uhr kam das Kommando: »Acht glast – heißt Flagge!« Auf Normaldeutsch könnte ich auch sagen: »Es ist acht Uhr früh und die Fahne soll gehisst werden!«

Aber da es bei der Marine grundsätzlich keine Fahnen gibt, sind es eben »Flaggen«, die am Mast hochgezogen werden.

Mit der Ablegung der »C«-Prüfung gehörten wir rechtlich gesehen zur seemännischen Bevölkerung Deutschlands, bekamen darüber eine amtliche Urkunde und durften normalerweise zum Wehrdienst nur zur Kriegsmarine eingezogen werden. Auf meiner Marine-HJ-Uniform trug ich nun ein rundes Stoffabzeichen mit roter Paspelierung, in der Mitte befand sich ein roter Anker und darunter drei rote Winkel. Auf dieses Leistungsabzeichen war ich damals stolzer als auf das HJ-Leistungsabzeichen in Bronze oder in Silber.

Ich zitiere jetzt, teils wörtlich, teils sinngemäß, Texte aus meinen Tagebuchblättern: »Berlin 1945«:

Das Ende des 1000jährigen Reiches
Es ist aus, wirklich alles aus. Unfassbar für Millionen, unfassbar auch für mich, der ich mit Leib und Seele junger Nationalsozialist war. Doch die Welt besteht trotzdem noch weiter, trotz Untergang, Mord und Tränen. Ein zerrissenes und verwüstetes Deutschland übernehmen die jungen Menschen als blutiges Erbe. Russen, Amerikaner, Engländer und Franzosen leiten heute und vielleicht noch nach Jahrzehnten das Geschick meiner geliebten Heimat. Noch kann ich alles nicht so recht begreifen. Ich kann einfach nicht. Vielleicht werde ich noch Jahre brauchen, um verstanden zu haben und dann hoffentlich richtig handeln zu können. Ich habe es miterlebt, das blutige Ende. Im Herbst 1944 wurde ich vom Bannausbildungslager weggeholt nach Radebeul und zog als nunmehr Fünfzehnjähriger mit Panzerfaust und Sturmgewehr bewaffnet in die letzten Kämpfe des III. Reiches. Panzernahkampfbrigade war der Name dieses letzten Verbandes.

Wir zogen bis Lauban in Niederschlesien. Bei Naumburg lag das Gros der russischen Armee, soweit es mir damals überhaupt richtig bekannt war. Dann kam der Führerbefehl, dass die Jahrgänge 1928/29 aus dem Feuer gezogen werden sollten. Wieder stiegen wir ein in einen endlos langen Güterzug. Wir sollten zurück nach Döberitz, einem alten Truppenübungsplatz der Wehrmacht. Doch ich wollte in meiner damaligen Dummheit eben nicht von der Front abgezogen werden. Ich wollte noch siegen für den Führer und weiter kämpfen, kämpfen, kämpfen. Eine Zufallsbekanntschaft dachte damals genauso unmöglich wie ich. Bei Nacht und Nebel stiegen wir aus dem Güterzug, um in einem Abteil des Gegenzuges zurück zur Front zu fahren. Aber wir hatten die Rechnung ohne den Wirt gemacht. Das Abteil, in das wir uns einschleichen wollten, war von Zugbegleitern und »Kettenhunden« besetzt. Das war die damalige Landserbezeichnung für die Soldaten der Feldgendarmerie. Sie nahmen uns fest, ich musste meinen HJ-Führerausweis abgeben und sie bezeichneten uns als Deserteure. Sie glaubten unseren Worten nicht, dass wir zurück an die Front wollten. Schnell bekamen wir es mit der Angst zu tun. Die Kugeln rollten schnell in unserer letzten Zeit. Sie sperrten uns in eine Ecke des Zuges und wollten uns am nächsten Bahnhof der Feldgendarmerie übergeben. Wir hatten nur eine Möglichkeit: Die Flucht.

Ehe der Zug zu schnell wurde, öffneten wir die Tür und warfen unser Gepäck raus. Dann noch eine Sekunde Luft geholt und wir sprangen ab in die Nacht. Unser Weg führte uns zurück zum Bahnhof, an dem Gott sei Dank noch unser langer Güterzug stand. Unbemerkt stiegen wir wieder ins Bremserhäuschen ein. Kurz danach ruckte der Zug an und fuhr weiter in Richtung Berlin. Den ganzen Tag »rollten wir«.

In den Abendstunden standen wir in Zossen bei Berlin. Die Stadt hatte Fliegeralarm. Ein schaurig-schönes Spiel, wenn wir aus der Ferne das Scheinwerferlicht über der Stadt sahen, um die feindlichen Flugzeuge am Nachthimmel zu erfassen. Gegen 22.00 Uhr stand unser Zug am Bahnhof Marienfelde. An den S-Bahnsteigen rollten noch die Züge raus und rein. Wir waren derselben Meinung. Ein Blick – Luft rein? Dann nichts wie hinaus aus unserem Bremserhäuschen und hinein in die letzte S-Bahn.

Wenig später klingelten wir an unserer Wohnung in der Knorrpromenade 2. Meine Mutter freute sich, als sie ihren Sohn lebendig vor sich sah. Doch ihre Freude hielt nicht lange an, als ich ihr erklärte, dass wir wieder zurück wollten, zurück an die Front. Sie beschwor mich: »Bleib hier, mein Junge. Bald ist der Krieg aus und Deutschland hat ihn verloren.« Ich war damals empört, so etwas von ihr zu hören, denn ich glaubte noch immer an Wunderwaffen und den Endsieg des Großdeutschen Reiches.

Am nächsten Tag klapperten wir alle möglichen Stellen ab, wieder legal an die Front zu kommen. Endlich klappte es. Wir erhielten einen Wehrmachtsfahrschein nach Lauban. Als wir uns in der Nähe unserer alten Wohnung befanden, ertönten die Luftschutzsirenen – Fliegeralarm! Wir flüchteten in den Luftschutzkeller des Hauses Grünberger Straße 52. Noch einmal sah ich meine alten Bekannten/Spielgefährten Eva und Gisela, Edith, Helga und andere wieder. Auch bei Anita und ihrer Mutter in der Grünberger Straße 38 ging ich noch vorbei.

Am nächsten Morgen fuhren wir zurück in Richtung Lauban. Die letzten Kilometer mussten zu Fuß bewältigt werden. Dumpf dröhnte der Kanonendonner aus Richtung Naumburg. Über verregnete Felder stapften wir beide weiter auf der Suche nach einem Wehrmachtstruppenteil, der bereit war, unsere Dienste zu akzeptieren. Wir gelangten an einen Batteriegefechtsstand der leichten Flak (Flugabwehrkanone) und meldeten uns als Freiwillige beim Batteriechef, einem Hauptmann. Nach unserer kurzen Vorstellung hatte er Verständnis für unseren »Siegeswillen«. Mein Mitstreiter kam zu einem Zug, der 2cm-Flak-38, und ich zu einem anderen, 2cm-Flak-30. Ich war stolz darauf, noch ein richtiger Soldat geworden zu sein.

Die ersten Feldpostbriefe nach Berlin gingen ab. Es gelang mir auch, in Lauban noch ein Postsparbuch anzulegen, auf das ich meinen Sold einzahlte. Unter der Berufsbezeichnung gab ich an: »Soldat«. Auch dieses Postsparbuch besitze ich heute noch. Nach der Kapitulation machte ich allerdings die Bezeichnung »Soldat« unleserlich.

Am 10. März 1945, kurz vor meinem 16. Geburtstag, wurde ich als Flakkanonier vereidigt. Eine Hakenkreuzfahne lag über der Flugabwehrkanone. Dann sprachen wir die Worte nach, die uns auf den Führer, das deutsche Volk und die Wehrmacht verpflichteten. Und wahrlich, ich habe diesen feierlichen Eid bis zur letzten Stunde gehalten.

Die Alliierten Truppen gingen unaufhaltsam weiter vor. Eines Tages musste die Batterie im offenen Viereck antreten. Es wurde uns die Meldung vom Tode Adolf Hitlers in der Berliner Reichskanzlei »an der Spitze der kämpfenden Truppen« vorgelesen. An diesem Tag fiel Schnee vom Himmel. Ich musste weinen, weinen, wie ich damals schrieb, mit todwundem Herzen. Großadmiral Dönitz war Hitlers Nachfolger.

Es entstand das Gerücht, die Wehrmacht würde weiter mit den Alliierten gegen die Sowjets kämpfen. – Unser Kommandeur, Generalfeldmarschall Schörner, verkündete: »Meine Armee kämpft weiter. Wir kapitulieren nicht.« Die folgenden Tage waren laufende Stellungswechsel unserer Batterie bis Rummburg. In diesen Tagen erhielt ich meine Feuertaufe bei fortwährenden Tieffliegerangriffen der russischen Flugzeuge.

Mein Zugführer wurde schwer verwundet. Unsere Batterie ging in den Rückzug durch Flüchtlingstrecks verstopfte Landstraßen in Richtung Sudetenland. Eine Zugmaschine schleppte unseren voll besetzten Mannschaftswagen mit dahinter angekoppelten zwei 2cm-Flakgeschützen ab. Auf unserem Wagen und den beiden Kanonen saßen oder »klebten« noch jede Menge Flüchtlinge. Bald nahte das Ende. Unser abgeschleppter Wagen fuhr auf das Stahlseil auf. In dem Augenblick ruckte die vorausfahrende Zugmaschine wieder an. Das Stahlabschleppseil muss sich um ein Vorderrad unseres KFZ gewickelt haben, das nehme ich zumindest an. Unser Wagen mit den beiden Flakgeschützen, Soldaten und Flüchtlingen kippte um. Wir alle flogen durch die Luft und ich weiß heute noch nicht, wie ich einigermaßen heil auf den Erdboden gelangte. Viele von uns waren teilweise schwer verletzt. Ich hörte, wie ein Kind zu seiner Mutter sagte und es muss mich dabei angeguckt haben: »Mutti, ist der Junge jetzt tot?« Ich machte die Augen auf und sagte: »Nee Kleener, gute Ware hält sich.«

Wir Verwundeten kamen alle auf einen Lastkraftwagen. Unter ihnen auch ein Flak-Kanonier, der sich in meiner kurzen Landserzeit gut um mich kümmerte. Sein Vorname war Franz, und er stammte aus St. Johann in Tirol. Er war das, was man einen typischen Almsenner nennt. Ab und zu durfte ich in unseren kurzen Mußestunden Liebesbriefe für ihn an seine Freundin schreiben bzw. dem Franz diktieren.

Erst hieß es, bei Tetschen-Bodenbach stünden amerikanische Einheiten. Dort wollte man uns Verwundete auch übergeben. Doch bald kam alles ganz anders, denn es waren nicht die Amerikaner, sondern die Sowjets, die uns entgegenkamen. Bei einem kurzen Halt beobachtete ich Offiziere, die sich ihre Schulterklappen mit ihren Dienstgradabzeichen von der Uniform abtrennten und weiße Tücher um den linken Oberarm befestigten. Wir wurden im Stich gelassen, um uns Verwundete kümmerte sich keiner. Aber es hieß jetzt auch für alle: »Rette sich, wer kann!« Einige Schwerverwundete blieben auf dem LKW liegen. Die Anderen, die nicht so schlimm dran waren, sprangen vom Fahrzeug ab. Wir guckten uns kurz um, als ob wir schon die Richtung erkannten, in die wir nun zu gehen hatten. Der Franz fragte mich, ob ich nicht mit ihm kommen wolle nach Tirol. Ich entgegnete, dass mir meine Heimatstadt Berlin lieber sei. So trennten wir uns. Ich habe ihn nie wieder gesehen.

Wir nahmen unseren Weg durch die Wälder, mieden Ortschaften, weil es Gerüchte gab, dass dort die Tschechen und Ostarbeiter mit Wehrmachtsangehörigen und Deutschen überhaupt, kurzen Prozess machten.

Irgendwann schnappten uns die Russen doch. Es ging bis nach Sachsen zu Fuß. Eines Nachts gelang es mir, zu entfliehen. Unsere Gefangenschaft konnte von den russischen Soldaten wohl noch nicht so richtig »kanalisiert werden«. Das fing schon mit dem nicht vorhandenem Essen an. Ich besorgte mir Zivilkleider. Mit einem jungen Luftwaffensoldaten und einem älteren Mann waren wir eine kleine Gruppe, die noch zusammenhielt. Vor Dresden schloss sich uns ein junges Mädchen an, so im Alter von 16, 17 Jahren. Sie meinte, dass wir bei Ihrer Mutter ein bis zwei Tage bleiben und auch essen könnten. Nun waren wir also zu Viert.

Bei Dunkelheit gelangten wir an das Elbufer und versteckten uns unter Büschen. Nachts hörten wir Schüsse durch die Luft schallen.

Am nächsten Morgen gelangten wir in die Altstadt von Dresden bzw. in die Trümmer einer ehemals schönen deutschen Stadt. Es war alles sehr schlimm, was wir sahen. Bei Tagesanbruch schafften wir es mit dem jungen Mädchen bis zu ihrer elterlichen Wohnung. Wir wurden von ihrer Mutter freundlich aufgenommen und verpflegt. Zwei Tage später gingen wir, nunmehr wieder zu Dritt, weiter in Richtung Radebeul. Dort hatten wir ein sehr beeindruckendes Erlebnis. Zwei Frauen holten uns von der Straße in ihre Villa. Wir durften dort baden und wurden hervorragend verpflegt. Eine der beiden, wie wir dann gleich erfuhren Offiziersfrauen, kümmerte sich um meine verunstalteten Füße. Sie behandelte sie mit irgendeiner Heilsalbe. Beide sagten zu uns, wir dürften einige Tage bleiben, bis wir uns erholt hätten.

An dieser Stelle möchte ich besonders vermerken, dass ich auf meinem langen Marsch bis nach Berlin von vielen Frauen in Sachsen durch ihre Hilfsbereitschaft uns gegenüber einen sehr guten Eindruck vermittelt bekommen habe. In dieser Ecke Deutschlands war Hilfsbereitschaft oder ein Nachtquartier oder Essen keine Fremdwörterbezeichnung, sondern gelebte Nächstenliebe, aus welchen Gründen auch immer. Das hatte zur Folge, dass ich in meinem späteren Leben auch immer dann Menschen entgegentrat, die über die Sachsen im weitesten Sinne herablassend oder überheblich spotteten. Die Hilfsbereitschaft dieser Menschen hatte bei mir Wurzeln geschlagen.

Wir konnten leider nicht sehr lange bei unseren Samariterinnen bleiben. Russische Offiziere verschafften sich Eintritt in das Haus, besichtigten alle Räume und gaben dann den beiden Frauen den Befehl, das Haus binnen zwei Stunden zu verlassen, da es militärisch benötigt werde. In aller Eile halfen wir Drei unseren Wohltäterinnen, die uns auch vorher mit Zivilzeug versorgt hatten, das Haus zu räumen. Wir beluden zwei kleine Handwagen mit ihren schnell zusammengerafften Habseligkeiten. Die Frauen weinten. Wir brachten sie einige Straßenzüge weiter zu ihren Freunden oder Bekannten und trennten uns dann von ihnen.

Irgendwann standen wir zu Dritt auf dem Berliner Ring der Autobahn und gingen auf ihr weiter – ca. 200 km in Richtung Berlin.

Wie ich das mit meinen zerschundenen Füßen geschafft habe, konnte ich später nicht mehr so richtig nachvollziehen.

Nachzutragen wäre noch, dass wir auf dem Marsch nach Berlin keine auch nur annähernd so gute Hilfsbereitschaft am Rande der Autobahn bei den Menschen vorfanden, wie vorher in Sachsen. Damit will ich meine eigenen Landsleute nicht abwerten. Ich kenne auch die Gründe nicht, aber so waren eben meine Erfahrungen.

Irgendwann trennten wir Drei uns. – Dann war ich in meiner Heimatstadt Berlin. Ich erkannte die Stadt kaum wieder. Soweit ich blicken konnte, zerstörte Häuser – Ruinen. Irgendwann stand ich dann in unserer Straße in der Knorrpromenade. Gott sei Dank stand unser Haus noch. Nur ein Eckgrundstück war zerstört. Müde schleppte ich mich die Treppen zu unserer Wohnung hoch und wurde von meiner Mutter und meiner Schwester umarmt. Beide sahen sehr verhungert aus. Das Wort Hunger lernte ich später noch besser kennen. Unter Tränen erzählte mir meine Mutter, dass ihr Mann, mein Vater, in Jugoslawien vermisst sei. Ob er noch lebe, wisse sie nicht.

Ich war der erste Rückkehrer unseres Hauses und die Leute staunten mich an, wie ein Wundertier. »Ach, wenn nur erst mein Mann oder Sohn wieder nach Hause käme.« So hörte man es von allen betroffenen Mieterinnen. Ich konnte sie gut verstehen.

Ein Teil meiner Garderobe war verschwunden. Mir halfen etliche Leute im Hause großzügigerweise aus.

Anita, meine erste Kinderliebe, fiel mir bei einem ersten Treffen um den Hals. Ich wusste noch nichts so richtig damit anzufangen. Auf gut deutsch, ich war in dieser Zeit betreffend Mädchen oder Frauen noch absolut dumm und unerfahren. Anitas Mutter war uns immer schon recht sympathisch.

Wolfgang half mir freundschaftlich mit etwas Geld aus. Er hatte, wie er sagte, momentan genug davon. Später bekam ich mit, wie er langsam, aber stetig die Briefmarkenalben seines Vaters, der als Soldat gefallen war, plünderte und sich somit das nötige Kleingeld verschaffte, um kleine Geschäfte zu tätigen.

Ich bekam schnell mit, dass es bei meiner Mutter zu Hause kaum noch etwas zu essen gab. Ihr ohnehin schon schlanker Körper wurde immer zarter. Zu verscherbeln oder zu tauschen hatten wir nichts, denn, wie schon gesagt oder besser geschrieben, entstamme ich einem vermögenslosen Elternhaus. Es gab also bei uns keine Damasttischdecken, edle Bettwäsche oder vornehme Pelzmäntel. Der einzige Reichtum meiner Mutter bestand aus einem Ehering, 333 Gold, und einer ziemlich wertlosen Armbanduhr, die ihr die russischen Besatzungssoldaten, Gott sei Dank, nicht abgenommen hatten.

Hunger tut weh

In meiner heutigen Erinnerung kann ich nur sagen: »Nach dem Krieg habe ich das Hungern gelernt.« Innerlich war ich bald soweit, dass ich für ein Brot hätte auch einen Menschen töten können, denn Geld für ein Brot hatte ich ja nicht. Ich konnte mich zu dieser Zeit daran erinnern, dass meine Eltern und Großeltern aus ihren Erfahrungen im Ersten Weltkrieg oft davon sprachen, dass sie immer nur Kohlrüben hätten essen müssen. Nach diesem Zweiten Weltkrieg hätte ich mir gewünscht, wenigstens öfter eine Kohlrübe zum Essen gehabt zu haben. Doch nicht einmal die konnten wir uns leisten. Mit den ausgegebenen Lebensmittelkarten konnten eigentlich nur die überleben, die eine Schwerstarbeiterkarte hatten. Die anderen bekamen zum Sterben etwas zu viel und oft auch nur theoretisch an Lebensmitteln zugeteilt, das heißt, wir mussten hungern, hungern und nochmal hungern.

Von meinem Vater hatten wir immer noch kein Lebenszeichen. Meine Mutter arbeitete wieder als Krankenschwester. Meine Schwester ging zur Schule und ich ... hätte es mir vorher nicht träumen lassen, Schlächter- oder Fleischerlehrling zu werden. Max Z. machte meiner Mutter das Angebot, ihren Sohn in die Lehre zu nehmen. Und ich, der ich noch im Kopf hatte, wie in Üterlande ein Schaf geschlachtet wurde, sagte trotzdem ja zum Schlächterberuf, weil ich nicht mehr hungern wollte.

Doch noch war es nicht so weit. Ich wollte erst mein altes Jugendwohnheim 9 in der Limonenstraße 22 wiedersehen. Wie ich hinkam, weiß ich nicht mehr, ob zu Fuß oder mit einem öffentlichen Verkehrsmittel. Ja, und dann stand ich vor den Ruinen des Marine-HJ-Jugendwohnheimes 9 in der Limonenstraße 22. Leere Fensterhöhlen starrten mich an. Das Tor war mit Draht versperrt. Ein Schild mit der Aufschrift »Eintritt verboten – Bezirksamt Steglitz« verwehrte mir den Eintritt zu diesem, mir so bekannten, Grundstück – noch einmal glaubte ich, das vielstimmige Lachen der Jungen zu vernehmen, hörte im Geiste die Stimmen unserer damaligen Wirtschaftsleiterin und ihren Gehilfinnen Gerdi und Liesbeth in der Küche – doch nun war alles aus und vorbei. Am Tor stehend dankte ich im Stillen dem letzten Heimführer Ottomar für viele schöne Tage meiner Jugendzeit von 1943 bis Ende 1944. Ich hoffe, es stimmt nicht, dass ich bei meinen späteren Nachforschungen hörte, dass Ottomar meinen Freund Albert aus dem Jugendwohnheim in seinen Armen im russischen Konzentrationslager Sachsenhausen vor Hunger habe sterben lassen. Makaber wäre diese Nachricht, wenn sie denn stimmt, vor allem deshalb, weil mein ehemaliger Heimleiter dort in der Küche tätig gewesen sein soll.

Angeblich sollen viele jugendliche Heiminsassen in der Nähe der SS-Kaserne in der Finckensteinallee bei den Kämpfen in und um Berlin ihr Leben gelassen haben, so auch mein Freund Otto, der im brennenden Haus des damaligen Landwirtschaftsministers Darré fast ums Leben gekommen wäre.

Es passiert mir heute noch, sowohl auf dem Friedhof in der Bergstraße in Steglitz, auf dem meine Eltern begraben liegen, oder im Friedhof an der Onkel-Tom-Straße in Zehlendorf, auf dem die Eltern meiner Frau ihre letzte Ruhestätte haben, dass ich die Grabreihen gefallener Soldaten langgehe in der Annahme, auf den Namen Otto Guse zu stoßen.

Drei Insassen des Jugendwohnheimes 9 traf ich 1948 in Nordafrika wieder. Darunter einen, Jahre später, bei einer deutschen Wacheinheit der britischen Besatzungsmacht in Spandau, in der Wilhelmstraße.

Russische Offiziere sollten bei uns einquartiert werden. Vorher ging ich noch an unseren Kleiderschrank und holte meine guterhaltene Uniform der Marine-HJ heraus, schaute sie noch einmal richtig an. Auf dem linken Oberarm die Hakenkreuzbinde der HJ mit dem darunter aufgesteppten Stoffdreieck mit der Inschrift Ost-Berlin. Auf dem rechten Ärmel die schwarze Stoffscheibe mit dem silbernen Stern und darunter das Abzeichen meiner C-Prüfung der Marine-HJ »Roter Anker mit drei Winkeln«, auf der linken Brustseite das Abzeichen HJL in Silber (Hitlerjugendleistungsabzeichen). Alles musste nun weg. Meine vielen sportlichen Siegernadeln, das Leistungsabzeichen der Pimpfe DJL usw. Dann hatte ich einen leeren blauen Anzug in der Hand. Die Zeit im Dritten Reich ist nun beendet. Damit auch meine uniformierte Zeit von 1938 bis 1945. Aber vergessen werde ich sie nie im Leben. Erst sehr viel später wurde mir bewusst, welche Verbrecher – Kriegsverbrecher – das deutsche Volk in den Abgrund, in die Vernichtung, in den Tod führten.

Meine »Karriere« in der Fleischerei begann. Der Chef hatte mich als Bekannter einer Familie in der Grünberger Straße kennengelernt. Der Schlächterberuf war nie mein Wunschziel und eigentlich hatte ich auch keine Lust, in diesem Beruf zu arbeiten. Aber mein ständiges Hungergefühl zerrte an all' meinen Nervensträngen. Und das gab für mich den Ausschlag. Meine Mutter und meine Schwester brauchten nicht mehr zu hungern. Der Chef gab mir ab und zu etwas Wurst- und Fleischwaren mit, und das war in der damaligen Zeit mehr wert als Edelmetall.

Mein Vater galt immer noch als vermisst. Meine Mutter hatte noch kein Lebenszeichen von ihm erhalten.

Vor einigen Tagen kam mein alter »Kumpel« bei uns an, der mit mir zusammen bei der 2cm-Flak war. Er trug eine Glatze, die damals beileibe nicht so modern war wie heute. Er sei, so sagte er, kurzzeitig in russischer Gefangenschaft gewesen. Ich war erfreut, ihn zu sehen. Meine Mutter gewährte ihm einige Tage Gastfreundschaft, denn in der damaligen Zeit versuchten viele Menschen zu helfen, wo es nottat. Nach einigen Tagen war dieser Lump, wie ich nun feststellen musste, spurlos verschwunden und mit ihm einige alliierte Mark und einige Kleidungsstücke von mir. Meine Mutter hat geweint damals, denn es war ihr letztes gutes Geld. Ich war derartig wütend auf diesen Kerl, dass ich zur örtlichen Kriminalpolizei ging und den Vorfall meldete. Die damaligen Kripoleute, denn Beamte gab es ja noch nicht wieder, nahmen den Vorfall auf und erklärten, mehr könnten sie zurzeit nicht für uns tun. Auf mein Drängen erhielt ich von ihnen eine Art Vollmacht für die Polizei in der Stadt Brandenburg. Gott sei Dank hatte ich ja seine volle Heimatadresse in meinem Besitz. Ich reiste, wie auch immer, diesem ehrlosen Hund, wie ich damals sagte, voller Grimm nach.

Zwei Kripoleute der Stadt Brandenburg und ich suchten und fanden den Kerl in der Nähe seines Grundstückes bei einer Frau. Er wurde festgenommen. Die von ihm gestohlene Kleidung bekam ich vollständig wieder. Vom Geld war schon einiges weg. Glücklich und zufrieden und wie ein kleiner Sherlock Holmes kam ich wieder nach Hause und konnte meiner Mutter das restliche Geld wiedergeben.

Dann war ich wieder der Fleischerstift in meinem Lehrbetrieb. Der Chef, ein mir sympathischer Mensch, hat das gesamte Eigentum der vorherigen Firma übernommen. Diese sollen hohe Parteimitglieder gewesen sein und sind geflüchtet. Mein Chef ließ den geplünderten und leicht zerstörten Fleischerladen mit seinen Arbeitsräumen von Handwerkern wieder herrichten. Maurer und Fliesenleger machten für Fleisch- und Wurstwaren damals fast alles. Rückblickend muss ich sagen, dass mein Meister, den ich mochte und den ich sympathisch fand, nicht nur eine flotte und wesentlich jüngere Verkäuferin – Gisela – als Freundin im Geschäft hatte, sondern auch einer weiteren Familie Brot, Arbeit und Unterkunft gewährte. Dann war noch ein kräftiger Fleischer da, der mir manchmal in seiner Grobschlächtigkeit unheimlich war, und eine Frau Lisa und seine älteste Tochter Eta. Wenn viel zu tun war, d. h., wenn nicht wieder Eipulver auf Fleischmarken der Lebensmittelkarte verteilt wurde, sondern von uns hergestellte Würstchen und Bockwurst zur Auslieferung kamen, halfen seine jüngste Tochter Christel und Anitas Mutter aus der Grünberger Straße 38 im Geschäft mit.

Mein Vater ist wieder da

Er war auf einmal plötzlich da, ausgehungert, verhärmt und an einem Fuß schwer kriegsbehindert. Meine Mutter und auch meine Schwester freuten sich unbändig, dass er lebend zurückgekommen war. Das kann ich von mir heute leider nicht so sagen. Mein Vater sah in mir noch den kleinen Fredi, das Kind, und ich, ein fast 17jähriger, sah mich natürlich völlig anders. Als wir miteinander sprachen, merkte ich ihm an, dass er über meine »Berufswahl« nicht sehr glücklich war, denn erstens hatte er anderes mit mir vor und zweitens konnte er den Fleischermeister nicht leiden, von früher her.

Ich fand zu meinem Vater nicht mehr den richtigen Draht. Er wollte über mich als Kind weiter herrschen wie früher und ich entkam manchmal nur mit knapper Not seiner starken Hand. Ich empfand ihm gegenüber teilweise Angst- und teilweise Hassgefühle. Das Weihnachtsfest 1945 zu 1946 war ein sehr kaltes und für mich trauriges. Je mehr ich spürte, wie sehr meine Mutter an ihrem Artur hing, desto größer wurde der Abstand zwischen ihnen und mir.

An einem Tag irgendwann danach knallte mein Vater wieder mit mir zusammen. Er versuchte mich wieder wie früher zu schlagen. Da ich etwas flinker war als er, konnte ich ihm aus der Wohnung entkommen. Ich ging zu meiner Mutter in »ihr« Krankenhaus, und ich glaube, ich weinte damals. »Wenn es so weitergeht, Mama, bin ich bald nicht mehr zu Hause, dann bin ich weg.« Ihre tröstenden Worte für mich kamen bei mir nicht mehr richtig an. Eine »Zeitbombe« in mir begann zu ticken.

Die jüngste Tochter des Chefs, Christel, erhielt von ihrem Vater vor mir eine kräftige Ohrfeige, als er in ihrer Kanne nicht nur Wurstsuppe, sondern mit seinen Fingern herumrührend, auch eine kleine Blutwurst entdeckte. Das Mädchen weinte. Sie tat mir leid.

Auch seine Freundin Gisela, wie ich schon schrieb, eine gutaussehende junge Frau, bekam in dem Geschäft vom Chef eine kräftige Ohrfeige, weil sie sich den Kunden gegenüber etwas im Wort vergriff. Später teilen sie dann wieder das Bett, dachte ich.

Ein eiskalter Winter und Hunger für viele

Ein kalter Winter steht ins Haus. Wir haben nicht eine Kohle im Keller. Berlin friert und hungert. Was soll nur werden? Wolfgang und ich laufen durch die Nacht bis zum Schlesischen Güterbahnhof, so hieß damals der Ost- oder Hauptbahnhof. Wir begaben uns unter Lebensgefahr auf das Bahngelände, um Kohlen aus den Waggons zu stehlen. Irgendwann hören wir Schüsse. Die Russen sollen auf dem Gelände ohne Anruf auf Kohlendiebe schießen. Wir schwitzten vor Angst. In der Nähe des Güterbahnhofs haben wir einen kleinen Handkarren versteckt. Auf ihn laden wir unsere gestohlenen zwei oder drei Säcke mit Presskohlen. Wolfgang ist Geschäftsmann, wie ich schon mal irgendwann bemerkte. Er schlug vor, einen Sack für ihn, einen Sack für mich und einen Sack verkaufen. Für eine Presskohle erhielten wir damals eine Mark. Wir machten es dann so. – Schwarzmarktpreise, ob die Kohlen oder 500 g Butter zu 500 Mark, ein Brot zu 100 bis 150 Mark oder eine Amizigarette für 10 Mark, konnten wir uns beide nicht leisten. Es war ja damals schon fast alles zu bekommen, man musste nur das nötige deutsche oder alliierte Geld dafür haben.

Viele Frauen hatten es »leichter«. Die angelten sich einen alliierten Soldaten. Die amerikanischen GI's standen bei ihnen am höchsten im Kurs. Dann folgten die Tee schluckenden britischen Soldaten. Es folgten die französischen Alliierten. Das Schlusslicht bildeten die Soldaten der Sowjetarmee. Letztere waren ja, obwohl Siegermacht, selbst arme Schweine. Aber russisches Brot war damals ebenfalls kostbar für hungernde Menschen.

Eine Tante von mir, in der damaligen Kaufmannstraße in Charlottenburg wohnhaft, bevorzugte einen schottischen Militärangehörigen. So besuchte ich sie manchmal, weil sich damals auch aus schottischem/englischem Tabak oder Kippen eigene Zigaretten herstellen ließen.

Meine kleine Cousine Birgit, ich glaube, sie war 3 oder 4 Jahre alt, starb in diesen Tagen an Hungertyphus.
In dieser Zeit habe ich auch ein Mädel kennengelernt. Sie verlangte damals etwas von mir, das ich ihr nach meiner Meinung noch nicht geben konnte.
In der Berufsschule bin ich zum Schülerabgeordneten gewählt worden. Drei Cousins waren wir dort in einer Klasse.

Das Leben mit meinem Vater wurde mir von Tag zu Tag unerträglicher. Er sah in mir immer nur noch den Schuljungen. Das Rauchen hatte er mir nun auch verboten. Ich qualmte trotzdem weiter. Es gab auch laufend Streit zwischen ihm und meiner Mutter. Ich musste mich schwer zusammennehmen, um nicht hochzugehen. Bald begann ich meinen Vater zu hassen. Richtig geliebt hatte ich ihn zu dieser Zeit nie.

Helga ist gestorben. Ziemlich schnell und plötzlich. Leider machte sie mir nach ihrem Tod noch böse Unannehmlichkeiten. In ihrem Tagebuch hatte sie verzeichnet, dass sie mir 70 Mark geliehen hätte, die ich ihr angeblich immer noch schuldig wäre. Sie hatte mir nicht einen Pfennig gegeben. Mache mal jemand einer Mutter klar, dass ihre verstorbene Tochter in ihrem Tagebuch gelogen hat. Über eine Bekannte machte sie mir die Hölle heiß. Entweder, ich würde zahlen oder sie würde es meinem Vater erzählen – dann wäre es aber mit der »Familieneintracht« bei mir zu Hause völlig aus. Was blieb mir auch weiter übrig. Unter großen Schwierigkeiten habe ich das Geld aufgetrieben und ihrer Mutter aushändigen lassen. Den Grabkranz jedoch, den Wolfgang und ich zur Beisetzung für das tote Mädchen kauften, brachten wir voller Zorn nicht auf ihr Grab. Nach dieser Sache? Nein! Wir legten ihn auf den Friedhof in der Boxhagener Straße auf ein uns unbekanntes Grab zwischen die anderen Blumenspenden.

Gisela, das Nachbarkind aus der Grünberger Straße 52, hat ihrem Verlobten nun auch den Laufpass gegeben. Oh, schrieb ich damals in mein Tagebuch, was können Weiber doch auch gemein sein. Vor Kriegsende fuhr sie laufend zu den Eltern ihres Verlobten und ließ sich beschenken. Jetzt sind sie vom Russen enteignet worden und Rudi, so hieß ihr Verlobter, stand nun als armer Kerl vor ihr. In der Kadiner Straße baute er in einem ausgebrannten Haus mit geringen Mitteln eine Wohnung aus. Wie ich von ihm wusste, hatte er Gisela sehr lieb, und er wollte sie unbedingt heiraten. Doch nun fehlte ihm das Geld zur Möbelbeschaffung. Da beging er, seiner Braut zu Liebe, eine große Dummheit. Er stahl aus einem Altmöbelgeschäft Mobiliar oder andere Sachen, die er dringend brauchte. Die Angelegenheit kam an das Tageslicht. Rudi wurde verhört und war dann flüchtig. Seine Braut Gisela löste die Verlobung. – Ja, was Mädels und Liebe aus einem Mann doch so machen können. Ich nahm es dem Nachbarskind Gisela aber übel.

Ihre Schwester Eva war zu dieser Zeit mit ihrem Lothar so gut wie verlobt. Er hatte nur noch einen Arm. Hoffentlich ist sie sich dessen bewusst. – Die Eva habe ich später in meinem Leben nie mehr wiedergesehen. Die Gisela jedoch noch öfter. Zuerst sah ich sie per Zufall im DDR-Fernsehen, als viele Aktive von der Staatsführung zu Helden der Arbeit gekürt wurden. Die Gisela hielt die Dankesrede im Namen der Geehrten. Sie hatte auch einen anderen Nachnamen. Ihren Mann kannte ich nur vom Hörensagen. Er muss als Fleischer auf dem Viehhof tätig gewesen sein. Ihre Schwester Eva war, wann genau, weiß ich nicht, Sekretärin eines Ministers der DDR-Regierung, wie mir gesagt wurde.

Meine letzten Wochen in Berlin

Beim Durchsehen meiner alten Aufzeichnungen stieß ich auf den Abschnitt: »Meine Stellung bei der Fleischerei habe ich aufgegeben, und das kam so«: Ein in der Fleischerei beschäftigter Fleischer war, so lange ich ihn kannte, ein großer Lump in meinen Augen. Bis 1945 war er selbst ein Nazi – ein SS-Mann und Leiter eines Ostarbeiterlagers. Heute schimpft er wie wahnsinnig auf das alte NS-Regime, außerdem beleidigt er laufend meinen Vater. Wenn ich Papa auch keine große Liebe entgegenbringen kann, so habe ich ihn anderen gegenüber, so auch gegenüber diesem Herrn, oft verteidigt. Der kräftige Mann und ich Hänfling gerieten dann oft hart aneinander. Letzmalig ging er sogar mit einem Beil, an dem noch ein Hartholzkloben hing, gegen mich an. Unser Chef kam mir jedoch zu Hilfe. Das alles aber war mir zu viel und ich verließ sofort das Geschäft. Papa ging hin, so schrieb ich damals, und beschwerte sich über den Streithammel. Mein Chef kam in Wut und führte Reden, die nicht von einer guten Kinderstube zeugten. Papa jedoch blieb eiskalt und gab treffend Kontra und Re.

Nun bin ich Verwaltungslehrling beim Magistrat, Verwaltungsbezirk Mitte, Abteilung Amt für Volksbildung. Mein Chef war ein emigrierter Schriftsteller. Ich habe bei ihm zwar viele Freiheiten gehabt, die Arbeit bei ihm hat mich jedoch nicht befriedigt.

In dieser Zeit habe ich ein sehr liebes und nettes Mädel kennengelernt, mit Namen Annelie. Sie war Schauspielerin und ein Jahr älter als ich. Sie, mein Freund Wolfgang und ich gingen öfter gemeinsam zum Tanz. Unsere Stammtanzdiele war das »Café Warschau« in der Warschauer Straße. Annelie tanzte fabelhaft. Sie war ein Mädel mit Charme und Geist und wir wurden gute Freunde. Aber noch nicht einmal ein Kuss ist zwischen uns vorgekommen.

Hunger tut immer noch weh. Wolfgang und ich besorgen, was wir können, nicht immer ganz rechtmäßig. Doch unser Selbsterhaltungstrieb war stärker als das Gesetz. Täglich drei oder vier Schnitten trockenes Weißbrot und dabei noch arbeiten gehen, mit einer Tasse in Wasser angerührter Trockenmilch. Das war die ungefähre Norm eines hungrigen Halbwüchsigen. Lange halte ich es nicht mehr so aus, dachte ich. Ich war hart an der Grenze, durch das ständige Hungergefühl auf die schiefe Bahn zu geraten.

Papa hat mich wieder geschlagen. Ich heulte vor Wut und ging zu meiner Mutter ins Krankenhaus. Auf der Straße rutschte ich vor innerer Aufregung aus und wäre fast unter ein Auto geraten. Ich erzählte meiner Mutter, was mich bedrückte und sagte sinngemäß, dass ich alles nicht mehr länger aushalten kann und irgendwann würde ich gehen. Meine Mutter weinte. Sie verstand mich wohl. Welche Mutter versteht auch ihr Kind nicht? Ihr zu Liebe versprach ich, es noch einmal zu versuchen. Einige Tage später sagte mein Vater den Satz: »Falls mein Herr Sohn es einmal wagen sollte, unerlaubter Weise mein Haus zu verlassen, dann ist er tot für mich, und er soll es ja nicht wagen, noch einmal meine Schwelle zu übertreten, und wenn er schwer krank auf allen Vieren zu mir gekrochen kommt, ich schmeiße ihn schneller raus, als er reinkam.« Diese hässlichen Worte waren Wasser auf meine Mühle. Er sollte mich eigentlich besser kennen, denn einmal weg von hier, würde ich als Bittender wohl nie mehr zurückkommen. Damals, vor weit über 50 Jahren, schrieb ich: »Lieber würde ich im Straßengraben elendig verrecken.« Mein Schicksal nahm weiter seinen Lauf.

Mit Annelie verstand ich mich immer besser. Wir wurden fast »unzertrennlich«. Leider fand nun auch Wolfgang Gefallen an Annelie. Wir zu Dritt waren für eine kurze Zeit gute Freunde, die sich auch nicht um ein Mädchen streiten wollten. Einige Male waren wir noch zu Dritt im Café Warschau, also zwei werbende Tänzer und eine Tänzerin.

Wenn ich meinen eigenen Tagebuchaufzeichnungen Glauben schenken darf, möchte ich mich selbst zitieren: »Wir ließen Annelie die Wahl.« Sie sprach sich für mich aus und ich war glücklich.

Dann kam mein Geburtstag, der 17. März. Ich wurde 17 Jahre alt. Wolfgang finanzierte fast allein meine kleine Geburtstagsfeier. Es gab Kuchen, Schnaps und Zigaretten. Annelies Mutter backte den Kuchen. Es ging dann zu mir nach Hause in die Knorrpromenade. Unter den wenigen Gästen war auch mein Abteilungsleiter vom Bezirksamt Mitte. Alle anwesenden jungen Leute fühlten sich von meinem Vater abgestoßen, durch seine Gefühlskälte. Unsere kleine Geburtstagsfeier stand unter einem schlechten Stern. Irgendwann gingen wir ins Nebenzimmer, um etwas zu tanzen – richtige Geburtstagsstimmung kam nicht auf. Mein Vater unterließ es, mir zu meinem 17. Geburtstag seine Glückwünsche auszusprechen. Er traf mich tiefer, als er es vielleicht beabsichtigte. Es hat mich sehr gekränkt. Ein kleiner Anstoß noch, dachte ich, und der Stein wird rollen. Nie im Leben werde ich meinen 17. Geburtstag deshalb vergessen können. Verzeihen würde ich meinem Vater noch, dachte ich damals, aber vergessen nie.

Die nachfolgenden Tage waren für mich eine seelische Pein ohne Ende. Ich bekam Verbot auf Verbot. Meine Eltern stritten sich öfter. Mutti wurde von meinem Vater häufig gekränkt. Ich konnte und wollte bald nicht mehr zu Hause leben.

In den letzten Märztagen händigte mir Mutti ihre vergoldete Damenarmbanduhr aus mit der Bitte, sie für 1000 Mark auf dem schwarzen Markt zu veräußern. Wenn ich mehr an dem Uhrenverkauf erhalte, kann ich den Rest des Geldes behalten. Ich übergab meinem Freund Wolfgang das Geschäft und der erhandelte dafür Zigaretten im Wert dieser Summe. Angeblich hatte er nicht mehr erhalten. Dann waren wir der Meinung, die Zigaretten wollten wir nicht mehr verkaufen. Wolfgang meinte, er könne noch ein gutes Geschäft machen und würde dann das Geld für meine Mutter rausholen können. In jenen kritischen Tagen verlangte meine Mutter auf einmal statt 1000 1500 Mark für ihre Uhr oder sie wolle die Uhr zurückhaben – aber die war ja nicht mehr da. Also sagte ich ihr auch für diesen Preis den Uhrenverkauf zu. Von den vorhandenen Zigaretten rauchten wir natürlich schon einige. Mutti wurde immer ungeduldiger. Sie hatte sich bereits mit meinem Vater wieder vertragen und sagte zu mir: »Du hast noch einen Tag Frist, bis zum 4. April.« Es folgten noch einige böse Worte von ihr. Einige Tage später hätten wir die Summe vielleicht zusammengehabt. Aber so, wenn sie es Papa sagen würde, würde ich gehen müssen, denn mir war klar, diesmal könnte ich nicht mehr still halten, wenn er mich prügeln würde. Dieses Mal würde ich zurückschlagen. Mein ganzer Groll oder auch Hass, der sich in mir aufspeicherte, würde zur Entladung drängen. Ich würde mit der Kraft und dem Mut der Verzweiflung gegen ihn ankämpfen. Aber was hält mich denn noch hier? Meine Mutter, der zu Liebe ich es so lange aushielt mit ihm, nein. Sie steht jetzt auch gegen mich. Ich habe keine Heimat und keine Eltern mehr. Am nächsten Morgen würde ich Berlin verlassen, um Hamstern zu gehen. Ich ließ mich krank schreiben und kaufte dann eine Fahrkarte nach Brandenburg. Zu Hause erklärte ich, dass ich eine gute Hamstergelegenheit hätte. Dann packte ich meinen Rucksack mit den notwendigen Sachen. Ich war bereit. Dann, am Abend, erzählte Mutti meinem Vater die Sache mit der Uhr. Ich dachte, mir würde das Herz stillstehen. Papa kommt zu mir und fordert Rechenschaft. Ich lüge ihn an, kalt und bewusst. Er schickt mich fort zu meinem Freund Wolfgang. »Entweder das Geld oder die Uhr holen!« ist sein Befehl. Dann versuche ich mein Glück bei Wolfgang.

Es ist nichts zu machen. Die Uhr meiner Mutter ist weg, ausreichend Geld für sie ist nicht vorhanden, also alles vergebens. Schweren Schrittes gehe ich dann in die Kadiner Straße zu Annelie. Ich rufe auf dem Hof nach ihr – sie kommt herunter. Ich ging mit ihr kurz spazieren und schüttete ihr mein Herz aus und teilte ihr den Entschluss mit, dass ich morgen Berlin für immer verlassen würde. Sie konnte mich gut verstehen, denn sie kannte ja meinen Vater. Unter ihrer Haustür nehme ich Abschied von ihr. Sie bekam von mir als Talisman ein silbernes Zweischillingstück – auch in dieser Stunde des Abschieds wagte ich es nicht, ihr einen Kuss zu geben. Dann ging ich fort. Sie besaß mein Vertrauen. Meine Eltern nicht mehr.

Zu Hause angelangt erklärte ich, dass sich Papa das Geld am nächsten Tag von Wolfgang abholen kann. Dann ging ich in mein Zimmer oder besser gesagt, in unser Wohnzimmer. Auf der barocken Couch durfte ich ja immer schlafen. Ein eigenes Zimmer hatte ich ja nicht.

Schlafen konnte ich in dieser Nacht kaum. Ich ließ meine Kindheit noch einmal in meinen Gedanken vorbeiziehen. – Morgen trete ich den Weg an in die Fremde.

Um 5 Uhr morgens verabschiedete ich mich wie gewöhnlich für kurze Zeit, Papa die Hand, Mutti Kuss- und Handschlag, meiner Schwester Karin die Hand, ein fröhliches »Wiedersehen!« Und mein Herz blutete und meine Seele weinte. Mutti machte so komische Augen. Ahnte sie etwas? Hatte ich mich verraten? Noch einige Minuten musste ich stark sein. Dann fiel die Wohnungstür hinter mir ins Schloss. Über mein Gesicht rannen die Tränen. Langsam begab ich mich zum Schlesischen Bahnhof, stieg in meinen Zug ein und guckte kaum noch aus dem Fenster. Das war mein Abschied von den Eltern, von meiner Schwester und von meiner Heimat, am 4. April 1946.

Der Zug ratterte über die Schienen in Richtung Brandenburg.
Das harte Leben eines Siebzehnjährigen in der Fremde und im verwüsteten und besetzten Nachkriegsdeutschland hatte begonnen.
Meine Fahrt bis Brandenburg ging gut voran. Dann aber musste ich die Fahrkartenkontrolle befürchten. In der Zwischenzeit hatte ich mich bereits mit einigen Fahrgästen angefreundet, die alle annahmen, ich wäre ein Flüchtling. Ich ließ sie bei diesem Glauben und das war gut so. Kurz nach Brandenburg erschien der gefürchtete Kontrolleur in unserem dicht gedrängten Waggon und verlangte die Fahrausweise. Ich drückte mich, so gut es ging. Auf einmal berührte mich jemand, der mir verstohlen etwas in die Hand drückte – eine Fahrkarte. Ich wies sie dem Zugschaffner vor. Der befand sie für gut und ich war erst einmal gerettet. Kurz vor Magdeburg mussten die Fahrgäste ausstei-

gen, da die Strecke teilweise zerstört war. Und so ging es dann bis zur nächsten Station zu Fuß. Dort wartete schon der Anschlusszug auf die Fahrgäste. Wenige Zeit später befanden wir uns auf dem Hauptbahnhof von Magdeburg. Hier musste ich nun versuchen, mich so gut wie möglich durch die Sperre zu schmuggeln. Soviel ich aber auch nach einem Durchschlupf suchte, ich konnte keinen finden. Frechheit siegt, dachte ich mir, passte mich in den Menschenstrom ein und ging durch die Sperre. Meine Karte bis Brandenburg drehte ich um und gab sie ab. Der Bahnmensch musste aber doch etwas gemerkt haben, denn er rief mir hinterher. Bis zum Ausgang behielt ich meine Nerven noch beieinander, dann machte ich einen kleinen Spurt und war aus der Gefahrenzone heraus. Nach einem halbstündigen Marsch durch die furchtbar zerstörte Stadt Magdeburg kam ich bei meiner Tante Lya – einer Schwester meiner Mutter – in der Thälmannstraße an, wo sie und Onkel Hans, ihr Mann, mich erfreut aufnahmen.

Bei meiner Zugabfahrt vom Schlesischen Bahnhof in Berlin dachte ich an die gefahrvollen und nächtlichen Stunden, in denen Wolfgang und ich aus einem Güterzug Presskohlen stahlen – unter Lebensgefahr, denn die russischen Wachposten schossen mit ihren Maschinenpistolen auf alle fremden Geräusche, so auch auf Kohlendiebe. Der Preis für eine Presskohle lag seinerzeit bei einer Mark. Auf unseren Handwagen gingen vier bis fünf Säcke. Je einen lieferten wir zu Hause ab, und die anderen verkauften wir zum genannten Schwarzmarktpreis.

Aber das ist ja nun auch schon wieder alles vorbei, ist Vergangenheit.

Es sind fast acht Tage vergangen, und ich will die Gastfreundschaft meiner Verwandten nicht länger in Anspruch nehmen, denn sie wohnen sehr beengt und ihre kärglichen Lebensmittelrationen reichen auch nur mal gerade so nur für sie.

Meine Lieblingstante Lya verehrte ich schon als kleines Kind. Ich konnte mich daran erinnern, als irgendwann einmal meine Mutter wieder im Krankenhaus lag, kam sie zu Hilfe aus Magdeburg nach Berlin, um meine kleine Schwester und mich zu versorgen. Mir »imponierte«, dass sie nicht jeden Tag den Abwasch machte, sondern immer erst dann, wenn wirklich kein sauberer Teller mehr im Schrank stand. Sie trug dann bis gegen Mittag einen schicken Morgenmantel und rauchte ihre Zigaretten immer aus einer langen Zigarettenspitze. Das fand ich sehr schick und hatte es bisher nur in Filmen so gesehen.

Meine Schwester Karin kann sie allerdings heute noch nicht leiden, weil sie einmal aus nichtigem Anlass von Tante Lya in die Toilette gesperrt wurde und ich spielte auf dem Korridor dann den schwarzen Mann. Das hat mir meine Schwester verziehen, meiner Tante jedoch nie. Außerdem imponierten mir die tiefdringenden Blicke meiner Tante, die sie besonders beim Wahrsagen und Kartenlegen zum Einsatz brachte.

Auch meine Mutter hatte, gelinde gesagt, etwas Respekt vor ihr. Sie nahm an, dass ihre Schwester sie sogar einmal verflucht habe. Denn als sie aus einer Narkose in ihrem Krankenbett im »Robert-Koch-Krankenhaus« in Berlin-Moabit erwachte und die Augen noch halb geschlossen waren, sah sie, wie ihre Schwester die Hände gefaltet hatte, nach oben schaute und leise sagte: »So schlimm, lieber Gott, habe ich es nicht gewollt.«

Also, dieser Lieblingstante von mir habe ich mein Herz ausgeschüttet. Sie verstand mich und bestärkte meinen Entschluss, nicht mehr ins Elternhaus zurückzukehren. Ihr Mann Hans allerdings war völlig anderer Meinung und gab mir den Rat, wieder nach Hause zu fahren. Aber ich ließ meinen gefassten Vorsatz durch nichts mehr erschüttern. Ich schrieb damals in meinem Tagebuch, dass ich auch meinen Stolz hätte, und nun will ich meinen Weg weitergehen. Und wo mein Ziel ist, wird erst die Zukunft lehren.

Am nächsten Tag, der 14. April, geht es weiter. Dann werde ich keinem Verwandten mehr begegnen. Dann wird der Ernst des Lebens für mich erst richtig anfangen. Ob ich wohl gut über die grüne Grenze in den Westen komme? Hoffentlich! Es kommen mir immer wieder die Tränen hoch, aber ich will nicht mehr an Berlin und die Eltern denken. Meine Mutter tat mir doch leid. Sie hätte ein besseres Leben verdient. Hoffentlich komme ich noch einmal in die Lage, so schrieb ich damals, ihr die Tage zu verschönern. Mein Vater jedoch, den hasse ich jetzt, denn letztlich trieb er mich ja aus der Heimat.

Tante Lya musste mir ihr festes Versprechen geben, niemandem etwas über meine Flucht zu verraten.

Nach meinem Abschied begab ich mich zum Polizeipräsidium, um Durchreisepapiere für die englische Zone zu erhalten. Ich bekam provisorische Papiere für das Flüchtlingslager und bekam so einen ersten Eindruck von einer derartigen Notunterkunft. Es herrschte hier eine üble Atmosphäre. Flüchtlinge, Prostituierte und Penner vermittelten mir die ersten Eindrücke meines neuen Lebens.

Einen Tag später begab ich mich zum Bahnhof, um bis nach Oschersleben zu reisen. Von dort aus wollte ich schwarz über die Grenze in die englische Zone.

Es hat geklappt, wenn auch mit Schwierigkeiten. Aber ich bin nun glücklich, bis in das Flüchtlingslager Alversdorf gelangt zu sein. Auf der Fahrt nach Oschersleben lernte ich einen jungen Mann kennen, der auch »rüber«, also in die britische Zone wollte und den Weg schon kannte. Ich schloss mich ihm als Neuling natürlich sofort an. In Oschersleben erhandelten wir ein Brot für sage und schreibe nur 20 Mark! Im Verhältnis zu Berlin also sehr preiswert, denn dort kostete ein Brot durchschnittlich 100 Mark. Wir gingen zu einem Bauern, hart an der Demarkationslinie. Endlich war es soweit, und wir marschierten los. Ehrlicher Weise muss ich eingestehen, großen Mut in der Situation hatte ich nicht. Im Dunkel der Nacht schritten wir über die Felder dem Kraftwerk »Bismarck« in Helmstedt zu. Wir wollten in die Radkästen eines Kohlezuges steigen. Es war fast alles schon besetzt. Doch wir bekamen noch Plätze. Auf einmal knatterten im Dunkel der Nacht einige Motorräder heran. Es war eine russische Grenzstreife. Mir wurde heiß und bange zumute. Ungefähr 15 Personen waren wir, die so von den Russen geschnappt wurden. Der Kohlenzug ruckte gleich danach an und war mit seiner unsichtbaren Menschenfracht in der Dunkelheit verschwunden. Die Maschinenpistolen auf uns gerichtet, marschierten wir mit den Russen als Bewacher wie ein Elendshäuflein von dannen. Unser Weg führte uns weiter auf das freie Feld. Mir ahnte Unheil. Wollte man uns etwa sang- und klanglos verschwinden lassen? Nein, es kam, Gott sei Dank, anders. Wir mussten uns auf Befehl hinsetzen und unser Gepäck öffnen. Dann klauten sich die Russen von uns, was Wert in ihren Augen hatte. Mein Gepäck bedachten sie nur mit einem geringschätzigen Blick, Gott sei Dank! Meine Angst hielt immer noch an. Was nun? Sie marschierten mit uns noch ein Stück in Richtung auf die Grenze zu. Dort zeigten uns die Russen, wo sich jetzt die englischen Militärstreifen befanden und ließen uns mit ermunternden Rufen loslaufen. Im Eiltempo ging es über einen Bach (die Grenze). Wir balancierten über einen schmalen Balken, denn die Brücke selbst war abgerissen. Dann befanden wir uns in der britischen Zone.

Wir meldeten uns in einem Flüchtlingslager. Dort wurden wir entlaust, das heißt, Lagerbeschäftigte pusteten uns mit ihren Spritzen DDC-Pulver unter die Wäsche auf den Körper.

Eine Nacht verbrachte ich dort im Lager und »lernte« körperlich meine erste Frau kennen. Alle Flüchtlinge in diesem Lager hatten keine Betten, sondern nur aufgeschüttetes Stroh mit Pferdedecken darüber. Wir lagen eng an eng wie die Ölsardinen. Ich spürte auf einmal eine Hand auf meinem Körper. Es war eine Mädchenhand. Sie ging mir nicht nur an, sondern unter die Wäsche. Ich wusste nicht, wie mir war. Ich kannte sie ja gar nicht. Nicht ich küsste sie, sondern sie mich. Ihre Hand gelangte an die Stelle, die alle Dämme brechen ließ. Sie öffnete mir die Hose, rückte noch näher zu mir und dann …

nahm nicht ich sie, sondern sie mich. Es war mein erster Geschlechtsverkehr, den ein unbekanntes Mädchen von mir einforderte. Umgekehrt hätte man schreiben können: er entjungferte ein Mädchen. Bei mir war es damals umgekehrt. Wenn ich mir das heute so vorstelle, weiß ich nicht einmal, wie ich das damals so innerlich verarbeitet habe. Mir fiel ein Ratschlag meiner Tante Lya aus Magdeburg ein, die mich vorsorglich mit einigen Präservativen der Firma »Fromms-Akt« versorgte und mir mit auf den Weg gab: »Wenn du mal mit einem Mädchen zusammenkommen solltest, mache es ihr nur mit einem Präservativ. Denn dann bekommt sie erstens kein Kind und zweitens du keine Geschlechtskrankheit.« Gegen Morgen fiel mir das alles nachträglich ein, denn dann fragte ich meine »Partnerin« nach ihrer Anschrift, die sie natürlich nicht hatte. Sie war ja auch im Lager. Und mindestens dreimal fragte ich sie, ob sie, um Gottes Willen, auch nicht geschlechtskrank sei. Sie guckte erst verwundert und hat mich dann fast ausgelacht. Für sie war ich nicht mehr als ein kleiner Zwischenfall. Doch ich war von dem ersten körperlichen Kontakt mit einem weiblichen Wesen innerlich sehr aufgewühlt. Das alles war für mich Neuland, und bis dahin hatte ich kaum ein Mädchen geküsst. Ich weiß nicht mehr, wie lange es dauerte, bis ich das alles innerlich verdaut hatte.

Ueterlande, bei Wesermünde, am 20. April 1946

Bis hierher, an die Nordseeküste, kam ich ohne nennenswerte Ereignisse. Unterwegs traf ich drei »Kameraden«, die der Zwangsarbeiterverpflichtung beim Russen durch die Flucht entgingen und nun nicht wussten, wohin. Da sie mir nicht unsympathisch waren, schleifte ich sie mit nach Ueterlande. Dort in der Nähe lag während des Krieges die Batterie der Marine-Artillerie mit schweren 8,8 und

10,5 cm Flugabwehrgeschützen. Mein Vater kam auf dem Leitstand zum Einsatz. Irgendwann erhielt er damals das Abschussabzeichen der Marine-Artillerie an seine Uniform geheftet. Diese Batterie der Marine-Artillerie hatte auch einen Chronisten, der an einer Batterie-Chronik arbeitete – so mit Kunstschrift und einigen Fotografien. Mein Vater lebt nicht mehr. Der 2. Weltkrieg ist, Gott sei Dank, schon vor Jahrzehnten beendet worden – doch die Chronik lebt noch – bei mir in meiner Wohnung.

Meine Mutter und Schwester und ich wohnten in den großen Ferien 1940 auf einem Hof einer uns bekannten Familie. Und deshalb, nahm ich an, würde ich in diesem Dorf vielleicht die Chance eines neuen Anfangs finden.

Mit mir klappte es schnell. Ich wurde landwirtschaftlicher Arbeiter auf einem bekannten Gutshof. Die Arbeit hat mir absolut nicht gefallen, aber ich bekam eine gute Verpflegung. Und das war in dieser Zeit eigentlich das Wichtigste. Der Ortsvorsteher und viele andere kannten mich noch als das Kind eines Soldaten von der Batterie Lunesiel. Unsere Gastfamilie, der Opa, die Tochter Magda und die Kleine sind noch gesund. Ich musste ihnen viele Fragen beantworten. Der Dorflehrer bis Kriegsende ist als ehemaliger PG eingesperrt worden (Parteimitglied in der Nationalsozialistischen Deutschen Arbeiterpartei – NSDAP, in der Adolf Hitler die Mitgliedsnummer 7 hatte). Nach Kriegsende gab es in allen Zonen der Besatzungsmächte sogenannte Entnazifizierungsverfahren. Da wurde dann vor Ort festgestellt, wie viel Schuld denn nun ein Parteigenosse auf sich genommen hatte (ein gewisser ehemaliger Staatssekretär des Adenauer-Kabinetts, Dr. Globke, wurde aber schon kurze Zeit nach Kriegsende für würdig befunden, dieses hohe Amt zu bekleiden und das, obwohl er am Ermächtigungsgesetz in der Hitlerzeit mitgearbeitet hatte).

Die Lehrersfrau, ihre Tochter Gunda und der etwas zurückgebliebene Bodo, waren sehr erfreut, mich wiederzusehen.

Anne ist ein nettes und strammes Mädel geworden, an der man Gefallen finden könnte. Ich verstand mich gut mit ihr. Jupp habe ich neu kennengelernt. Er war bei Kriegsende hier in dieser Gegend, kam nicht in Gefangenschaft und arbeitete beim Bäcker. Auch mit der Dorfjugend stand ich auf gutem Fuß. Ilse war anscheinend etwas verliebt in meine »Heldengestalt«. Elsa schaut hier niemand mehr an, da sie schon mit einem Tanzlehrer liiert war, der aus der Stadt kam. Sie ist supermodern frisiert und gekleidet und umgibt sich nun mit dem Nimbus der Vornehmheit. Na, dachte ich mir, jeder Mensch hat so seinen Spleen. Und bei ihr artet er halt so aus.

Noch heute, viele, viele Jahre danach, denke ich manchmal an glückliche Tage, die meine Mutter und meine Schwester und natürlich ich in Ueterlande verlebten. Die Menschen, mit denen wir damals zusammentrafen, waren freundlich.

Unsere Gastgeberin fragte so manches Mal, wenn ich schnell sprechend etwas zu ihr sagte, meine Mutter: »Was hat Ihr Junge eben gesagt?«

Die Batterie der Marineartillerie, in der mein Vater seine soldatische Pflicht erfüllte, war für mich vor allen Dingen deshalb so interessant, weil die Geschützbunker äußerlich wie Bauernhäuser aussahen.

Mit den Menschen in diesem kleinen Ort habe ich seit damals keinen Kontakt mehr aufgenommen, und ich weiß natürlich auch nicht, wer von ihnen noch am Leben ist. Aber vielleicht schaffe ich es noch einmal in meinem Leben, dort hin zu gelangen, durch die Straßen zu gehen, die Häuser anzuschauen und vielleicht noch jemanden zu treffen, mit dem ich über die damalige Zeit reden könnte. Vielleicht, vielleicht …

Die Arbeit auf dem Gut ödete mich langsam an. Das Essen war zwar gut, aber wenn ich weiter den ganzen Tag über die Kohlfelder stampfen muss, verblöde ich. Außerdem geht mir das aristokratische

Benehmen der Sippe hier uns gegenüber langsam auf den Geist oder auf den Wecker, wie der Berliner zu sagen pflegt. Jupp und ich versuchten nun unser Glück bei den US-Streitkräften, denn die Stadt Bremerhaven-Wesermünde lag zwar in der britischen Zone, war aber, aus welchen Gründen auch immer, eine US-Enklave. Wir beide hatten Glück. Jupp wurde Wachmann und ich Orderly-Boy in der Emslandstraße. Einige Tage konnte ich bei der Großmutter von Ilse schlafen, und jetzt wohne ich bereits in der Emslandstraße 2 und bin sozusagen der »Johann« für einige Offiziersfamilien. Das Leben bei ihnen ist nicht schlecht, die Behandlung und Bezahlung ist gut. Ich war zufrieden und konnte etwas meine englischen Sprachkenntnisse erweitern.

Habe einen netten jungen Mann hier kennengelernt und von ihm gehört, dass sein Großvater Fischer ist. Sein Hochseekutter liegt unten im Hafen.

Ich habe Krach mit einem US-Capitän gehabt. Er war von meiner »verdammten Weltanschauung« nicht erbaut. Ich beendete meine Gastrolle und kündigte. »Mein« Leutnant wollte die Sache noch einrenken, aber ich ließ mich auszahlen und ging. Jetzt bin ich probehalber auf einem Fischhochseekutter. Die Arbeit an Bord ist für mich sehr schwer, aber ich habe genug zu spachteln. Der Eigner ist kein übler Mensch, und dieser Beruf hat auch seine schönen Stunden. Ich will einmal in diesem Buch festhalten, wie so ein Fischfang nahe der Küste vor sich geht. Kurz vor der Flut fahren wir aus dem Hafen. Meistens steuere ich schon den Kahn. Er ist 12 Meter lang und 2 Meter 50 breit und ist mit einem 50 PS-Motor ausgestattet. Nachdem wir den Geeste-Hafen verlassen hatten, ging es rein in den Kaiser-Hafen. Dort lagen die Aalkörbe meines Chefs. Die Aalkörbe muss man sich wie eine große Flasche aus Weidenruten geformt vorstellen, die an einer langen Leine und mit Köder ausgestattet unter Wasser schwimmen. Dort gelangen die Aale hinein und finden nicht mehr den Ausgang. Sie werden so lange gefüttert, bis sie »reif« sind. Ein Teil von ihnen bekommt auch die Freiheit wieder. So werden jetzt die Körbe von uns »abgeklappert«. Die Steuerung unseres Bootes ist leicht, da genügend Bojen die Fangvorrichtungen halten.

An Steuerbord kamen wir an der Europa vorbei. Ich glaube, sie ist ein Schwesternschiff der Bremen, also ein großes Passagierschiff, das demnächst Frankreich als Reparationsleistung bekommt. Es ging dann mit unserem Boot immer weiter, bis der Fischer die Stelle im Wasser bestimmte, an der unser Boot zum Fang liegen bleiben soll. Dann wurde der Anker ausgeworfen und das große Rahmennetz gegen die Flut gedreht. Der Fischer bestimmte den Zeitpunkt, an dem wir beide das Rahmennetz hochhievten. Diese Arbeit fand ich besonders schwer, da die Netzwinde nicht mehr richtig funktionierte. Ich habe mir beim Einholen des Netzes so langsam alle Fingernägel abgebrochen. Der Sack des Rahmennetzes wurde an Bord gehievt, geleert und der Inhalt von uns sortiert, das heißt, vom Chef und von mir, das war die ganze Besatzung auf dem Kutter. Aale, Flundern und andere große Fischsorten kamen in den Fischkasten. Der Rest, Beifang geheißen, gehört nach ungeschriebenem Gesetz, wie ich hörte, dem Jüngsten an Bord, also entweder kann ich das Kleinzeug für mich behalten, natürlich auch sortieren usw., oder es wird eben über Bord geschaufelt. – So geht die schwere Arbeit weiter bis in die Nacht hinein. Dann geht der Alte in die Koje schlafen, das Rahmennetz ist wieder im Wasser, und ich muss dann die Wache halten. Es sind schöne Momente, in denen ich so dagesessen und geträumt habe. Über mir der Sternenhimmel und ringsum das Wasser. Von anderen in der Nähe liegenden Fischkuttern ertönt dann ein Schifferklavier, oder von einer Mundharmonika höre ich melancholische Melodien. Das Wasser schlägt gluckernd an den Schiffslaib, und ich denke in solchen Momenten wehmütig an zu Hause. Andererseits packte mich aber auch die Sehnsucht, mehr von der weiten Welt zu sehen.

Morgens ging es dann in den Nordseehafen, vorbei an dem Segelschulschiff, das während der Hitlerzeit den Namen »Horst Wessel« trug. Horst Wessel war ein junger SA-Sturmführer aus einem Berliner Arbeiterbezirk, der vor dem Dritten Reich von anders Denkenden erschossen wurde. Das Schiff sollte, wie ich gehört habe, an die Vereinigten Staaten ausgeliefert werden. Unser Fischfang wurde abgeliefert. Dann ging es zurück zum Liegeplatz.

Der Alte wies mich nach einigen Tagen an, unseren Fischkutter in den Hafen zu steuern und seitlich an einem anderen Fischkutter festzumachen. Er beobachtete wohl, ob ich mein Handwerk verstehe, denn er dachte ja, auf Grund meiner seemännischen Kenntnisse, dass ich irgendwo in Deutschland ja schon etwas zur See gefahren bin. Na ja, ganz so falsch war diese Auffassung ja auch nicht. Also, ich fuhr unseren Kutter mit voller Kraft voraus in den Geeste-Hafen ein. Aus den Augenwinkeln sah ich, wie mein Chef die Luft anhielt.

Ich steuerte den Kutter mit voller Geschwindigkeit auf das Fischerboot zu, stoppte im richtigen Moment die Maschine und ging mit voller Kraft auf Rückwärts. Dieses von mir vorher noch nie gemachte Manöver hatte meinem Chef und anderen zuschauenden Fischern fast die Sprache verschlagen, sie hielten die Luft an, weil sie dachten, ich würde den Kutter rammen, an dem ich festmachen sollte. Mein Chef guckte mich an, sagte: »Das Anlegemanöver war gut«, und meinte dann: »Mach' dich fertig, wir gehen jetzt zum Seefahrtsamt. Ich will dich dort eintragen lassen.«

Na ja, dachte ich mir damals, jetzt wird er mich als Schiffsjungen oder, wenn es hochkommt, als Jungmann eintragen lassen. Der Amtsleiter fragte meinen Chef: »Als was willst du ihn eintragen lassen?«

»Ich bin zufrieden mit dem Jungen. Er wird Leichtmatrose.«

Trotz des Lobes wäre ich wohl nicht lange auf dem Kutter geblieben, denn die Arbeit und die einzelnen Wachen, die man schieben muss, nahmen mich ganz schön in Anspruch ... Na ja, und dann ging alles schneller, als ich es selbst vorgehabt hätte. Und das kam so:

Drei Flüchtlinge aus Kriegsgefangenschaft habe ich für eine Nacht auf dem Kutter schlafen lassen. Und das trotz der Warnung des Eigners, der mir irgendwann einmal sagte: »Du kannst hier alles essen, was du willst, aber lass' keine fremde Person an Bord.« Aber die drei ehemaligen Soldaten taten mir leid. Sie konnten sich von unserem Überfluss satt essen. Irgendeiner vom Fischereihafen hat es dem Alten gesteckt, und er hat mich danach fast zusammengeschlagen und von Bord geworfen.

Die Menschen hier in der Gegend, außerhalb Bremerhavens und Wesermünde, haben vom Krieg – Luftkrieg kaum etwas mitbekommen. Kein Bauernhof in der Gegend und wenn, dann nur einer, brannte ab. Und in dem einen, der in Flammen aufging, sagte man später, ist nur eine Stabbrandbombe eingeschlagen, also ein ganz kleines Ding, das ohne große Gefahr auch hätte von Kindern gelöscht werden können. Es dauerte nicht lange, und bald stand ein schöner, neuer Bauernhof da. Im Gegensatz zur russischen Zone lebte man hier fast im Überfluss. Die Bauern tauschten Butter, Speck und Eier gegen wertvolle Damastdecken, Tafelgeschirr oder wertvolle Essbestecke und vieles andere mehr von den Städtern oder sie gingen in den Hafen und bekamen von den Fischern dafür die schönsten Aale der Welt. In Ostdeutschland dagegen waren die Ställe leer. Die Russen hatten alles geholt. In Ostdeutschland zu hamstern war nahezu zwecklos. Na ja, wie auch immer, ich stand wieder heimat- und mittellos in der Gegend herum und hockte dann auf dem Bahnhof in Bremen und wusste nicht mehr, wohin.

Inzwischen hatte ich zwei unschöne Erlebnisse zu verdauen. Ich lernte in Wesermünde einen jungen Kerl kennen. Wir fuhren zusammen bis Bremen im Zug. Ich merkte, dass der Bekannte von mir so eine Art Zuhälter für einen, wie wir damals sagten »Hundertfünfundsiebziger« war. Zur damaligen Zeit gab es einen Paragrafen 175 im Strafgesetzbuch, der homosexuelle Praktiken unter Strafe stellte. Also, ich konnte dem Burschen natürlich nicht folgen, weil ich derartige Sexpraktiken nicht wollte und die sogenannten normalen kaum kannte.

Wir beiden Zufallsbekannten fassten den »weisen« Beschluss, nach Österreich »auszuwandern«.

Zu unserem Leidwesen trafen wir ein nett aussehendes junges Mädchen, das Hunger hatte. Wir gaben ihr etwas von unseren paar Habseligkeiten, denn sie tat uns leid. Ich ging Fahrkarten holen, mein Bekannter war auch nur einen Augenblick weg. Ich kam wieder und stellte fest, dass das junge nette Mädel mit samt unserem wenigen Gepäck vom Erdboden verschluckt war. Wir hatten eine fürchterliche Wut im Bauch und nur noch ein paar Mark in der Tasche. Ja, merkten wir, es gibt noch viel zu lernen für uns.

Wenig später befanden wir uns in Hannover und gingen zur österreichischen Delegation, wie es damals hieß, um eine Einreisegenehmigung für dieses Land zu erhalten. Anschließend mussten wir es schaffen, nun bis nach München zu kommen. Wir blieben aber erst einmal im Raum Hannover hängen. Der Hauptbahnhof dieser Stadt war das Zentrum der Bahnhofspenner und Edelweißpiraten und der Huren, Zuhälter und sonstiger Gangster. In meinen damaligen Tagebuchaufzeichnungen steht geschrieben: »Meine Feder sträubt sich, alles aufzuzählen, was ich hier, gemeint ist der Hauptbahnhof, sah und dass ich meine gewonnenen negativen Eindrücke nicht so schnell vergessen würde.« Oft saß ich auf einer Bank vor dem Hauptbahnhof, nunmehr schon abgerissen, ohne Gepäck und ohne Geld.

Ich war nicht weit davon, dachte ich, selbst ein Penner zu werden. Ich hatte wieder Hunger, furchtbaren Hunger.

Mein Kumpel war auch ziemlich verzweifelt. Eines Tages setzte sich ein schätzungsweise 27-jähriger Mann zu uns auf die Bank. Ich fand Vertrauen zu ihm und fing an zu schimpfen, auf die Welt, das Regime in Westdeutschland usw. Der Mensch betrachtete mich ziemlich aufmerksam und fragte, ob ich bis 1945 bei der HJ war. Ich bejahte es. Im Verlaufe des Gesprächs meinte unser neuer Bekannter: »Was würdest du denn sagen, wenn ich von der Kripo wäre?« Mir wurde etwas schwül zumute und meinte, das wäre mir jetzt auch egal. Unsere neue Bekanntschaft lacht, sagt, er hätte nur Spaß gemacht usw., usw. Dann zeigte er uns Fotos. Es handelte sich bei ihm um einen ehemaligen ziemlich hohen hauptamtlichen HJ-Führer und Offizier der Wehrmacht. Er nahm mich etwas beiseite und vertraute mir an, dass er einer Untergrundbewegung angehöre und Kerle wie ich müssten auch dazu kommen. Meine alten Ideale flammten wieder auf, und ich erklärte mich mit seinem Ansinnen einverstanden.

Im Bahnhof sah ich dann noch einen Einarmigen in Bridgehosen und schwarzer Jacke. Es war der ehemalige Bannführer der Stadt Ortelsburg in Ostpreußen. Erst wollte er es nicht so recht zugeben, doch dann kam ihm die Erinnerung hoch, und er erkannte mich als seinen kurzzeitigen Hauptlagermannschaftsführer. So kam es dann, dass wir Drei zusammen nach Empelde fuhren.

Mein »Gastspiel« in Empelde bei Hannover war nicht von langer Dauer. Wenn ich auch zuerst von dem Völkchen in diesem Lager einen guten Eindruck hatte. Doch bald merkte ich, dass es sich um Abgebrannte, Heimatlose, leichte Mädchen, Schwule und Gauner handelte, die alle einen möglichst guten Tag auf Kosten anderer leben wollten. Es war für mich besser, dass ich dort die Kurve bekam, ehe dieser ganze Laden dort aufflog. Dann geriet ich an ein Flittchen, aber nicht ich hatte das Weib, sondern sie mich. Sehr schnell kam mir der Kaffee und der Ekel hoch.

Bald hatten mir meine »guten Kameraden« das letzte Geld gestohlen. Ich stand wieder einmal mittellos da.

Hänschen hatte noch ein Paket englischen Tabak, das er verkaufen wolle, damit wir beide weiterkommen. Mit seiner Hilfe ging meine Fahrt in Richtung Österreich, die ich hier kurz unterbrochen hatte, nun weiter. Noch einmal gehen meine Gedanken zurück nach Berlin. Wann und unter welchen Verhältnissen werde ich meine Heimat wiedersehen? Ich wusste es nicht.

Nachdem wir uns von der Polizei eine Durchreisegenehmigung für die amerikanische Zone geholt hatten, ging es zum Bahnhof. Wir wollten ja weiter in Richtung München. Wir kamen mit einer älteren Dame ins Gespräch, und sie schenkte uns wunderbarerweise das Geld für zwei Fahrkarten nach München. Gott sei Dank, nun konnte die Reise ja weitergehen.

Im Rückführungslager München

Seit drei Wochen sind wir nun schon in diesem Lager in der Schulstraße. Bald soll der Transport nach Österreich weitergehen. Das Essen hier ist unter aller Sau. Ein erwähnenswertes Erlebnis hielt ich in meinen Tagebuchblättern fest: An irgendeinem Abend saßen wir in Gruppen unten im Park zusammen und lauschten den Heimatliedern einer Tiroler Gemeinschaft, als auf einmal ein baumlanger Ami mit einem Mädel zu uns kam. Er hatte sie auf der Straße belästigt und wollte nun nicht mehr von ihr lassen. Wir traten näher an sie heran, nur so aus Neugierde, als der GI zu toben anfing und einen länglichen Gegenstand aus der Tasche zog.

In der Dunkelheit konnten wir nicht erkennen, ob es sich um eine Schusswaffe handele und gingen deshalb vorsorglich erst einmal in Deckung. Der Soldat folgte dem Mädchen in die Schule und versuchte, sie zu küssen, worauf sie laut um Hilfe rief. Nun konnte uns keiner mehr zurückhalten, und wir stürmten ihnen nach. Um die Zwei bildete sich eine Menschenmenge. Der Lagerleiter wollte dem US-Soldaten gütlich zureden und bekam als Dankeschön von ihm eine Backpfeife. Darauf eilte er zum Telefon, um die Militärpolizei zu verständigen. Der Ami gleich hinterher, den Telefonapparat von der Wand gerissen, den Lagerleiter geschnappt, um ihn aus dem Fenster zu schmeißen. So schnell konnten wir dem Geschehen kaum folgen. Gott sei Dank war das Handgemenge im Erdgeschoss. Wutentbrannt stürzte der Kerl wieder raus, aber sein Mädel war bereits verschwunden. Voller Wut schlug er einer schwangeren Frau in den Unterleib, dass sie zusammenbrach. Anschließend bekam eine Rote-Kreuz-Schwester Backpfeifen von ihm. Dann stürmte er wie ein Rasender die Treppen hoch, um »sein« Mädchen zu suchen, das sich versteckt hielt. Während der Schlägerei war die Empörung in der Menge gewachsen und auf einmal sprang ein wendiger kleiner Rheinländer den Ami von hinten an. Das war das Signal zum »Gefecht«. Einige Lagerinsassen hatten auf einmal Behälter mit heißem Wasser in der Hand und schütteten es dem Soldaten von oben über den Kopf. Der bekam es nun seinerseits mit der Angst zu tun und ging türmen, die Meute hinter ihm her. Im Park bekam sie ihn zu fassen, und ich glaubte, er wäre von ihr gelyncht worden, wenn nicht in diesen Momenten die Militärpolizei erschienen wäre. Die haben ihm dann, ohne viel Gerede, erst mal kräftig das Maul poliert und ihn auf ihren Jeep geladen. So, den wären wir endlich los, dachten wohl alle erleichtert.

»Wir bösen Saupreußen«

München: Ort der Handlung: Straßenbahn – Mitwirkende: Münchener Fahrgäste und ein Ensemble der Saupreußen. Vorhang auf: Erster Akt mit Vorspiel:
Der Schaffner ruft: »Herrschaften, durchtreten, bitte!« Vor mir steht eine ältere Dame. Sie wankt und weicht nicht. Ich bitte sie, in heimatlichem Dialekt, höflich, durchzutreten. Von Hinten wird geschoben und gedrängelt. Langsam kam mir die Wut hoch, und ich gab der

Frau einen sanften Rückentriller. Die Alte, mit schrillem Organ, die Empörte mimend und mir mit Pathos die üblichen Redensarten, wie Saupreuße, Kriegsverbrecher, Ja-Schreier usw. ins Gesicht schleudernd. Ich nehme an, reize wie im Skat weiter, sie nimmt das Spiel auf, und ich gebe Kontra. Der Vorhang fällt (Beifallsgemurmel).

Zweiter Akt:

Junger Stenz, Tangomähne, Pferdegebiss wie der Schauspieler Fernandel, sich faul auf seinem Platz räkelnd, reißt die Situation mit Schwung und Elan an sich. Sich in Ritterpositur stellend, schleudert er mir mit Verachtung seine Worte entgegen. Preußischer Statist aus dem Hintergrund tretend: »Herr, gewährt mir eine Bitte, ich sei in eurem Bunde der Dritte.« (Mit Tränen des Schmerzes in den Augen fasst er den jugendlichen Hauptdarsteller am Schlips und versetzt ihm einen saftigen Rechten. Der Ritter sinkt blutüberströmt zu Boden. Eulalie, die komische Alte bricht in Schreikrämpfe aus.) Chor aus dem Hintergrund: »Da fleucht sie hin, die teure Seele«, Solo der Alten: »Oh stolzer Rittersmann, man hat ein Leid dir angetan.« Sterbender Ritter, sich ächzend aufrichtend: »Verflucht seid ihr Höllenbrut, verflucht tausend Male!« Ein »Blutstrom« bricht aus seiner Nase. Er wimmert: »'Ne Zigarette, bitte.« Chor im Hintergrund mit Orgelbegleitung: »Ich hatte einen Kameraden ...« Vorhang fällt (drohendes Gemurmel).

Dritter Akt:

Volk auf der Bühne in zwei Gruppen geteilt: »Totschlagen, Kriegsverbrecher, Vaterlandsverräter, Gesinnungslumpen, Nazis, Euch müsste man hängen!«

Kampfansage der Bayern in der Straßenbahn – Die Saupreußen nehmen an und bitten die beteiligten Kämpfer, auszusteigen, provozierend rollen sie sich schon die Hemdsärmel hoch. Straßenbahnhaltestelle: Wir Preußen steigen unter Volksgemurmel aus und warten. Die Tram fährt weiter. Niemand aus dem gegnerischen Lager hat sich gestellt. Die Saupreußen sinken in die Knie und stimmen an: »Nun danket alle Gott.« Vorhang fällt.

In Österreich – Heimkehrerlager in Hüttelsdorf September 1946

Seit kurzer Zeit befinde ich mich nun in diesem Lager. Deutschland liegt hinter mir. Und erst hier kommt so ein Gefühl von Sicherheit, trotz meiner immer noch unsicheren Lage, denn in Deutschland rechnete ich immer noch damit, dass mich ein unglücklicher Zufall wieder ins Elternhaus zurückführt. Und diese Schmach vor meinem Vater, so meinte ich damals, wollte ich nicht erleben. Damals war man ja erst mit 21 Lebensjahren volljährig.

Als unser Zug bei Freilassing über die Grenze von Deutschland nach Österreich fuhr, wurde mir doch etwas eigen ums Herz. Ich begann erstmalig und ganz langsam zu begreifen, was es heißt, Heimatboden zu verlassen und in Österreich als »Piefke« behandelt zu werden. Die ehemaligen Ostmärker des vormaligen Großdeutschen Reiches unter Hitler verhielten sich zum großen Teil so, als seien wir Deutsche Angehörige einer verfeindeten Macht. »Keiner von ihnen hatte gejubelt«, als Hitler 1938 in Wien großsprecherisch verkündete, dass er der Vorsehung danke, seine ehemals österreichische Heimat nun in das Großdeutsche Reich zu führen. Hunderttausende Österreicher haben ihm damals zugejubelt.

Auch im damals von den Alliierten besetzten Österreich war noch nicht alles in bestem Lot. Wien war eine Vier-Sektoren-Stadt wie Berlin, und es gab bis zum österreichischen Staatsvertrag von den Alliierten besetzte Zonen ... und Hunger war zumindest in den Städten Österreichs kein Fremdwort. Ich musste lernen, dass der Wiener, wenn er nicht sein Schnitzel und seinen Wein hat, durchaus sehr grantig sein konnte. Bei Frauen habe ich solche Unbotmäßigkeiten damals nicht festgestellt. Ich habe sie als freundliche Menschen erlebt – vielleicht hatte ich ja nur Glück.

Wie auch immer, ich war jetzt im Ausland, wenn auch im deutsch sprechenden. Wann würde ich mein Heimatland wohl wieder betreten? dachte ich damals. Gott sei Dank kannte ich meine Zukunft noch nicht.

Auf der Bahnfahrt – wir fuhren in den nach 1945 »modern« gewordenen Viehwaggons – lernte ich ein sympathisches Mädchen kennen. Wenn ich mich recht erinnere, hieß sie Rosi. Wir flirteten etwas miteinander. Hänschen und ich nahmen ihr freundliches Angebot an, einige Tage in Baden bei Wien in ihrer heimatlichen Wohnung Gast zu sein. So lernten wir später ihre Mutter und ihre Geschwister kennen. Ihr Wohnungsangebot kam uns sehr gelegen, da wir ja immer noch nicht wussten, wo wir uns eigentlich niederlassen können. In Hüttelsdorf wurden wir Bahnreisenden von der Staatspolizei empfangen und unsere Personalpapiere überprüft.

Wir bezogen also unser angebotenes Quartier bei Wien, bekamen dort auch zu essen und wurden freundlich behandelt. Da wir keine eigene Bank aufmachen konnten, fehlte es uns wieder einmal an Bargeld.

Irgendwann spürten wir, dass unsere freundlichen Gastgeber von uns langsam erwarteten, ihre Gastfreundschaft nicht länger in Anspruch zu nehmen. Wir wollten sie auch nicht ausnutzen. Also, guter Rat für uns zwei Helden war teuer. Was können wir machen? Wo können wir wohnen? Wie kommen wir an österreichische Schillinge? Ein großes Fragezeichen baute sich vor uns auf.

Im Badener Kreiskrankenhaus

Der Gordische Knoten in der Unterkunftsfrage wurde zur beiderseitigen Zufriedenheit gelöst. Ich stellte nämlich fest, dass ich in Besitz eines Blinddarms bin und Hänschen meinte, dass dieses Körperorgan nicht unbedingt benötigt wird. So zogen wir die Schlussbilanz und kamen zu der Auffassung, dass wir krank werden müssen. Gesagt, getan. Ich bekam einige Anfälle, was mir auf Grund meiner »schauspielerischen« Begabung nicht weiter schwer fiel. Für Hänschen war auch gesorgt, da er schwer kriegsbehindert ist und seine Wunden am Arm noch nicht ganz geheilt sind. Der Rest ging schnell vonstatten. Einlieferung ins Hospital, mannhafte Unterdrückung meiner Angstgefühle, Spritze, Narkose auf dem Operationstisch, Zählen, dumpfes Gefühl im Kopf, dann fiel ich in die Nacht.

Die Operation ist gut gelungen. Auf Bauch und Oberschenkel lagen zwei kleine Sandsäcke. Am nächsten Morgen besuchte mich Hänschen, mein Mitleidender. Er setzte sich burschikos auf meine Bettkante, fing an, einige Witze zu erzählen und wunderte sich, dass ich, trotz meines Lachens über sie, ein schmerzverzerrtes Gesicht zog. Ungläubig guckend musste er dann von mir zur Kenntnis nehmen, dass ich schon operiert worden bin. »Mann, sind die schnell hier!«, meinte er. Er erzählte mir, dass sein Bett im Erdgeschoss liege und er noch nicht einmal so richtig untersucht worden sei. – Na ja, wir waren erst einmal wieder untergebracht, und das war in unserer Situation schließlich die Hauptsache.

Eine Schwester In Ordenstracht fragte mich, ob ich denn aus Hannover stammen würde. Dort befände sich ihre alte Heimat, die sie schon viele Jahre nicht mehr gesehen habe. Auf meine Frage, wie sie denn darauf käme, erzählte sie mir, dass sie bei meiner Operation assistiert habe und ich öfter etwas über Hannover erzählt habe. »Ich klärte sie auf.« Als sie merkte, dass mein Leidensgefährte und ich fast mittellos waren, organisierte sie in ihrer Frauenstation eine kleine Geldsammlung, die für uns zwei die runde Summe von 200 Schilling einbrachte. Einige Frauen und Mädchen aus ihrer Station haben mich dann auch besucht, was mir allerdings etwas peinlich war. Einige Besucherinnen waren nicht nur jung, sondern auch recht hübsch.

Das Krankenhaus in Baden bei Wien befand sich in einer landschaftlich schönen Lage. Am späten Nachmittag habe ich mich oft in einen Liegestuhl gesetzt, der auf der Veranda stand. Manchmal kam ich dann ins Träumen. Wenn Hänschen kam, besprachen wir unsere Lage. Wir beide hatten noch keine konkreten Vorstellungen, wie es denn mit uns so weitergehen könnte, denn sehr lange konnten und wollten wir auch nicht im Krankenhaus bleiben. In meinen Tagebuchblättern habe ich nachgelesen, dass die Umgebung oder, besser gesagt, die Landschaft, mir so gefallen haben, dass ich dachte, sie könnte für mich vielleicht sogar eine zweite Heimat werden.

Nun sind wir schon fast sechs Wochen hier im Krankenhaus, und unsere Entlassung steht bevor. Eine Rot-Kreuz-Schwester hat mir eine kleine Notunterkunft angeboten. Eine Verwandte von ihr hat in Triebuswinkel einen kleinen Schuppen, der allerdings nicht beheizbar ist. Also für den Winter müsste ich eine neue Bleibe gefunden haben. Wir waren dieser Krankenschwester, wie auch überhaupt dem Pflegepersonal sehr dankbar. Wir fühlten uns nicht nur gut versorgt, sondern auch gut behandelt. Bald sagten wir nun: »Servus«, wie es in Österreich heißt.

In Triebuswinkel

Der Ort ist ein kleines Weinbauerndorf, ca. 4 Kilometer von Baden entfernt. Wir beide wohnen nun, so gut es geht, in einem kleinen »Hühnerstall«. Ein Ehebett, was für uns beide reicht, ein kleiner Tisch, eine Bank, ein Spirituskocher und einige Bilder an der Wand, so sah unsere sparsame Innenausstattung aus. Wenn der eine von uns beiden rausgeht, kommt der andere drinnen räumlich ganz gut zurecht. Länger, als bis zum Wintereinbruch, würden wir es schon der Enge wegen hier nicht aushalten können. An der Hütte vorbei führt ein Weg zu einem sehr großen, grauen Betonklotz. In ihm Mietwohnungen für Menschen, die nichts Besseres haben. Manchmal kamen Gruppen von jungen Frauen an unserer Hütte vorbei. Später hörten wir von ihnen, sie seien Arbeiterinnen in dem großen Semperit-Werk im Nachbarort Traiskirchen.

Vorgestern bat mich ein Fleischermeister, ob ich nicht zur Aushilfe kurzfristig zu ihm kommen könne, da es zurzeit viel bei ihm zu tun gäbe, und er habe gehört, dass ich »vom Fach« sei. Eigentlich wollte ich ja noch faulenzen, denn meine frische Operationsnarbe war immer noch nicht schmerzfrei. Aber der gebotene Lohn von 10 Schilling, die Mahlzeiten und noch einen Kranz Wurst extra, machten mich recht schnell arbeitsfähig. Der Meister staunte, wie viel Fachliches ich doch schon könne, und er bot mir an, bis zur Gesellenprüfung bei ihm zu bleiben. Ich wollte es mir überlegen, aber es wurde dann nichts daraus.

Mein Leidensgefährte und ich machten uns irgendwann einmal einen guten Tag, denn der Wein, und wenn ich es recht in Erinnerung habe, damals noch Sturm genannt, war wohlschmeckend und kostete nicht die Welt. Wir kamen in Stimmung und sangen – wie auch immer – einige englische Songs. Auf einmal hörten wir wieder die Mädchenstimmen vor unserer Bude. Wir merkten, dass sie vor unserem »Reihenhaus« verharrten. Neugieriges Völkchen hier, dachte ich damals, war aber im nächsten Augenblick selbst interessiert, also auch neugierig und beguckte die Schönen durch einen Spalt in der Hütte. Eine von ihnen fesselte meine Aufmerksamkeit sofort durch ihre hübsche Gestalt. Also, gut geformte Beine, ein schönes Gesicht und bis auf die Schultern fallendes, schönes Haar. Aus meinen alten Tagebuchaufzeichnungen entnehme ich, dass ich in diesem Augenblick meine Liebe einem unbekannten Mädel entgegenträumte. Nach unserem ersten Kennenlernen dachte ich, die und keine andere.

Wenn ich an sie dachte, wurde ich nervös. Und endlich wusste ich, wie sie heißt: Maria. Ich fing an, sie zu lieben oder, was ich damals dafür hielt. Heute würde ich dazu sagen, sie zog mich körperlich an. Ich wollte ihr sehr nahe kommen. Durch ihren Bruder Hansl lernte ich sie später näher auf einem Tanzvergnügen in Traiskirchen kennen. Sie tanzte leicht, wie eine Elfe. Sie passte sich jeder Bewegung meines Körpers an. Es war, als hätten wir vorher das Tanzen trainiert. Das Tanzen mit ihr empfand ich damals bis heute als beglückend. Nie wieder bin ich in meinem Leben einer Tänzerin begegnet, mit der ich so schön, wie damals mit Miezel in Traiskirchen, tanzen konnte. Ich liebte sie. Und ich spürte, sie mich auch. Wir trafen uns öfter, und ich stellte glücklich fest, dass meine Gefühle von ihr erwidert wurden. Mein Leben hat damals einen anderen Sinn bekommen. Ich war glücklich und im Innersten bereit, in Österreich eine neue Heimat finden zu können.

Miezel hatte mir dann auch eine Arbeitsstelle bei den Semperit-Werken verschafft. So arbeiteten wir nun auch in derselben Firma, und jeder Tag begann für mich mit Sonnenschein. Wir wollten auch unbedingt recht bald zusammenziehen. Und das gelang mir dann auch mit Hilfe des Betriebsrates der Semperit-Werke. Mit seiner Hilfe hatte ich bei einer Frau Komerzienrat in deren großer, schönen Villa auch ein geräumiges Zimmer mit Balkon erhalten. Vorerst noch wohnte ich mit Hans zusammen.

Die alte Dame ist noch so richtig der Typ der guten alten Zeit mit »Küss' die Hand, gnädige Frau« und anderes mehr. Ich fühlte mich wohl in ihrem Haus. Der Winter 1946 war ein sehr eisiger. Es war saukalt. Weihnachten stand vor der Tür. Und Miezel ist von ihrem Vater sehr geschlagen worden, als der ehemalige KZ'ler hörte, dass sie mit einem Piefke und ehemaligem Nazi zusammen ging. Mit ihrer Mutter und ihren Geschwistern verstand ich mich einigermaßen. So richtig meine Kragenweite waren sie alle nicht.

Bei den Semperit-Werken habe ich mich schnell vom Transportarbeiter zum Maschinenführer hochgearbeitet, mit 150 Schilling Lohn im Monat. Hänschen kam auch arbeitsmäßig irgendwo unter. Dann ließ er sich krankschreiben. Als ich von der Arbeit kam, stellte ich fest, dass nicht nur er verschwunden war, sondern auch meine Lebensmittelkarten, meine paar Oberhemden und weitere Kleidungsstücke, die ich dringend brauchte. »Na ja«, sagte ich damals, »Undank ist eben der Welt Lohn.« Die Schurken werden eben nie alle. Habe den Kerl bis jetzt von Anfang an ziemlich gut durchgehalten, und nun das. Sollte er mir nochmals vor meine Augen treten, würde er von mir einen Tritt bekommen, dachte ich seiner Zeit.

Viele Jahre später saß ich in Berlin-Spandau in seiner Wohnung. Er war verheiratet. Ich sagte ihm nur kurz das, was ich von ihm noch halte und ging.

Damals waren einige Bekannte, eine kleine Schwarzhändlerin und ihre Tochter und auch die anderen Bekannten über sein Verhalten empört gewesen.

Weihnachten 1946

Es waren kalte und frostige Tage. Mit Miezels Hilfe habe ich ganz schön Geld gespart. Jemand hatte genug Kuchen für uns gebacken, so hatte das Weihnachtsfest auch einen süßen Rahmen. Ich besorgte noch Schmalz, Butter und Wurst, sowie einige Flaschen Wein. Herta, eine Freundin von Miezel, und René, ein Tschechoslowake, und ein guter Arbeitskollege von mir, waren unsere Gäste. Miezel wohnte jetzt auch bei mir. Als die Kerzen am Weihnachtsbaum flackerten und ihr festliches Licht in das Zimmer warfen, wurde mir weich um's Herz. Es war mein erstes Weihnachtsfest in der Fremde, weit weg von der elterlichen Wohnung, und mir kamen damals die Tränen. Doch Miezel und unsere Gäste verstanden es, mich bald wieder in weihnachtliche Stimmung zu versetzen. Es war ein schöner Abend. Herta ist bei uns geblieben, und jeder von uns ging schlafen. Am Nachthimmel standen hell und klar die Sterne. Morgen ist auch noch ein Tag, der für sie und für mich sehr schön sein wird. Ich liebte sie. Bei ihren Eltern hielt ich um ihre Hand an. Der Alte willigte knurrend ein. Na, dachte ich damals, ich will ja einmal nicht die ganze Familie heiraten, sondern nur Miezel, meine kleine, liebe, süße Frau. Morgen wird unsere Verlobung offiziell sein. Auch in der Badener Zeitung ist eine Anzeige gestartet worden.

In Baden bei Wien

Nach dem Ende der kalten Zeit hatte ich das Bedürfnis, aus dem kleinen Ort Traiskirchen nun endlich einmal nach Baden umzuziehen. Es ist die Stadt mit Theater und Thermalquellen, in die während der K. u. K.-Zeit der Österreichischen Monarchie hochrangiger Adel und auch der Kaiser selbst sich hingezogen fühlten, um zu entspannen, zu kuren oder am Badener Stadttheater die kleinstädtische Bühnenwelt zu genießen.

Ich lernte Georg kennen. Er war ein junger, aber leider schwer kriegsbehinderter Mensch, der im letzten Weltkrieg eine schwere Kopfverletzung und eine Armamputation erlitten hat. Wir beide kamen überein, in der Theresiengasse 8, ganz dicht am Kurpark, ein möbliertes Zimmer zu nehmen. (Beim Abfassen meines Lebenslaufes weiß ich nicht mehr, ob es wegen des Umzugs von Traiskirchen nach Baden mit meiner Verlobten und mir Einvernehmen oder Ärger gab, denn sie zog wieder zu ihren Eltern nach Triebuswinkel und ich in die Theresiengasse.) Die Wirtsleute waren freundlich und Georg ein guter Kamerad. Er bemühte sich lange Zeit um eine Konzession für eine Tabak-Trafik. Im damaligen Österreich wurden nach meinem Wissen die Konzessionen für Tabakwarengeschäfte vom Staat vergeben.

Ich fing an, eine Fahrschule zu besuchen, habe auch weitere Bekanntschaften gemacht, die für mich wertvoll waren.

Die Arbeit bei den Semperitwerken hatte ich nach einem Krach mit dem Abteilungsleiter gekündigt.

Miezels Bruder Karl ist aus russischer Kriegsgefangenschaft entlassen wurden. Mit ihm hatte ich später kaum Kontakt.

Jahreswechsel

Wir schreiben das Jahr 1947. Miezel, Georg mit seiner Braut – auch einer Miezel – und ich feierten den Jahresausklang in einem netten Restaurant in einer geschlossenen Gesellschaft. Leider trafen damals meine Erwartungen des Jahresausklangs nicht ein. Es war eine ziemlich fade Geselligkeit zum Jahreswechsel. Wir gehen nun in ein neues Jahr, dachte ich. Hoffentlich bringt es mir mehr Glück als die Zeit von 1945 bis – ja bis April 1946.

Von meiner Tante Lya erhielt ich auch Post, die mich erfreute. An meine Eltern habe ich noch nicht geschrieben, werde es sobald auch nicht tun.

Ich habe einen netten Menschen hier in der Nähe gefunden mit Namen Toni, ein Kunstwarenhändler aus Baden. Nicht weit von der Karlsgasse entfernt hatte er sein kleines Geschäft.

Winteridyll

Es hat geschneit. Ein herber, klarer Frost ist spürbar. Ich finde es einfach herrlich, wenn ich warm angezogen durch die weißen Badener Gassen stapfe und die Schneehüte der Häuser bewundern kann.

Im Kurpark, der nun leer und seltsam öde wirkt, biegen sich die Bäume unter der weißen, wunderschönen, kristallglänzenden Last. Der Schnee knirscht unter meinen Tritten und mir ist, als friere mein Atem fast noch im Munde. Es ist schön hier, in diesem verschwiegenen Städtchen, zu schön, als dass ich es noch lange miterleben werde.

Doch weg mit meinen trüben Gedanken. Mir geht es doch zur Zeit bestimmt nicht schlecht, aber ab und zu habe ich so ein merkwürdiges Gefühl in mir, ich weiß noch nicht, warum.

Soll ich jubeln oder weinen?

Ja, kann es denn stimmen? Soll es wirklich wahr sein? Miezel erwartet ein Kind von mir. Ich kann es noch gar nicht fassen, geschweige denn, begreifen. Aber es ist so. Ihr Arzt hat es einwandfrei bestätigt. Diese Nachricht von ihr hat zwar wie eine Bombe bei mir eingeschlagen, jedoch andererseits brauchte ich mich auch nicht zu wundern. Ich wusste zwar langsam, wie es ist, mit den Reizen des weiblichen Körpers umzugehen, hatte aber andererseits vergessen, dass meine Tante Lya aus Magdeburg mir seinerzeit einschärfte: »Wenn Du mit einer Frau schläfst, mein Junge, vergiss nicht, dich zu schützen.« Der Firmenname »Fromms-Akt« war mir zwar geläufig, doch die Dinger in der Praxis in Anwendung zu bringen, ist mir »in Vergessenheit geraten«. So langsam hatte ich zwar bei und mit Miezel die Reize des weiblichen Körpers kennengelernt und fand den Umgang mit ihr auch wunderschön, doch mögliche Folgen und wie man sie vermeiden kann, gehörte noch nicht so richtig zu meinem Allgemeinwissen. »Nun hatte ich den Salat« Ich möchte meiner kleinen, lieben Miezel vor Freude den Himmel auf Erden bieten!

Aber, es mischt sich bohrend ein Unterton in meine Freude. Werde ich es überhaupt schaffen? Bin ich überhaupt schon reif dazu, um alle Anforderungen zu erfüllen? Ich versuchte zu begreifen, was mir jetzt alles bevorstehe. Mein Gott, dachte ich, ich selbst bin noch ein großes Kind – wenn auch geschlechtsreif - und muss in Kürze für ein von mir gezeugtes Kind die Verantwortung übernehmen. Ich konnte noch nicht so richtig weiterdenken, wie denn alles so mit uns werden wird. Vater in diesem Alter zu werden – es ging mir so vieles in meinem Kopf herum. Wo wohnen? Wie all die Sachen bekommen oder finanzieren, die für ein Baby notwendig sind? Ich wollte es zwingen, wollte meine Verlobte nicht enttäuschen, weil ich, wie ich damals in meinen Tagebuchaufzeichnungen schrieb, sie doch so unendlich lieb gehabt habe.»Herrgott, gib mir Kraft für die Zukunft!«

Es war für uns nicht leicht, in der damaligen Zeit, all die Dinge zu bekommen, die für einen kleinen Erdenbürger notwendig sind, vom gebrauchten Kinderwagen bis zur letzten Windel. Mit Hilfe einer Bekannten gelang es uns, die ersten und wichtigsten Sachen zu erhalten.

Viele, viele Jahre später bekam ich dann meine älteste Tochter Karin zu Gesicht, die ich heute noch liebe und die wunderschön aussah und aussieht. Es wäre doch zu schade gewesen, hätten wir sie mit *Fromms* verhütet.

Mein 18. Geburtstag

Es gab eine kleine Feier. Mein neuer Anzug, den mir ein Schneider angefertigt hatte, ist pünktlich geliefert worden. Zwölf Personen feierten mit mir. Gegen Abend allerdings trübte sich die Stimmung. Georg wurde auf Helmut im Verlaufe eines Gesellschaftsspieles eifersüchtig. Natürlich gab es keinen wirklichen Grund für einen Streit. Mit vereinten Kräften gelang es uns, den Misston wieder abklingen zu lassen.

Was ist nur mit der jungen Rosi los? Bei der Feier hüpfte sie um mich herum wie eine geile Kokotte. Ihre Ehe soll ja nicht gerade vorbildlich sein, wusste ich. Irgendwann hatte ich vorher mitbekommen, dass sie ohne Wissen ihres Mannes, »eines Piefke aus dem Reich«, ihre österreichische Staatsbürgerschaft wiedererlangt hatte. Das heißt, wenn ihr Mann mal abgeschoben würde nach Deutschland, hätte sie in Österreich bleiben können. Sie hatte zwar gut, aber recht schäbig vorgearbeitet. Ihr kleiner gemeinsamer Sohn Hansl ahnte nichts von der Unglückswolke, die düster über der Ehe seiner Eltern hing.

Damals wusste ich noch nicht so genau, was ich einige Monate später mit der Rosi so erleben würde.

Wieder ein Umzug. Die Spannung zwischen Miezel und ihrem Vater wurde immer größer. Jetzt hat er sie sogar geschlagen, weil sie es mit einem Deutschen treibt. Sie wollte und sollte letztendlich ganz raus aus ihrer elterlichen Wohnung in Triebuswinkel. Toni, der Kunstwarenhändler, bot mir in seiner Villa eine Wohnung in der ersten Etage an. Das Haus steht auf einem schönen Grundstück. Nicht all zu weit weg befindet sich das viel besungene Helenental. Eigentlich sind wir im Moment recht zufrieden. Nur unsere Finanzen werden langsam immer knapper. Ich muss immer öfter mit Tauschgegenständen über Land zum Bauern fahren. – Will nun auch bald meinen Führerschein machen. Vielleicht bekomme ich dann auch eine bessere Stellung.

In letzter Minute

Georgs Braut will aus einem mir unbekannten Grund ihre Verbindung mit Georg – dem Einarmigen – lösen. Der arme Kerl tut mir leid. Er hat sich so um eine gute Existenz gekümmert. Deshalb erhält er auch antragsgemäß vom Staat bald eine Tabaktrafik. Und nun soll durch seine junge Braut auf einmal alles anders werden?

Gestern stand er mit einer Pistole 7,65 im Hauseingang, um ihr irgendetwas Furchtbares anzutun. Ich ahnte es und warnte seine Miezel. Sie wurde ganz aufgeregt. Sie kam aus ihrem Geschäft und ging mit Georg nach Hause. Ich natürlich hinterher. Auf einmal schrie sie laut: »Fredl!« Ich rannte vor und konnte Georg im letzten Augenblick seine Schusswaffe aus der Hand schlagen, die ich sofort in Verwahrung nahm. Ja, ja, die Liebe.

In der Wachau

Ich habe eine wunderschöne Landschaft kennengelernt. Mittelhohe Weinberge und daneben oder darunter schlängelt sich ein großer Strom, die Donau. Die Berghänge sind mit vollen Rebstöcken besetzt. Auf einer Hamsterfahrt machte ich Station in dem kleinen Örtchen Weißenkirchen. Es war Sonntag und in den Ortschaften fanden irgendwelche Festlichkeiten statt. Schnell lernte ich dort zwei nette Mädels kennen. An meiner Seite war der »Schwarze« aus Baden. Als es dunkel wurde, setzten wir uns an das Ufer der Donau. Der Mond warf seine silbernen Strahlen auf das fließende Wasser, und die Luft war von schwerem Blütenduft getränkt. Es war so eine richtige, fast kitschige Romantik. Leise stimmten wir dann noch das Donaulied an. Ich werde sie nie vergessen, die Stunden an den Hängen in der Wachau am silbernen Bande der Donau.

Missstimmungen

Miezel wird von ihrer Verwandtschaft und Bekanntschaft gegen mich aufgehetzt. Es gab schon einige unschöne Auftritte. Ich kann mich immer schwerer beherrschen. Langsam wird mir das Leben hier immer bitterer gemacht. Wenn Miezel nicht in Hoffnung wäre, dann würde ich jetzt gehen, dachte ich damals. Aber in ihrem

Zustand – nein! Es gibt einige meiner Bekannten, die zu mir sagten, dass wir nicht zusammen passen würden. Doch ihre Worte prallen bei mir ab.

Unser Geld wird auch immer knapper. Bei Lebensmitteln müssen wir schon etwas sparen, damit wir die Babyausstattung, wie zum Beispiel Korbkinderwagen, gebraucht, und Windeln und Jäckchen usw. kaufen können. Mir wird langsam mulmig.

Rosi ...

Ich habe schon lange gemerkt, dass ihre Ehe in Trümmer geht. Beide Partner sind wohl schuld daran. Da war nicht mehr viel mit Liebe. Rosi hat mich nun schon des Öfteren mit unauffälligen Gesten und eindeutigen Worten darauf aufmerksam gemacht, dass sie liebeshungrig nach mir ist. Na ja, und ich war ja immer noch nicht aus Holz.

Das Verhältnis mit Miezel und mir ist auch schon stark gestört. Manchmal macht sie mir das Leben zur »Hölle«. Mir ist nur nicht ganz klar, was sie damit bezweckt und vor allem, in ihrem Zustand.

Rosi drängt nun dauernd darauf, mit mir endlich auf Hamsterfahrt gehen zu können. Nun, die liegt jetzt schon hinter mir. Was ist passiert? Auf unserem »Hamstermarsch« machte sie mich mit Worten und Gesten immer mehr darauf aufmerksam, was sie eigentlich von mir will. Gegen Abend übernachteten wir bei einem Almbauern als Geschwisterpaar in der Scheune. Wir machten es uns bequem. Sie sprach in einer Tour zu mir und »legte ab und zu ihre sinnliche Lache auf«. Es kam die Dunkelheit, und wir lagen ziemlich dicht beieinander. Unser Atem ging schwer. Ich streckte meinen Arm zu ihr hin, und sie rollte sich wie eine Schlange schnell an meinen Körper heran. Ihr leicht geöffneter Mund strebte mir entgegen, und unsere beiden

Zungen übten ihre ersten Intimitäten aus. Wir wurden immer leidenschaftlicher und verrückter. Dann spürte ich ihre Hand erst auf und dann in meiner Hose. Sie hielt mein Glied in der Hand und stöhnte leidenschaftlich: »Du musst mich jetzt ficken!« Das Vorspiel unserer Zungen und ihre intimen Griffe auf meinen Körper haben mich immer temperamentvoller gemacht. Ich spürte ihre festen Schenkel und ihren zitternden Leib. Ich öffnete ihr das Kleid und machte ihre Brüste frei. Sie wurde immer wilder und geiler. Meine Hände gingen über ihren Körper. Ich streichelte ihr die Innenflächen ihrer Oberschenkel. Sie packte mich wieder an meinem edelsten Teil und stöhnte heiser: »Nun fick mich endlich!« Unsere letzten Hüllen fielen. Sie lag geil stöhnend unter meinem Körper. Ich fasste zwischen ihre Schenkel und spürte die Nässe zwischen ihren Schamlippen. Nichts hielt mich mehr. Ich rollte mich auf ihren Körper, spreizte ihr die Schenkel und stieß meinen Ständer tief in sie hinein. Wir beide waren nicht mehr von dieser Welt. Wir rammelten in dieser Nacht wie die Verrückten – bis ich nicht mehr konnte.

Und morgens, ihr stand die Lust noch in ihrem Gesicht, in ihren Augen und in ihren vollen Lippen geschrieben, und …. in meinen uralten Tagebuchaufzeichnungen steht geschrieben: »Dann packte mich ein unsagbarer Ekel vor dieser Frau!« Heute sehe ich es viel differenzierter. Vielleicht habe ich das damals, vor vielen Jahren nur geschrieben, um meine eigene Schuld, meinen eigenen Fehler ungeschehen zu machen. Wenn ich damals nicht selbst gewollt hätte, hätte sie mich auch nie bekommen. Ich schreibe dieses Erlebnis hier so offen, weil ich davon ausgehe, dass die ca. 10 Jahre ältere Rosi nicht mehr am Leben sein wird. Beim Schreiben dieser Zeilen sehe ich die damalige Situation bildhaft vor meinen Augen. Würde ich heute auch so handeln können?

Mein Verhältnis zu der Frau, die ich bis jetzt geliebt habe, wird immer kritischer. Viele Kleinigkeiten kamen zusammen, darunter auch unsere wirtschaftliche Lage und vielleicht auch ein Teil ihrer Familie, die es nicht so gern sah, dass sie mit einem »Piefke« ging.

Gestern kam ich von einer langen und ermüdenden Hamsterfahrt aus Oberösterreich zurück. Miezel zeigte sich mir gegenüber mürrisch und unwillig. Mir verging der Appetit beim Essen. Wie soll das nur weitergehen? Es kam der Tag, an dem ich um ihre Einwilligung bat, zum Badener Filmfest zu gehen. Ich ging davon aus, dass ihr körperlicher Zustand Tanzen nicht mehr zuließ. Sie gab mir ihre Einwilligung. Und dann begann der Anfang vom Ende. Wie gesagt, ich war mit ihrer Zustimmung Gast einer großen Veranstaltung mit Tanz. Miezel würde sicher von ihren Kreisen aufgehetzt und ging trotz ihres körperlichen Zustandes zum Kurpark, um sich in die Tanzveranstaltung hineinzuschmuggeln:

Ich tanzte gerade, als sie auf uns zukam, meine Tanzpartnerin von mir wegriss und sie ohrfeigte. Das versuchte sie auch mit mir. Doch ich hielt sie nur fest und verwies sie von der Tanzfläche. Wutentbrannt zischte sie mir zu: »Aus ist es zwischen uns, endgültig aus!« Nach diesem unmöglichen und peinlichen Vorfall trank ich vor Ärger mehr Alkohol, als mir gut tat und ging dann zu nächtlicher Stunde nach Hause. Sie hatte mich ausgesperrt. Oben hörte ich sie mit ihrem Bruder lachen und sprechen. Ich verschaffte mir Eintritt in unser Zimmer. Die weitere Szene möchte ich nicht beschreiben, die zwischen uns entstand, obwohl sie mir unvergesslich geblieben ist. In aller Eile packte ich meinen Koffer und ging ins Hotel. Ein oder zwei Nächte würde mein Geld reichen. Als ich morgens munter wurde, stellte ich fest, dass mir Geld, Schuhe und andere Bekleidungsstücke fehlten. Ich gehe davon aus, dass sich einer ihrer Brüder Eintritt in mein Zimmer verschafft hat und mir den letzten schäbigen Rest meiner Habseligkeiten wegnahm. Aus meinen damaligen Tagebuchaufzeichnungen lese ich: »Nun ist alles hin, meine Heimat, meine Liebe, Miezel, meine Existenz und mein Ruf. Es war falsch von mir, anzunehmen, dass ich hier alles finden würde, was mein Herz begehrte.«

Am nächsten Morgen setzte ich mich in einen Zug und wollte abfahren in Richtung Oberwarth an der ungarischen Grenze. Sie stand auf dem Bahnsteig und wartete auf mich. Sie weinte hemmungslos. Am liebsten hätte ich sie in meine Arme genommen, aber es ging nicht mehr. Sie hatte mir durch ihr Verhalten alle Möglichkeiten verbaut. Ich ging, sie blieb und war nun fast im achten Monat schwanger! Bin ich schuldig? Oder? Nun, ganz allein, mein Elternhaus ist mir verbaut durch die Worte meines Vaters? Ehe ich jedoch zu Kreuze kriechen würde, will ich verrecken, schwor ich damals und will es heute halten. Jetzt ziehe ich weiter, immer weiter in die Fremde – wohin? Ich weiß es nicht. Nur nicht vom geraden Weg abkommen, das war mein einziger Wunsch.

Mein Schicksal führt mich weiter. Ich bin ein Mensch von vielen der Nachkriegsjugend. Was haben wir eigentlich verbrochen in dieser Zeit? Wo werden unsere Lebenswege in ruhigere Bahnen gleiten? Wann, ja wann wird das sein?

Ich kann mir denken, dass es damals viele junge Menschen gab, die, ihrer Ziele und ihres Haltes beraubt, in Deutschland hilflos ihr Leben fristeten. Sie waren ausgebombt, hatten aus kriegsbedingten Gründen keinen Kontakt mehr zu ihrer Familie, sie hatten keinen Beruf und waren mittellos. Ihre »Ziele« im Dritten Reich waren zerstört, ihre Illusionen dahin. Viele junge Menschen standen am Rande der Kriminalität. Oft waren es nur Zufälle, die sie nicht in ihrem weiteren Leben straucheln ließen.

Ich spürte damals eine große Hilflosigkeit in mir und Zorn und Wut auf die politisch Verantwortlichen in Deutschland, die der Jugend erst lebenswerte Illusionen vorgaukelten, die sie später an ihr nicht einlösen konnten. Tausende und Abertausende von jungen Menschen wussten nicht mehr, was sie aus ihrem Leben machen sollten. Glückliche Zufälle halfen möglicherweise denen, die ihren

Weg machten. Scharlatane und schlechte Ziele stürzten damals andere junge Menschen in ihr Unglück. Die deutsche Jugend wurde bis 1945 von den politisch Verantwortlichen missbraucht und verraten, und deshalb fanden viele nicht mehr die richtige Orientierung. Sie begaben sich auf Irrwege.

Mein Eintritt in die Fremdenlegion

Noch einmal führte ich mir vor Augen, was es heißen könnte: »Fünf lange Jahre in der Légion Étrangère« in fremden Ländern zu verbringen. Meine Hand ruhte auf der Klinke der Tür, dann ... dann ist es geschehen. Meine Unterschrift gibt Zeugnis davon, dass ich gewillt bin, fünf Jahre in der Legion zu dienen ... vorausgesetzt, ich würde alle ärztlichen Untersuchungen und Verhöre beim Zweiten Büro gut überstehen.

Sauber führt ein Unteroffizier der Legion den Löscher über meine nunmehr von mir bestätigte Verpflichtungsurkunde. Noch einmal kommen mir Reuegedanken, aber ich will sie nicht mehr an mich heranlassen – es hat doch keinen Zweck. Ich will versuchen, was ich in Deutschland an negativen Erfahrungen hatte, von Kriegsende bis jetzt, zu vergessen – nein, nicht zu vergessen, sondern besser formuliert, zu verdauen. Vielleicht kann ich auch irgendwann Lehren daraus ziehen. Fünf Jahre habe ich jetzt Zeit dafür ... dachte ich damals.

In meinen Tagebuchblättern schrieb ich, ich muss vergessen, was hinter mir liegt. Heute weiß ich, dass diese Einschätzung von mir falsch war. Ich habe nie vergessen.

Das Zivilleben lag nun hinter mir. Ein Soldatenleben auf fernen Erdteilen liegt vor mir. Und wieder kommen die Gedanken in mein Hirn: »Was habe ich bis jetzt eigentlich von meinen Jugendjahren gehabt? Erst ein gläubiges Vertrauen zu einem Mann und eine Idee, dann das Ende des Krieges 1945. Erst ein Aushalten in Not, Terror und Bomben, dann eineinhalb Jahre nach der bedingungslosen Kapitulation der deutschen Wehrmacht an allen Fronten, einen, wie ich damals empfand, diktierten Frieden in einer besiegten Nation mitzuerleben.« Alle meine Ideale waren dahin. Doch ich musste auch Meldungen und Nachrichten, als immer noch gläubiger Hitleranhänger, hören und verdauen, die von den unsäglichen, furchtbaren und vieltausendfachen Morden in Konzentrationslagern berichteten.

Ob das denn alles stimmt? Das kann und darf doch wohl nicht sein, dass wir Deutschen so verbrecherisch an unschuldigen Kindern, Frauen und Männern gehandelt haben sollen. Es war alles noch so unbegreiflich für mich.

Mit noch fünf Kameraden werde ich von dem Anwerbungsbüro der Franzosen von zwei alten Legionären in die Kaserne gebracht. Uns begegnende Einwohner werfen uns teils mitleidige, teils hasserfüllte Blicke zu. Was werden sie von uns denken? War mir damals letztlich auch egal.

Im vierten Stock der Innsbrucker Kaserne werden wir eingesperrt. Ja, wir sind ja nun, so zu sagen, Gefangene, wenn auch mit goldenen Ketten. Einer von uns Neuen meinte in seinem Wiener Dialekt zu mir: »Jo, schau, Fredl, jötz san ma ja, sozusagen, Franzleit.«

Schnell hatte ich mir mit meinen paar Habseligkeiten einen Platz und ein Holzbett gesichert. Und wer legt sich neben mich? Der »Schwarze« aus Baden bei Wien, der irgendwie meinen Spuren gefolgt ist. Ich nannte ihn damals innerlich »den Tangoheini«.

Die in der Kaserne erhaltene Verpflegung war gut und reichlich. Auch einen guten Rotwein für uns hatte man nicht vergessen. Na, den trank ich dann fast bis zur Bewusstlosigkeit, so viel war davon da.

Einige Tage in der Kaserne sind schnell verflossen – auch mit etwas Arbeit auf dem Lande. Wir waren bei einem Bauern zum Bohnen pflücken abkommandiert, der die uns begleitenden Franzosen peinlich hofierte. Einige von uns flirteten mit den weiblichen Erntehelfern. Ich gehörte nicht dazu. Aufgrund meiner in Baden gemachten Erfahrungen und der Aussicht, möglicherweise wenig an das weibliche Geschlecht heranzukommen, hielt ich mich ganz zurück.

Der Bauer, dem wir dienen mussten, hat bei unseren französischen Freunden schwer Krach geschlagen über unsere nicht zufrieden stellende Arbeit auf seinem Acker. Wir haben damals zu seinen Drohungen nur gegrinst und gedacht: »Ja, ja, alter Freund, wir sind eben ›billige‹ Arbeitskräfte für dich gewesen.«

Als uns später der Caporal-Chef mit dem LKW wieder zur Kaserne abholen kam, hat der »arme« Großbauer ihm von unseren Sünden bei der Arbeit erzählt, wie er von uns Halunken, Gaunern und Verbrechern geschädigt worden sei. Der Capo-Chef, ein langer Kerl mit einem Kreuz wie ein Schrank, schnappte sich daraufhin den Kleinsten von uns und schlug ihm in das Gesicht. Dabei schrie er: »Verfluchte Bande, ich euch zeigen, was bin ich!« Und der Kleine von uns erhielt wieder einen Schwinger. Der Soldat hatte aber nicht mit Franz gerechnet. Der war ein schwerer, schwerer Junge. Er trat an ihn heran und meinte: »Setz dein Képi ab, du altes Schwein!« Der Capo-Chef schaute in dem Moment blöd aus der Wäsche. Dann schlug Franz einmal kurz und kräftig zu, und der Bauer musste rasch nach einem Kübel Wasser rennen.

Auf der Rückfahrt benahmen wir uns wie dumme Jungs. Wir zielten mit Tomaten auf harmlose Fußgänger und freuten uns über jeden Treffer. Dann ließen wir noch zwei Bohnenkästen vom Auto fallen, denn andere hatten ja schließlich auch Hunger.

In der Kaserne angekommen, berichteten wir einigen alten Legionären unsere Missetaten. Die grinsten darüber. Anscheinend standen sie auch mit den regulären französischen Soldaten auf Kriegsfuß.

Das Abendessen ist nun auch vorüber. Langsam hatte ich mich an diese, etwas andere, Kost gewöhnt und natürlich auch an den guten Rotwein.

Unsere gemeinsame Kippensammelstunde ist nun auch vorüber. Papierkörbe und Aschenbecher wurden von uns durchsucht und geleert, und wir hatten wieder einen kleinen Rauchervorrat von Kippen, die zwar von anderen »gelutscht«, doch für uns die bisher einzige Möglichkeit waren, so an Tabak heran zu kommen.

Wir wussten, es geht bald weiter, die Stunden in Innsbruck sind gezählt. Am nächsten Morgen ging es mit der Bahn nach Bregenz. Dort soll es mit den Verhören und der ersten ärztlichen Untersuchung losgehen.

Um 13:00 Uhr ging unser Zug ab. Die Zahl der Volontäre für die Legion ist in Innsbruck natürlich angewachsen. Ungefähr 30 Personen wurden nun weiter verfrachtet. In der letzten Nacht kam noch ein Schub Flüchtlinge aus Ungarn. Wir bekamen mit, dass es sich bei ihnen um Nazis handelte, die sich dem Zugriff ihrer Heimatbehörden nur durch die Flucht entziehen konnten.

Gegen 11:00 Uhr erfahren wir, dass ein Österreicher mit vielen, ihm anvertrauten Gegenständen verschwunden ist. Meinen damaligen Tagebuchnotizen entnehme ich, dass ich ihm von Anfang an nicht traute. Er kam aus Krankheitsgründen von Afrika zurück und machte hier seit einigen Tagen den Putzer (Ordonnanz) und für die, für die es immer noch nicht verständlich ist, den »Burschen«. Er hat vor uns mächtig rumgesponnen und auf den Putz gehauen, was er in Afrika schon hat alles mitmachen müssen. Ob der überhaupt jemals in Afrika war, dachte ich, bei diesem bleichen Gesicht? Einige von uns hatten ihn kürzlich noch gebeten, vor der Abreise einige Gegenstände zu veräußern, da sie selbst keine Gelegenheit mehr dazu hatten. Mit diesen Dingen und einigen anderen »Kleinigkeiten« der alten Legionäre ist er dann abgehauen. Die Militärpolizei jagt bereits hinter ihm her.

In Innsbruck fiel mir auf, als wir in kleinen Grüppchen zum Bahnhof gingen, Grüppchen deshalb, um nicht so viel Aufsehen zu erregen, dass einige Fußgänger ahnten, wer wir seien und dass wieder ein Schub von künftigen Legionären in Richtung Frankreich unterwegs war. Eine Gruppe junger Mädchen spuckte demonstrativ vor uns aus. Nur unsere Begleiter haben uns daran gehindert, die Spuckerinnen mal kurz über das Knie zu legen.

Die Alten unter uns meinten: »Nur kein Aufsehen erregen, Jungs!« Einige Gendarmen trieben sich lauernd in unserer Nähe herum, wohl, um unter uns fragwürdigem »Gelichter« noch einige »alte Bekannte« zu finden. Wir grinsten sie nur an. Na ja, eigentlich konnten sie uns ja alle gestohlen bleiben, denn wir standen ja nun unter dem Schutz und Schirm des lieben Gottes und der Franzosen.

Im Innsbrucker Bahnhof angelangt, gingen wir unauffällig durch einen Nebeneingang zu unserem Bahnsteig und in unsere Zugabteile und zwar in solche, die ausdrücklich für alliierte Soldaten gekennzeichnet waren. Na ja, nun sind wir ja fast ein Stück Alliierte geworden. Das war aber kein Grund, dass sich vor Stolz mein Hals blähte, Gott sei Dank hatte ich ja auch keinen Stehkragen um.

Gegen 13:15 Uhr fuhr der Zug ab. Er setzte sich langsam in Bewegung Richtung Bregenz.

Die Gänge des Zuges waren gedrängt voll. Zivilpersonen schauten neugierig in unser Abteil. Hm, auch mal ganz nett, wenn man seine stehenden Mitmenschen aus sitzender Stellung betrachten kann. Ich musste grinsen, schadenfroh grinsen. Und da dachte ich, verflucht noch mal, ich habe mir in letzter Zeit überhaupt so dieses dämliche Grinsen angewöhnt, aber nur dann, wenn ich über andere Leute schadenfroh dachte. Eigentlich müsste ich mir ja an meine eigene Nase fassen, als über andere hämisch zu lächeln. Aber, was soll's, ein »werdender Legionär« darf sich auch einmal über andere erheben. Die haben doch sowieso über Legionäre ihre eigene Meinung, und deshalb will ich sie ja mit meinem falschen Benehmen nicht enttäuschen.

Mit der Miene eines Millionenerben drehte ich mir eine Zigarette. Dieses Mal aber mit sehr gutem Tabak. Ich sehnte die Zeit herbei, in der ich nicht mehr jeden Kippen sorgfältig auflese bzw. aufbewahren muss. – Dichter Tabakqualm steigt in unserem Abteil hoch und entschließt sich dann endlich, seinen Weg durch das geöffnete Fenster zu nehmen.

Meine Abteilgenossen sitzen in bewegten Gesprächen auf ihren Plätzen, um sich über die Zeit, die vor ihnen liegt, klar zu werden. Einige von ihnen erzählen Stückchen aus ihrer anscheinend bewegten Vergangenheit. Ich kam mir direkt klein vor unter diesen Größen der Halb-, Ober und Unterwelt. Ich hatte auch gar keine Lust, mich mit diesen Menschen zurzeit in irgendeiner Form zu messen. Ich nahm mir allerdings vor, meine Zukunft wie ein Studium aufzufassen.

Manchmal werde ich auch mit solchen Typen mitmachen. Ja, es ist kein schlechter Gedanke, all' diese Menschentypen einmal eingehend zu studieren, um sie etwas besser kennenzulernen. Jetzt habe ich mir den Schlüssel für die kommende Zeit in die Hand gegeben. Sollte ich einmal schwach werden, so werde ich mir immer vor Augen halten, dass ich Absolvent eines fünfjährigen Studiums auf der Universität des Lebens bin – in der harten, unverfälschten Wirklichkeit. Als mir diese Eingebung kam, wurde mein Kopf etwas freier und mein Herz etwas ruhiger. Mich von meinen Gedanken wegreißend stand ich auf und trat an das Fenster, um etwas die Gegend betrachten zu können. Unser Zug donnerte auf schmalen Brücken durch die Landschaft Vorarlbergs. Aus einer gespenstischen Höhe konnte ich auf die schmalen, gewundenen Passstraßen dieser so herrlichen Gegend schauen. Stolz und gebieterisch strecken sich die Berggipfel in die Höhe. Auf dieser Strecke kam es mir bald so vor, als ob der Zug jeden Moment in die Tiefe stürzen würde. Von Ferne sehe ich den ersten Tunneleingang auftauchen. Warum können nicht alle Menschen so sein wie ihr Land? Österreich ist in meinen Augen ein wunderschönes Land. Natürlich will ich damit nicht sagen, dass nicht auch andere Länder ihre Reize haben, aber mich hat Österreich landschaftlich sehr stark beeindruckt. Aber wie gesagt, nur die Landschaft, nicht alle Menschen hier. Ich schloss das Fenster und setzte mich wieder. Das elektrische Licht im Abteil flammte auf, und unser Zug durchraste den ersten Tunnel. Kenner der Strecke sagten, dass wir bis Bregenz fast ausschließlich »Tunnelreisende« seien. Nach der Durchfahrt der zehnten unterirdischen Gleisstraße sahen fast alle von uns leicht schwärzlich angehaucht aus.

Die Gespräche im Abteil hatten langsam nachgelassen, und ich versuchte es mit einem Nickerchen, was mir auch gelang.

Nachdem der letzte große Tunnel hinter uns geblieben war, breitete sich vor unseren Augen der Bodensee aus, groß und unermesslich kam er mir vor. Ich hatte ihn lange in meinem Blickfeld, bis die ersten Häuser von Bregenz auftauchten. Noch ein kurzes, ruckartiges Zischen, ein schriller Pfiff und der Zug stand. Auf dem Bahnhof wurden gerade Kindertransporte aus Frankreich entladen. Es herrschte Jubel und Trubel.

Wir Legionsanwärter formierten uns zu einem kleinen Zug und marschierten durch Bregenz, unserem ersten Sammellager auf deutschem Boden entgegen. Nach ungefähr einer halben Stunde Fußweg befanden wir uns bereits etwas außerhalb der Stadt. Ich erblickte auf der rechten Straßenseite ein kleines Barackenlager, weiß eingezäunt mit einem großen Eingangstor. Ein Schild mit den Worten »Camp de la Légion Étrangère« verriet mir, dass wir an einem Zwischenziel angelangt waren. Meinen Hut in der Linken, denn es war heiß, mein Gepäck in der Rechten, betrat ich das erste Gemeinschaftslager meiner »Universitätszeit« des Lebens. Knarrend schloss sich hinter unserem Rücken das Tor der »Universität« Legion.

Das Lagerleben in Bregenz habe ich in meinen Tagebuchblättern folgendermaßen beschrieben:

Es wäre zwar etwas geprahlt von mir, wenn ich diese Tage hier im Lager als schön oder angenehm bezeichnen würde, aber es ist doch wenigstens zum Aushalten. Unser Camp liegt direkt am Bodensee oder um es genauer zu sagen, nur getrennt durch die Bregenzer Hauptstraße. Zum ersten Mal in meinem Leben ist mir nun das Glück zuteil geworden, dieses herrliche Gewässer zu erblicken. Zuerst wollte ich meinen Augen kaum trauen, als mir die riesigen Ausmaße des Bodensees zu Gesicht kamen. Er ist ja schon ein kleiner Ozean. Wenn ich aus unserem Barackenfenster blicke, könnte ich zur rechten Seite Deutschland, etwas links und geradeaus die Schweiz und etwas bergig gelegen auf das Fürstentum Liechtenstein blicken. Das ist dann also ein Vierländereck mit Österreich.

Das Verlassen des Lagers ist uns zwar strengsten untersagt, aber wo ein Wille ist, ist ja bekanntlich auch ein Weg. Zu dem etwas schäbigen und knappen Essen finden sich natürlicherweise alle Lagerinsassen pünktlich ein. Anschließend begeben wir uns meistens in den großen und verlassenen Nachbarsgarten, um uns zusätzlich mit etwas Obst zu versorgen.

Heute am Vormittag war ich mit einigen Kameraden am Strand baden. Es war sehr schön, obwohl uns auffiel, dass die Einheimischen »etwas zur Seite rückten«, wenn wir kamen. Na ja, wir waren eben schon zukünftige Legionäre.

Nach dem Mittagessen marschierten die Lagerinsassen, etwa 100 Männer und Burschen, in das Krankenhaus zur ärztlichen Untersuchung. Hier wurde nun die erste medizinische Auswahl der künftigen Legionäre vorgenommen. Der Arzt kam mir vor, wie in der Literatur Kaiser Nero beschrieben wurde: Sein Daumen nach unten = *Untergang*, sein Daumen nach oben = *Leben in der Legion*. Die Untersuchung ging sehr schnell vor sich. Ein Tuch wurde über meine Brust gelegt, der Arzt hörte ab, bumm! Dann besah er sich unsere Finger, anschließend Wiegen und Messen. Bei der Betrachtung meiner Blinddarmoperationsnarbe stutzte er. Auf sein Fragen erklärte ich, dass die Operation schon vor einigen Jahren geschah, und er nahm es für bare Münze. Anschließend wurden die Resultate der Untersuchung verlesen. Ich war unter den Tauglichen. Der Schwarze war ebenfalls tauglich. Ich wunderte mich eigentlich darüber.

Franz, noch zwei weitere Volontäre und ich gingen am Abend noch etwas in die Stadt. Wir sahen uns nun zum letzten Mal, für voraussichtlich fünf Jahre, noch einen deutschsprachigen Film an. In der Pause bemerkte ich, wie die beiden Kumpels neben mir einen Rollentausch vornahmen. Das hieß Folgendes: Einer der beiden wurde für untauglich erklärt und wollte unbedingt dabei bleiben. Der andere, für tauglich erklärte, verspürte aber nun wohl keine Lust mehr für die Legion. Da tauschten sie nun kurz entschlossen ihre Namen und einen Fetzen von Personalausweis ohne Lichtbild miteinander. Dann gab es noch ein paar gegenseitige Verhaltensmaßregeln. Damit war das Geschäft perfekt.

Als es dunkel wurde im Zuschauerraum, konnten die Beiden mein Grinsen allerdings nicht mehr sehen. Nach der Vorstellung hatten wir Hunger. Franz meinte, wir sollten einmal zum Wurststand am Bahnhof gehen. Gesagt, getan. Das liebe Fräulein dort war aber wenig zugänglich für uns. Mit Lebensmittelmarken ja, aber so, nein. Daraufhin beschlossen wir, das Fräulein zu foppen.

An der wackligen Bude war ein großer Schäferhund angekettet, und diesen reizten wir »bis zur Bewusstlosigkeit«. Das Fräulein musste dann nach dem Hund sehen und nicht nach uns. Franz nutzte die Gelegenheit und ließ einige Würstchen verschwinden. Als das Fräulein den Verlust bemerkte, fing sie an zu keifen. Franz hielt dem Hund sein brennendes Feuerzeug an den Schwanz, und der riss sich vor Schmerzen los, das heißt, er riss dabei die halbe Wurstbude auseinander. Wir sahen noch, wie der Hund mit seiner Kette am Hals und einem daran hängenden Stück Holz heulend das Weite suchte.

Die Budenbesitzerin kreischte heulend nach der Polizei, und wir kratzten im Schutz der Dunkelheit die Kurve.

Unser Kurzaufenthalt in Bregenz war beendet. Es geht weiter nach Kehl. Um 10.00 Uhr soll der Zug abfahren. Meine paar Habseligkeiten sind schnell gepackt. Marschverpflegung haben wir auch empfangen. Jetzt ist also die Stunde gekommen, in der ich aus Österreich raus und durch Deutschland durch bis zur französischen Grenze nach Kehl transportiert werden soll.

Noch einmal gehen meine Gedanken zurück nach Baden und in mein »Elternhaus« nach Berlin. Es ist geschehen, und es lässt sich nun auch nichts mehr daran ändern. Na, Kopf hoch, Fred, sagte ich zu mir, die fünf Jahre werden auch einmal vorbeigehen, und 1952 kannst du wieder nach Deutschland zurückkommen – hoffentlich? Ich schrieb noch eine Ansichtskarte und machte dann für vorläufig einen großen Strich unter den Begriff »Heimat«.

September 1947

In Kehl gut angekommen, versuche ich einen Rückblick von Bregenz bis hierhin. Auf dem Bregenzer Bahnhof bestiegen wir den D-Zug nach Kehl in einem für uns reservierten Waggon. Dieses Mal habe ich den Schwarzen abgehängt und sitze nun mit Franz und anderen sechs Mann in einem Abteil. Um 11.45 Uhr fuhr der Zug an – und noch einmal war es mir vergönnt, für einige Zeit den Bodensee in meinem Blickfeld zu haben. Die Kontrolle an der Grenze dauerte ziemlich lange, so dass wir erst um 15.00 Uhr die Weiterfahrt durch Deutschland antreten konnten.

Es ist mir doch etwas komisch bzw. mulmig geworden, als ich nach einem Jahr im D-Zug Deutschland »durchraste«, um es dann gleich wieder fast verlassen zu müssen. Die Menschen auf den Bahnhöfen hielten uns für Fremdarbeiter, die nach Frankreich wollten, und wir beließen sie in ihrem Glauben. Den größten Teil der Bahnfahrt habe ich, in meinem Eckplatz sitzend, verdöst. Wir hatten öfter längere Aufenthaltszeiten, und irgendwann wurde es dunkel. Auf einem Bahnhof kam ein französischer Kindertransport in unseren Zug. Sie befanden sich auf der Heimreise nach Frankreich und waren recht übermüdet. Na – mein Gott, wir waren ja schließlich auch keine Unmenschen und haben den Kleinen unsere Sitzplätze eingeräumt. Wir suchten uns anderswo unterzubringen, und ich machte es mir auf dem Gepäcknetz bequem. Bald herrschte wieder Ruhe im Abteil, alles schlief, und unser Zug raste, von der funkensprühenden Lokomotive gezogen, durch die Nacht gen Frankreich. Kurz vor Kehl wurden wir muntergemacht. Es war 00.15 Uhr. Wir hatten unser Ziel müde und verschlafen erreicht. In Dreierkolonnen marschierten wir zum Lager. Und dieses Mal hatten wir den ersten richtigen Vorgeschmack von der Legion bekommen.

In der Infirmerie von Kehl

In meinem Tagebuch ist unter dieser Überschrift Folgendes nachzulesen: Ich befinde mich nun bereits acht Tage in Kehl. Zurzeit bin ich Putzer oder vornehmer ausgesprochen, Ordonnance vom Medizin-Chef, einem Capitaine. Mit einem Legionär teile ich ein Zimmer. Ich kann wirklich sagen, dass ich es momentan sehr gut habe. Einmal am Vormittag und am Nachmittag werden unter meiner Aufsicht von zwei Hilfskräften die Krankenräume saubergemacht. Beim Capitaine darf nur ich saubermachen. Ab und zu bin ich auch so eine Art von Hilfssanitäter. Ich habe dann kleine Wunden zu verbinden, muss Patienten wiegen und messen, Gehör und Augen prüfen und was noch so für einen medizinischen Laien anfällt. Nachts helfe ich mit, ankommende Menschentransporte abzufertigen.

Doch ich will nicht vorgreifen, sondern meine Aufzeichnungen vom letzten Mal fortsetzen.

Im Hof des neuen Auffanglagers Kehl wurden wir vom Legionsstammpersonal aufgenommen: Wir mussten im Viereck antreten und größte Ruhe halten. Dann wurden unsere Namen aufgerufen. Wer nicht laut genug »présent« (hier) rief, bekam gleich einen Tritt in den Allerwertesten oder erhielt Schläge ins Gesicht. Die Aufgerufenen mussten sich dann in das Haus begeben, um die einzelnen Abteilungen zu durchlaufen. Am ersten Tisch mussten wir unser Gepäck öffnen. Es wurde von den Prüfenden alles entnommen, was für uns mehr oder weniger Wert besaß. Wer die »Frechheit« hatte, dagegen zu protestieren, bekam gleich brutale Tritte in den Hintern, dass er fast bis zum nächsten Kontrolltisch flog. Dort wurden wir kurz und provisorisch vernommen und unsere Personalpapiere einbehalten.

Am dritten Tisch legten die Kontrolleure wert auf Fotos. Alle Bilder, die Aufnahmen von Wehrmachtsangehörigen zeigten und persönliche Fotos wurden uns weggenommen.

Am vierten Tisch wurden wir durchsucht. Sie tasteten uns von oben bis unten ab. Taschenmesser, Schlagringe oder Ähnliches wanderten auf einen großen Haufen.

Es ging dann weiter vom fünften zum sechsten Tisch in einen Nebenraum. Dort wurde uns von einem jungen Kerl mit jüdischem Aussehen unsere Unterschrift auf einem halb gedruckten Bogen abverlangt. Wer nicht in Grundstellung stand oder die Hände auf den Schreibtisch legte, bekam kurz eine »gefunkt«. Vor mir standen ungefähr acht Personen verschiedener Nationalitäten. Sie alle, ob Ungarn, Tschechen, Russen, Polen oder Deutsche wurden von diesem jungen Kerl in ihrer Heimatsprache angeredet, was großen Respekt bei uns allen erzeugte. Donnerwetter, dachte ich bei mir, der Kerl kann was. Aber trotzdem war ich empört über das Verhalten dieser Männer uns gegenüber. Alle unterschrieben auf einem Blatt Papier ohne ein Wort der Widerrede und begaben sich in einen Warteraum, wo sie müde und niedergeschlagen in irgendeiner Ecke Platz nahmen – dann kam ich an die Reihe. Als mir bedeutet wurde, dass ich unterschreiben müsse, weigerte ich mich. Der »Jude« sprang auf und machte Anstalten, mich zu schlagen. Auf diesen Moment hatte ich fast gewartet. Meine Figur straffte sich, meine geballten Fäuste legte ich vielversprechend auf die Schreibtischplatte, und aus meinen schmal zusammengekniffenen Augen glitzerte ich zornig mein Gegenüber an. Unwillkürlich und unüberlegt rutschten mir die Worte raus: »Ihr seid ja hier schlimmer als die Gestapo!« Der Mann hinter dem Schreibtisch zuckte bei diesen Worten zusammen und meinte: »Warum willst du denn nicht unterschreiben?«

»Weil ich von euch erst einmal wissen will, was dieser Text hier auf deutsch heißt.« Er knurrte mich noch etwas böse an, kam dann aber meinem Wunsch nach. Ich gelangte unbehelligt in den Warteraum. Meine Brieftasche und meine Koffer waren nun fast leer. Die haben alles ausgeplündert. Wir alle waren zwar empört über diese ungerechte Behandlung, mussten uns aber stillschweigend in unser Schicksal fügen.

Länger als zwei Stunden »saßen« wir so in dem engen Nebenraum. Viele unter uns trugen sich jetzt schon mit dem Gedanken, wieder auszurücken. Ich jedoch war entschlossen, meinen nun einmal eingeschlagenen Weg weiter zu gehen.

Als ich auf die Toilette gehen wollte, stellte ich fest, dass wir eingesperrt waren. Nun gut, auch das musste ich in Kauf nehmen. Endlich öffnete sich für uns die Tür und wir mussten antreten, um Decken und Essgeschirr zu empfangen. Anschließend führte man uns zu einer leer stehenden Baracke. Müde und zerschlagen legte ich mich auf das Holzbett nieder, rauchte noch langsam eine Zigarette – dann fielen mir die Augen zu.

Gegen 6.00 Uhr in der Frühe weckte mich ein gellendes Trompetensignal. Es war der Weckruf in der französischen Armee und damit auch der Legion.

Nach unserer Morgentoilette und dem Frühstück traten die Lagerinsassen in einem großen Viereck zur Flaggenparade an. Einige fremdsprachige Kommandos ertönten, dann wieder ein Trompetensignal, und langsam stieg die Trikolore flatternd am Fahnenmast empor.

Anschließend mussten wir Neuen zur ärztlichen Voruntersuchung. Im Untersuchungsraum stellte ich fest, dass der »Jude« wohl so etwas ähnliches wie ein Arzt sein musste. Nach meiner Abfertigung befahl er mir, die Krankenräume aufzuwischen, was ich auch sofort tat.

Am Nachmittag fand die ärztliche Hauptuntersuchung durch den Capitaine statt. Nachdem ich auch dort durch war, musste ich wiederum die Räume säubern. Ich war innerlich angespannt, ob ich nun für tauglich befunden oder untauglich war. Im gegebenen Moment fragte ich meinen »alten Bekannten«. Nach Durchsicht meiner Papiere stellte der fest, dass der Arzt mich als untauglich befunden hat. Ich war wie vor den Kopf geschlagen. Nach Deutschland oder Österreich wollte ich nicht zurück. Mir standen vor Wut die Tränen in den Augen. Ich war fest entschlossen, mit allen Mitteln meine Tauglichkeit durchzusetzen. Der »Doktor« war kein Jude. Er versprach, mir zu helfen und gab mir ein Päckchen Zigaretten. Ehrlich gesagt, war ich erstaunt, dass er nach meinem gestrigen Zwischenfall bereit war, mir eine Hilfestellung zu geben.

Der »Schwarze« wurde ebenfalls als untauglich erkannt und soll schon in den nächsten Tagen abschwimmen. Gott sei gelobt, den Kerl bin ich nun endlich erstmal los. Heute bin ich als Ordonnance in die Infirmerie (Sanitätsstation) kommandiert worden. Meine restlichen Privatklamotten sind bereits mit mir zusammen in ein kleines nettes Zimmer des Verwaltungsgebäudes umgezogen.

Es ist mir endlich gelungen, mit diesem Robert ungestört zu sprechen. Er ist ungarischer Nationalität. Robert ist mein Stubengenosse. Er hat es bereits beim Medizinchef durchgesetzt, dass ich mit einem der nächsten Transporte doch weiter nach Marseille komme.

Auf einmal habe ich einen ganz anderen Menschen vor mir gehabt, als ich anfangs dachte. Er war Medizinstudent in Paris, hat nach dem Einmarsch der deutschen Truppen für die deutschen Behörden gearbeitet und ging 1944 bereits zur Légion Étrangère. Langsam entpuppt er sich zu einem guten Kameraden.

Heute Nacht soll ein neuer Transport ankommen. Deshalb heißt es auch für mich, nur noch ein paar Stunden schlafen.

Um 0.30 Uhr ist ein Transport mit neuen Volontären da. Sie taten mir natürlich auch leid, denn ihre »Behandlung« war genau so, wie auch ich sie vor kurzem erlebt habe. Robert behandelte die Leute auch nach altem Rezept. Weiß der Teufel, warum. Unter den neu Angekommenen war auch ein Berliner, mit dem ich bald Kontakt aufnahm. Er heißt Herbert und war aus meiner Berliner Ecke. Ich tröstete ihn etwas über die hiesigen Verhältnisse. Herbert, von Beruf Schlächter, arbeitete kurz darauf schon in der Küche. Abends hockten wir zusammen und sprachen über die so genannte gute, alte Zeit!

Heute Vormittag war ich noch einmal zur ärztlichen Nachuntersuchung und, oh Wunder, er hat mich truppentauglich geschrieben! In meinen alten Tagebuchaufzeichnungen lese ich: »Der Himmel ist für mich voller Geigen.«

Morgen muss ich zum Verhör. Na, das geht auch vorbei.

Es wird gemunkelt, dass in den nächsten Tagen schon ein Transport nach Marseille abgeht. Hoffentlich bin ich mit dabei.

Meinen guten blauen Anzug mit Zubehör habe ich schon verkaufsfertig gemacht. Während ich damals so da saß und meine Tagebuchnotizen auf den neuesten Stand brachte, ertönte von unten das eherne Lied der Arbeit zu mir auf. Das hieß, alle Lagerinsassen mussten an dem Neubau der Unterkünfte mit Hand anlegen und das in ihren eigenen Zivilklamotten. Sollten sie nun für ihre weitere Verwendung untauglich sein und wieder zurückgeschickt werden, würden sie aussehen wie die Zivilpenner. – Das Essen für uns war zwar gut, aber nicht ausreichend.

Die ersten Abgefertigten laufen schon mit kurzem militärischen Haarschnitt herum, das heißt, diese Volontäre haben hier nun alles erledigt und warten nur noch auf den Abtransport nach Afrika.

Das Verhör liegt nun hinter mir. – Es gibt in Frankreich und in der Armee eine Institution, die sich das »Zweite Büro« nennt. Vielleicht vergleichbar in Deutschland mit dem Verfassungsschutz. Eine gute Stunde haben sie mich bearbeitet. Die unmöglichsten Informationen wollten sie von mir hören. Ich habe ihnen das erzählt, was ich für richtig hielt. Wichtig war, dass man die Erstversion seiner Angaben bei nächstfolgenden Verhören nicht außer Acht ließ, sondern dabei blieb. Einige Fotos haben sie mir wieder ausgehändigt. Den Rest meines persönlichen Eigentums würde man mir laut ihrer Versicherung nach Ableistung meiner Dienstzeit wieder aushändigen. Auch ein Trost, schrieb ich damals in meinen Tagebuchaufzeichnungen. Aber zu ihrer Ehre muss ich heute schreiben: »Sie haben Wort gehalten.«

Am Nachmittag werden nun die Namen derer vorgelesen, die dem nächsten Transport nach Marseille angehören werden. Ich drücke beide Daumen.

Heute geht ein Transport mit Untauglichen nach Deutschland und Österreich zurück. Auch der »Schwarze« ist dabei.

Mein Name ist ebenfalls zum Transport nach Marseille aufgerufen worden. Alle »Weiterreisenden« marschierten ins Krankenhaus zum Röntgen. Auch dort erklärte man mich für tauglich. Anschließend mussten wir zum Friseur, der mir »eine Glatze mit Vorgarten« verpasste. Morgen werden wir eingekleidet. Als ich in das Lager zurückkehrte, waren die Untauglichen bereits abgereist und mit ihnen mehrere Privatgegenstände der Hiergebliebenen.

Mein Kopf brummt vor Wut wie ein Bienenschwarm. Auf Befehl des Lagerkommandanten müssen dreißig Deutsche noch untauglich erklärt werden, und ich Unglücksrabe bin auch dabei. Ich hätte heulen können vor Wut. Der Lagersekretär versuchte, mich zu trösten, und wollte mir die Adresse der spanischen Legion beschaffen. Ich habe Himmel und Hölle in Bewegung gesetzt, bis mir der Capitaine versprach, beim Lagerkommandanten ein gutes Wort für mich einzulegen. Morgen würde ich aber erst Bescheid erhalten. Also Hoffen und Harren, hieß es für mich. Die Anderen oder, wie ich meinte, die Glücklicheren, wurden bereits eingekleidet und zwar von Kopf bis Fuß in Amiklamotten. Auch Herbert ist dabei.

Vor einigen Tagen ist ein Pole bei uns in der Infirmerie eingeliefert worden. Er soll geschlechtskrank im zweiten Stadium sein. Kein Mensch hat sich um ihn gekümmert. Der Einzige, der zu ihm Kontakt hat, bin ich. Sonst liegt er isoliert im ersten Stock eingesperrt. Er tut mir so leid, der arme Kerl. Laufen kann er auch nicht mehr. Seine Drüsen sind geschwollen. Die Luft im Zimmer ist von Eitergeruch verpestet. Nachdem ich wie ein Idiot auf Robert eingehämmert habe, versprach er mir, ihm etwas zu helfen. In der Nacht gingen wir zu ihm auf das Zimmer, und Robert gab ihm eine Penizillinspritze. Als wir beide wieder auf dem Gang standen, sagte Robert, dass es keine Hoffnung mehr gäbe. Der Kranke befände sich bereits im dritten Stadium.

Heute sprach ich mit dem Käufer meines Anzuges. Er will mir 60 Francs und drei Päckchen Zigaretten dafür geben. Und, was soll's, ich habe mich einverstanden erklärt.

Soeben wurde mir mitgeteilt, dass ich im nächsten Transport bin und sofort zur Einkleidung muss. Vor Freude hätte ich bald einen Luftsprung gemacht. Morgen geht es nun ab nach Marseille. Fast alle Lagerinsassen haben schon Reisefieber.

Ich bin reicher um 60 Französische Francen und 60 Zigaretten und ärmer um meinen guten Anzug.

Gegen 15.00 Uhr ist für den Transport Zigaretten- und Tabakempfang. Als der kranke Pole hörte, dass ich nun wegkomme, weinte er wie ein kleines Kind, und ich dachte, wer wird sich nun jetzt um dieses arme Schwein kümmern? Ich packe meine paar Habseligkeiten zusammen. Nach meiner Ankunft in Marseille, so schrieb ich damals, würde ich meine Tagebuchaufzeichnungen fortsetzen.

Am 28. September 1947 – unsere Fahrt nach Marseille

Nach nicht ganz 48 Stunden Bahnfahrt ist unser Transport in Marseille angelangt. Wir sind in dem riesigen und altertümlichen Fort Saint Nicolas einquartiert. Über 1000 Angehörige vieler Nationen der Welt warten hier auf ihre Eingliederung in die Legion. Ich hatte etwas Freizeit und wollte sie benutzen, um meine Tagebuchaufzeichnungen von Kehl fortzusetzen:

Der Tag der Abreise von Kehl ist gekommen. 18.00 Uhr geht unser Zug in Richtung Marseille. Zum letzten Mal habe ich nun meine Putzerarbeit zu Ende geführt. Der Abschied von dem Polen fiel mir sehr schwer. Wir hatten beide Tränen in den Augen.

Gegen 17.00 Uhr verabschiedete ich mich von allen Angehörigen der Infirmerie. Ich erhielt viele, gut gemeinte Ratschläge.

Der Transport trat auf dem Hof an. Wir wurden wieder vom Capitaine besichtigt. Viele Male schossen die »kleinen Generäle« durch die Reihen, um uns noch einmal eingehend zu betrachten und an unseren Uniformen herumzufingern. Nach vierzig Minuten kam endlich der Lagerkommandant. Einige Kommandoworte erschallten, unser Renfort (Transport) stand in Grundstellung und wurde dem Capitaine gemeldet. Er richtete einige Worte an uns, die vielleicht zwar gut gemeint, aber für mich vollkommen unverständlich waren. Dann schritt er durch unsere Reihen. Jeder von uns musste sich ihm mit Namen und Nationalität und dem Nachsatz »mon Capitaine« vorstellen. Nach ungefähr 15 Minuten war auch das überstanden. Er wünschte uns noch viel Glück, und damit waren wir verabschiedet und konnten wegtreten. Alles musste ins Foyer. Herbert, Horst und ich bestellten etwas zum Trinken und nahmen an einem Tisch Platz. Dort hockten wir bei angeregter Unterhaltung einige Stunden. Es war schon längst 19.00 Uhr vorbei, und langsam wurde es mir in dem überfüllten Raum ungemütlich.

Endlich rollten zwei Lastkraftwagen vor, und die ersten von uns wurden zum Bahnhof nach Straßburg abkommandiert. Gegen 20.30 Uhr war es auch für mich so weit. In unserem Wagen war es drückend voll, aber uns machte es nichts aus, denn endlich ging es ja ab. Wir alle befanden uns in einem angeheiterten Zustand. Deshalb herrschte natürlich auch eine gute Stimmung. Und bald schmetterten 40 junge Kehlen alte deutsche Lieder in die nächtliche Luft. Mit dreißig Stundenkilometern ging es durch Kehl bis an die Rheinbrücke. Dort war die Grenzschranke, und nach einigen Minuten Aufenthalt ging es dann weiter. Ich sah ihn dann zum ersten Mal unter mir liegen oder auch strömen, den, wie ich damals schrieb, alten deutschen Rhein. Silbern glitzerte sein Wasser zu mir herauf. Jetzt war mir erst so richtig bewusst, wie ich meine Heimat liebe. Und in dieser Minute habe ich mir geschworen, ihr niemals mehr im Leben untreu zu werden. Immer und ewig will ich auch ein Deutscher sein, wenn auch unter anderer Flagge. Angesichts des Stromes dort unten lobte ich ihm ewige Treue und, als hätten alle anderen Deutschen in diesem Moment dann genau so gedacht wie ich, steigt auf der Rheinbrücke in Straßburg laut und fest »Die Wacht am Rhein« auf. Alles Volk auf der Straße starrte uns entgeistert an, und unser Begleitpersonal versuchte vergeblich, uns zum Schweigen zu bringen. Wir aber ließen uns nicht hindern, trotz der Offiziere, Soldaten und Zivilisten um uns herum sangen wir, mehr oder weniger richtig, die Strophen dieses Liedes.

»Soll es allen eine Mahnung sein und den Leuten von Straßburg eine Warnung und Gruß, auf dass auch sie ihr Brauchtum nie vergessen. Sie konnten und sollten es hören. Trotzdem wir nun Legionäre wurden, blieben wir Deutsche.«

So habe ich es damals, am 28. September 1947, im Fort St. Nicola geschrieben.

Beim Schreiben dieser Zeilen merke ich, wie verblendet wir damals noch alle waren. Wir hatten seinerzeit noch nicht begriffen, wie die Folgen eines Krieges aussehen könnten.

Schnell wurde unserem Kraftfahrzeug der Weg freigegeben, damit wir bloß bald aus dem Wege sind. Aber damals sangen wir trotzdem weiter. Der Wind trieb unsere Worte über den Rhein, um noch ein letztes Mal unser Land, unsere Heimat zu grüßen. Fünf Jahre bleibe ich nun weg, aber ich werde wiederkommen, zurück nach Deutschland ... »Lebe wohl, Heimat, tausendmal sei'st du gegrüßt.«

Alle auf unserem LKW tobten vor Begeisterung. Sämtliche Soldaten- und Kampflieder, die in unserem Gedächtnis waren, sangen und grölten wir auf dieser Fahrt durch die alte Stadt Straßburg bis zum Verladebahnhof. Wir waren dann so ziemlich heiser. Unser Chauffeur, auch ein Deutscher, ist »polizeilich erlaubte langsame Geschwindigkeit« gefahren, da er unser Singen so gut fand, und er der Auffassung war, viele Straßburger müssten uns noch hören.

Auf dem Bahnhof angelangt, mussten wir warten, bis unsere Waggons herangeschoben wurden. Gegen 23.00 Uhr setzte sich unser Güterzug in Richtung Marseille in Bewegung.

Einige Zeit unterhielten wir uns noch miteinander. Wir machten es uns so bequem, wie es eben ging. Das Herumreisen war ja nun fast jeder gewohnt, und nie war ein Gepäcknetz oder die blanke Erde das beste Himmelbett für uns.

Im Güterzugtempo zog uns die Lokomotive durch die Nacht, aber nun auf Frankreichs Boden.

Als ich irgendwann wieder munter wurde, stand unser Zug. Dann wurde er an einen D-Zug angekoppelt. Er ging nach Lille. Gegen 9.00

Uhr empfingen wir dann erste Proviantrationen. Es war verdammt wenig, aber der Mensch freut sich.

Bis zur Stadt Lille fuhren wir ohne Aufenthalt durch. Dort wurde unser Waggon abgekoppelt und auf ein Nebengleis geschoben. Um 12.00 Uhr empfingen wir die Mittagsrationen. Langsam bekamen wir alle den Eindruck, dass wir »beschissen« wurden. Um 17.00 Uhr stand unser Waggon immer noch in Lille. Es wurde uns langsam ungemütlich. Wir stiegen aus und schlenderten wahl- und zwanglos auf dem Bahnhof herum.

Auf einmal waren zwei Mann von uns spurlos verschwunden. So etwas kommt in der besten Familie vor, dachte ich mir. Unser Transportführer raste wie ein Idiot den Bahnhof auf und ab. Als er und seine Kumpels uns zwingen wollten, den Bahnsteig zu verlassen, lachten wir sie einfach aus. Da erlaubten sich diese Idioten doch tatsächlich, uns mit ihren Schusswaffen zu bedrohen. In diesem Augenblick liefen zwei Züge im Bahnhofsgelände ein. Ich glaube heute noch, das war das Glück unserer Bewacher. Sonst hätte unsere Meute sie gelyncht.

Die Reisenden auf dem Bahnhof stutzten, als sie uns komischen Haufen sahen und glotzten uns wie ein Weltwunder an. Bald hatten die aber spitz, was wir waren. Da fasste einer von uns den Entschluss, dem Publikum ein »Ständchen« zu bringen. Schnell hatten wir alle den Spaß begriffen, und kurz danach ertönten auf dem Bahnhof deutsche Lieder. Wir sangen so lange, bis uns die Bahnpolizei flehentlich bat, doch endlich Ruhe zu geben. Na ja, wir taten ihnen den Gefallen und bildeten wieder einen »gesitteten Truppenteil«. Unser Transportchef versprach uns eine Sonderration. Die Aussicht auf Essen hat uns dann wieder ruhig gemacht. Ein bestes Beispiel dafür, dass man Menschengruppen auch manchmal »Herdenvieh« nennt. Nach der »Raubtierfütterung« mit Sonderration fühlte ich mich mal wieder einigermaßen gesättigt.

Um 20.00 Uhr wurde unser Waggon endlich wieder angehängt, und schnaufend und prustend zog die Lok unseren Zug aus dem

Bahnhof. Wir konnten es uns nicht verkneifen, der Stadt Lille noch ein Abschiedsständchen zu geben.

Was kann man schon nachts auf einer Bahnfahrt machen? Schlafen wäre wohl das Beste, na, und das taten wir dann auch.

Als ich munter wurde, fuhr unser Zug immer noch mit unverminderter Geschwindigkeit in Richtung Marseille. Wir befanden uns bereits in Südfrankreich. Das sahen wir auch an den teilweise schon tropischen Pflanzen, die hier wuchsen. Die ersten Palmen und Kakteen sind für mich nun zur Wirklichkeit geworden. Jetzt erst habe ich das Empfinden, im Ausland zu sein. Die Gegend hier kommt mir zwar schön, aber auch vollkommen fremd vor.

Im Fort St. Nicolas

Gegen 13.00 Uhr machten wir noch einmal auf freier Strecke Halt, aber dann ging es ohne Aufenthalt weiter bis zum Mittelmeerhafen Marseille.

Um 16.40 Uhr hatten wir unser Ziel erreicht. Wir formierten uns zu Dreierkolonnen und marschierten quer durch die Stadt bis zum Hafen. Direkt am Wasser lag die alte Bastion, ein Fort im wahrsten Sinne des Wortes – hoch gebaut, mit Schießscharten und, wie wir wenig später feststellten, mit großen, unterirdischen Kasematten.

Vorn, neben dem Eingangstor, stand ein Schilderhaus mit einem Posten. Der Legionär öffnete das große eiserne Tor, und dann befanden wir uns alle im Fort St. Nicolas in Marseille. Die letzte Durchgangsstation in Europa hatten wir nunmehr erreicht.

Wenn ich so in meinen gut erhaltenen Tagebuchaufzeichnungen blättere, steht unter dem 1. Oktober 1948 »Lagerleben in Marseille im Fort St. Nicolas«, ich zitiere mich selbst:

Wieder will ich zur Feder greifen. Viel Freizeit ist ja hier nicht mehr vorhanden. So sieht unser Tagesablauf aus:

Um 6.00 Uhr morgens wird zum Wecken geblasen. Dann geht ein reger Betrieb hier in meiner großen Baracke los, dass man sein eigenes Wort bald nicht mehr versteht. An den »Waschgelegenheiten« herrscht ein solches Gedränge, dass der eine oder andere von uns auf diesen Genuss verzichten muss. Große Wannen aus Beton dienen zur Körperreinigung und zum Säubern unserer Dreckwäsche. Bald ist das Wasser, welches oft zwei Tage nicht aufgefrischt wurde, nur noch eine warme, widerlich stinkende Brühe.

Um 6.30 Uhr gibt es das erste Essen – ein Stückchen Brot und ein Quart Café. Dieses Bisschen muss bis 12.00 Uhr vorhalten.

Um 7.00 Uhr ist Antreten der Lagerinsassen. Aus den Kasematten und Unterkünften oberhalb des Forts strömt dann eine Menschenmenge von über 1000 Personen zum Antrittsplatz. Ein Caporal-Chef meldet dann dem Adjudant-Chef. Anschließend werden dann die Namen derer aufgerufen, die heute abgefertigt werden. Ein Trupp Volontäre geht zur Voruntersuchung, ein Trupp zum S.I.L. (Verhör), ein Trupp zum Unterschreiben beim Kommandanten, ein Trupp zum Friseur und einer zum Fotografen. Danach kommt die Arbeitseinteilung. Je nach Bedarf arbeiten wir auch in der Stadt für Zivilisten oder im Hafen in der Zementfabrik. Wir sind ja schließlich auch billige Arbeitskräfte. Dann werden die kommenden Legionäre ausgesucht, die innerhalb des Lagers, sprich, des Forts arbeiten müssen. Der Rest muss auf allen freien Ecken und Kanten des Forts exerzieren, d. h., uns werden die Kommandos der Armee eingepaukt.

Dieses Theater geht nun so bis 11.30 Uhr. Dann können wir wegtreten. Wer Zeit und Gelegenheit hat, kann sich auch vor dem Exerzieren irgendwohin verdrücken, was auch viele von uns mit Erfolg machen. Nach dem Mittagessen ist Dienstpause bis gegen 14.00 Uhr. Wer keine Lust zum Schlafen hat, lässt sich von der südlichen Sonne das Kreuz bescheinen oder macht Tauschgeschäfte. Zigaretten und

Tabak sind heiß begehrt. Goldene Ringe, Anzüge, Hüte und andere Wertgegenstände, wie zum Beispiel Armbanduhren, kann man für zwei bis drei Päckchen minderwertige Zigaretten loswerden. Wer keine Tauschmöglichkeiten wahrnehmen kann, begibt sich auf Zigarettenkippensuche. Das möchte ich bei dieser Gelegenheit auch einmal feststellen, dass wir, bis auf wenige Ausnahmen, vom Beginn unserer Legionszeit bis in die Ausbildungszeit in Nordafrika hinein so wenig Geld hatten – ca. 165 Francs die Woche – dass Kippensammeln zu den ständigen Aufgaben der Raucher gehörte.

Nach dem Antreten gegen 15.00 Uhr geht derselbe Rummel wie am Vormittag wieder von vorne los. Nur dieses Mal kommt noch die Hauptuntersuchung dazu. Um 17.00 Uhr ist Feierabend. Nach dem Abendessen können wir dann innerhalb des Forts anstellen, was wir wollen. Meistens sitze ich dann mit Herbert oben auf der Bastion und schaue mir das abendliche Getriebe im Hafen an. Vor uns liegt das Mittelmeer. Oben im Fort hören wir das Rauschen und Plätschern der Wellen. Von Ferne lassen große Dampfer ihre Sirenen ertönen und schmucke Segeljachten gleiten tief unten zu »unseren Füßen« ins Mittelmeer. Dort hinten, weit in der Ferne liegt der Erdteil Afrika. Sobald die Dunkelheit angebrochen ist, flammen Millionen von Lichtern in Marseille auf. Da konnten wir dann oben schön dasitzen und träumten von alten und neuen Zeiten.

Um 22.00 Uhr ertönt das Signal des Trompeters – Zapfenstreich. Es herrscht tiefe Stille im Fort St. Nicolas. Nur der monotone Schritt der Wache unterbricht die Ruhe. Geisterhaft leuchtet sein Képi blanc durch die Dunkelheit.

So geht es nun Tag für Tag, bis hoffentlich einmal die Stunde der Abreise nach Nordafrika schlägt.

In meinen Tagebuchnotizen vom 10. Oktober 1947 kann ich nachlesen, dass ich wieder in einer Infirmerie (Sanitätsstation) gelandet bin. Damals dachte ich, war es Glück oder nicht oder ein Zufall?

All zu viel Arbeit für uns drei Ordonnanzen gibt es hier nicht. Auf welche Art und Weise ich dort hin gelangt bin, werde ich später kurz berichten. Damals waren es erst 10 Tage, über die meine Tagebuchnotizen etwas aussagen.

Die erste Zeit meines hiesigen »Studienaufenthaltes« im Fort verbrachte ich mit Arbeit und Exerzieren. Das »Nägelkommando« im Hafen, die Zementfabrik, das Friedhofskommando und viele andere Arbeitsstellen sind mir nun schon »altbekannt«. Meine »zarten Bürokratenknochen« sind bereits über und über mit Blasen bedeckt und an mancher Stelle leicht rot entzündet.

Am sechsten Tag meiner Anwesenheit wurde ich auch endlich aufgerufen und hatte somit erst mal etwas arbeitsfrei. Unter »Aufgerufen werden« ist zu verstehen, dass ich alle möglichen Abteilungen »durchgerast« bin. Nur der Fotograf und der Friseur fehlen noch.

Meine Verhöre beim S.I.L. (Service Information Legion) hatte ich auch gut erledigt. Sie machten mit mir nur Stichproben, und mein Körper wurde nach SS-Merkmalen durchsucht (viele ehemalige SS-Leute hatten »von Hause aus« ihre Blutgruppenmerkmale in der Achsel eintätowiert erhalten). Nach Kriegsende versuchten sie nun ihre »Schandmale« durch zusätzliche und teils bunte Tätowierungen zu tarnen. Aber bald sind ihnen die Fachleute auf die Schliche gekommen. Diese Menschen wurden ausgesucht und zurücktransportiert, diese Sorte Soldaten wollte die Legion nicht.

Das Essen hier im Fort ist saumäßig schlecht und wenig. Dauernd knurrte mein Magen auf Höchsttouren.

Herbert Hilse ist jetzt Ordonnanz im Foyer geworden. Er lässt mir, so oft es ihm möglich ist, immer etwas Essen zukommen.

Außerdem lernte ich hier einen gewissen Ferdinand Pfüger kennen. Er ist aus Wien und so ein typischer kleiner Gauner, aber nicht unsympathisch. Jetzt ist er Putzer beim Kommandanten des Forts.

Von ihm bekam ich auch ab und zu etwas hintenrum zugesteckt.

Vorgestern spricht mich doch der Chef des S.I.L. an und lädt mich für den Abend bei sich zum Essen ein. Mir kam die Sache etwas spanisch vor. Deshalb habe ich sofort etwas umhergehorcht in der Gegend, was ich davon halten soll. Ich hörte, dass dieser Mensch und auch noch andere Legionäre 175er wären (ein ehemaliger Paragraf 175 im deutschen Strafgesetzbuch stellte früher homosexuelle Handlungen in Strafe. Viele Jahre später war der berühmt berüchtigte Paragraf 175 aus dem deutschen Strafgesetzbuch verschwunden.)

Gleichgeschlechtlicher Verkehr war in Deutschland nicht mehr strafbar, und somit hatten seinerzeit zahlreiche Strichjungen nicht mehr die Möglichkeit, ihren Partner zu erpressen oder durch eine Anzeige hochgehen zu lassen. Ich sicherte mir die Hilfe von zwei Kumpels zu und ging um 19.00 Uhr zu diesem Menschen hin. Am Anfang benahm er sich ganz manierlich. Er gab mir gut und viel zum Essen, und ich war nicht der Mensch, der das ausschlagen würde. Nach Einnahme einiger Gläschen Alkohol wurde er zudringlich. Er umarmte mich und versuchte sogar, mich zu küssen. Da ich mich jedoch nicht als sein »Weibchen« fühlte, habe ich ihn erst mit Worten scharf zurechtgewiesen und machte dann Anstalten, die »Sitzung« abzubrechen. Da war der Kerl auf einmal mit einem Sprung bei der Tür und schloss sie ab. Na, Kumpel, dachte ich, du sollst dich schwer verrechnet haben. Als er dann auf mich zukam, habe ich kurz ausgeholt und ihm einen netten Kinnhaken versetzt. Außerdem trat ich kurz gegen sein Schienbein. Als er aufstand und mit Wut auf mich loswollte, öffnete ich die Tür und meine zwei Kumpels traten ins Zimmer. Sie standen die ganze Zeit draußen und hatten nur auf den Augenblick gelauert, wo sie eingreifen konnten. Es war jedoch nicht mehr nötig, denn der Chef drückte jedem von uns 100 Francs in die Hand und bat uns himmelhoch, über diesen Vorfall zu schweigen. Im Hinblick auf das uns überreichte Geld waren wir jedoch milde gestimmt und begaben uns gut gelaunt auf den Rückzug.

So hatte ich bei der Legion den ersten 175er kennengelernt. Schwule Legionäre gab es hier im Fort recht viele. Neuankömmlinge boten ihren Körper dann auch für Gegenleistungen an. Sollen sie doch treiben, was sie wollen. Die »Früchte ihrer Arbeit« werden sie noch früh genug kennenlernen. Ich bin erschüttert, dass sehr viele Deutsche einen großen Teil dieser Schwulen ausmachte.

Ich werde später noch weitere Menschen dieser Neigung erleben. Es sind inzwischen zwei große Transporte mit »Neuen« eingetroffen, und ein Transport ist gestern nach Afrika abgegangen. Momentan ist in Frankreich ein allgemeiner See- und Hafenarbeiterstreik ausgebrochen, dessen Ende noch nicht abzusehen ist.

Das Fort ist jetzt gepresst voll, und es werden noch für die nächsten Tage drei große Transporte erwartet.

Meine »Stellung« in der Infirmerie habe ich folgendem Umstand zu verdanken: Hier im Fort fiel mir schon am Anfang ein Legionär auf, der sein Augenlicht in Indochina verlor und nun vollkommen blind in der Infirmerie weilt. Er tat mir furchtbar leid, und mir graust es immer bei dem Gedanken, vielleicht auch einmal ein solches Schicksal erleiden zu müssen. Nein, dann möchte ich lieber unter der Erde liegen.

Gestern saß ich nun in der Mittagszeit auf einer Bank bei der Infirmerie, als mich auf einmal ein »Neuer« in diese hineinrief. Dort stellte er mich dem blinden Deutschen vor, und der stellte mir die Frage, ob ich Lust hätte, ihm als Begleiter zu helfen. Anschließend unterhielten wir uns dann etwas, und ich erfuhr, dass er Heinz B. heißt und den Rang eines Majors in der deutschen Armee inne hatte. Außerdem wäre noch zu bemerken, dass er ein Antifaschist war und noch ist. Nach dem Mittagessen holte ich meine paar Habseligkeiten aus der Unterkunft und quartierte mich im ersten Stock des Reviers ein. Bis jetzt habe ich versucht, Heinz B. in jeder Art und Weise helfend zur Seite zu stehen, und ich hoffte, dass es mir bis zu meiner Abfahrt weiter gelingen wird. Doch auch hier wieder ein Wermutstropfen im

Getränk, denn ich habe mitbekommen, dass fast das gesamte Sanitätspersonal hochgradig schwul war. Ich werde versuchen, ihnen aus dem Weg zu gehen, und wenn es nötig ist, werde ich ihnen auch die Zähne zeigen. Die anderen Putzer sind auch schwul und waren mit den anderen ein Herz und eine Seele.

Marseille am 12. Oktober 1947
Doktor Dinzanger

Gestern früh wurde ein schwerkranker Mann in die Infirmerie eingeliefert. Er ist österreichischer Staatsbürger und wird als Deserteur behandelt. Ich fasste zu ihm Vertrauen, und er zu mir auch. Ich sollte mich etwas um ihn kümmern, da er nicht in der Lage war, aufzustehen. Er hat einen Beckenbruch, und seine sonstige Körperverfassung ist unter aller Sau. Außerdem ist er hochgradig nervös. Er macht sich schwere Sorgen um seine Frau und sein Kind und seine berufliche Existenz.

Bis zu seiner Verhaftung durch die P.M. (Police Militaire) in der französischen Zone in Bregenz hat er die Stellung eines Stadtmagisters bekleidet. In der Politik hatte er eine führende Stellung. Außerdem war er Präsident ehemaliger Fremdenlegionäre in Österreich.

Bei der Einverleibung seiner Heimat in das »Dritte Reich« weigerte er sich, in seiner Eigenschaft als Offizier des Bundesheeres, den Fahneneid auf Hitler zu leisten. Er wurde deshalb verhaftet, kam erst in ein Gefängnis und dann in ein Konzentrationslager. Dort lernte er auch den späteren Bundeskanzler Österreichs Dr. h. c. Figl kennen.

Als der Afrikafeldzug für die deutsche Wehrmacht so gut wie verloren war, wurde Dr. Dinzanger in eine Strafkompanie gesteckt, nach Afrika transportiert und kam dort noch zum Einsatz. Er geriet dort in Gefangenschaft. Später trat er in die Légion Étrangère ein und machte daher den Feldzug in Frankreich, Deutschland und Österreich auf französischer Seite mit. In seiner Heimatstadt Bregenz desertierte er und hat kurz danach geheiratet. Bis Anfang 1947, so erzählte er mir, lebte er dort völlig unangetastet, auch durch die französischen Truppen, und war sogar gut Freund mit ihnen. Er konnte ihnen als Stadtmagister auch allerhand Vorteile bieten. Die Franzosen sollen gewusst haben, dass es sich bei ihm um einen desertierten Legionär handelte, bis zu dem Tag, an dem ein französischer Adjudant-Chef wieder seine Frau belästigte und ihn im Verlauf eines Streites niederschlug. In der darauffolgenden Nacht wurde er verhaftet. In den nächsten Tagen haben ihn die ständigen Verhöre so zermürbt, dass er in der Nacht bei einem Verhör eine Verzweiflungstat beging. Er stürzte sich aus dem im ersten Stock gelegenen Verhörzimmer aus dem Fenster und blieb mit einem schweren Beckenbruch und anderen Verletzungen auf der Straße liegen. Bis vor kurzem lag er in einem Militärhospital bei Bregenz und wurde bei Nacht und Nebel hierher transportiert, ohne, dass man seine Angehörigen verständigte. Jetzt liegt er nun ohne weitere Pflege hier in der Infirmerie und ist einzig und allein auf mich angewiesen. Ja, dachte ich, was nützt ihm nun sein Vermögen und seine einflussreiche Stellung in Österreich. Oh! – Oh! – Schicksale kann man hier kennenlernen, dass sich einem die Haare sträuben!

Immer noch in Marseille am 14. Oktober 1947

Heute habe ich nun Abschied von Herbert, Ferdl und vielen anderen genommen, den »Dicken« nicht zu vergessen. Sie sind bereits weg und werden auf einem Kriegsschiff die Küsten Afrikas ansteuern. Nun sind nur noch Alfred, Günther, noch einige Deutsche und ich hier. Alle anderen sind bereits schon Nachschub. Hoffentlich schlägt auch für mich bald die Stunde der Abfahrt.

Gestern gegen 18.00 Uhr begann hier im Fort eine große Meuterei. Sie nahm derartige Formen an, dass die Wachen mit entsicherten Waffen gegen die Meuterer angehen mussten, und das alles nur wegen der üblen Fresserei. Nachts wurden Doppelposten aufgestellt. Trotzdem gelang es 38 Bewerbern mit Hilfe der Kommunisten von außen aus den Kasematten zu entfliehen. Die Kommunisten haben von außen die Gitter zersägt und standen mit Kraftfahrzeugen bereit, um die Flüchtlinge abzutransportieren. – Außerdem sind zwei Mann von der Bastion ins Meer gesprungen, und heute herrscht natürlich eine große Aufregung unter uns, logisch!

Gegen 14.00 Uhr wird ein Transport von 500 Freiwilligen aus Kehl erwartet, die schon aus Platzmangel anderweitig untergebracht werden müssen.

Unter innerlichen bittern Tränen von mir ist nun mein Kopfhaar der Maschine des Friseurs zum Opfer gefallen. Jetzt habe ich eine ratzekahle Glatze, sehe aus wie ein »Arsch mit Ohren« und brauche zum Kämmen meiner Kopfhaare nur noch einen Staublappen.

Anschließend ging es dann zum Fotografen. Na, das Foto möchte ich gar nicht erst sehen, schlimmer kann auch kein Zuchthäusler ausschauen.

Heute hat Heinz, der Blinde, Besuch von einem alten Kameraden bekommen. Der heißt Wilhelm und soll ein Nachfahre des Erfinders des ersten deutschen U-Bootes Wilhelm Bauer sein.

Marseille am 16. Oktober 1947

Heute sprach mich der Doktor aus Bregenz an. Er wolle, so äußerte er, auch mit meiner Hilfe aus dem Fort fliehen. Ich habe den guten Mann in dem Glauben gelassen, dass ich damit einverstanden wäre, hoffte jedoch, dass der Tag meiner Abreise vorher kommen würde. Für ihn wäre es schon ein Irrsinn, eine Flucht zu versuchen, denn er ist nur noch ein körperliches Wrack von einem Menschen.

Nein, nein, dachte ich, meine Zeit wird abgedient und, so Gott will, komme ich dann gut in meine Heimat zurück.

Der Blinde möchte mich auch beeinflussen, mit ihm zu gehen. Er würde es durchsetzen können. Aber auch dafür bin ich nicht, denn ich habe auf Grund meiner kurzen Erfahrungen schon feststellen müssen, dass leidende Menschen ihren Pflegern auch zur Qual werden können.

Zur Zeit habe ich den einen Wunsch, möglichst weit weg von den vielen 175ern zu kommen. Anscheinend bin ich ihr Typ, und sie gehen mir so langsam auf die Nerven. Viele von ihnen merken, dass ich ihnen ablehnend gegenüberstehe. Nun fangen sie an, mich in jeder Art und Weise zu schikanieren. Zum Zahnarzt lassen sie mich auch nicht mehr gehen. Aber ich werde ihnen was husten, diesen perversen Schweinen, so dachte ich damals. Wenn ich schon mal mit jemandem ernsthaft ins Bett gehe, dann mit einer Frau und mit keinem noch so schönen Mann.

Mit Alfred habe ich mich etwas angefreundet. Er scheint mir ein ganz vernünftiger Mensch zu sein. Wir erwarten mit Schmerzen endlich unsere Abreise, denn langsam fängt es auch im südlichen Frankreich an, kalt zu werden. Unsere Kleidung ist aber durchaus nicht danach.

Na, ich tröste mich schließlich damit, dass ja alles von meiner fünfjährigen Verpflichtung abgeht. Irgendwie werde ich diese Zeit schon durchbringen.

Meine letzten Tage in Marseille – 20. November 1947

Der Doktor drängte uns immer heftiger, mit ihm einen Fluchtversuch zu bewerkstelligen. Und wir sind nun auch, nach heftigem Nachdenken, zu dem Schluss gekommen, ihn dabei zu unterstützen, denn einige zurückkehrende Legionäre aus Indochina haben uns mit ihren Schauergeschichten unsicher gemacht. Alle Vorbereitungen zur Flucht wurden getroffen. Im letzten Moment machte uns allerdings der Doktor einen Strich durch die Rechnung.

Morgen soll es nun doch ab nach Afrika gehen. Unser Schiff heißt »Marshall Joffrey«. In aller Eile habe ich noch einige Briefe nach Deutschland geschickt. Es ist Abend. Ich sitze in der Dunkelheit und träume. Habe ich recht getan, von Deutschland fortzugehen? Ich weiß es nicht. Eine tiefe Traurigkeit ist in meinem Herzen. Es ist nun mein vorletzter Tag in Europa. Wenn alles gut geht, werde ich in fünf Jahren wieder hier sein.

Meine Reise nach Nordafrika

Jetzt ist es soweit. Gegen 7.00 Uhr morgens tritt der Transport der »Blauen« im großen Fort der Base an. Wir werden in Gruppen aufgeteilt, und es kommen noch einige Unteroffiziere und alte Legionäre dazu. Unser Renfort (Transport) zählt über 1000 Mann. Wahrhaftig eine stattliche Anzahl! Trotzdem sind das Fort St. Nicolas und das gegenüberliegende Gefängnis von Freiwilligen überfüllt. Da können wir so richtig sehen, was der letzte große Krieg angerichtet hat. Viele Menschen in vielen Nationalitäten und fast jeden Alters haben ihre Heimat aufgegeben, um sie mit der ungewissen Fremde zu vertauschen. Und es sind beileibe keine Verbrecher, die hier eine vorübergehende oder bleibende Heimat suchen. Nein, es sind Menschen, die der Hunger, die verdammte Politik und andere Nachkriegswirren von ihrem Heimatboden vertrieb, egal, welchem Land sie entstammen.

Wir empfangen unser karges Frühstück und werden nochmals »gefilzt« (durchsucht), denn die Legion kann alles gebrauchen. Ich bin das nun schon gewöhnt und mache mir nichts mehr daraus. Was kann man mir schon noch wegnehmen?

Die Leute von Malmous sind auch eingetroffen. Dieser kleine Ort liegt ein Stück von Marseille entfernt. Nicht weit von ihm, im Mittelmeer, liegt die Insel des sagenumwobenen Grafen von Monte Christo. Ist es nun eine Sage oder eine Tatsache, was darüber schon so alles geschrieben wurde? Wer weiß.

»Transport Afrique du Nord still gestanden – im Gleichschritt marsch!« Wir marschieren aus dem Tor des Forts in Richtung Hafen. Die Menschen schauen uns nach – na ja, wie üblich. Im Hafen liegt unser Dampfer, mit Kolonialtruppen werden wir verladen. Dreimal ertönt die Sirene, die Trossen lösen sich, das Schiff entfernt sich langsam von der Pier. Ich stehe, gemeinsam mit vielen anderen, an Deck und schaue dem Ablegemanöver zu. Mir ist merkwürdig zumute.

»Lebe wohl Europa, auf Wiedersehen Deutschland. So Gott will, werde ich in fünf Jahren wiederkehren!« Die Maschinen im Schiffsleib rumpeln. Wir nehmen Kurs auf Richtung Oran in Nordafrika.

Im Mittelmeer

Es ist ein herrliches Wetter hier. Rings um uns das große, weite Meer, über uns die strahlende Sonne und im Herzen die Sehnsucht nach der Weite.

Es ist meine erste Seereise im Leben, und bald werde ich den Erdteil Afrika kennenlernen.

Wir liegen an Unterdeck. Die Zivilpassagiere staunen uns an, als ob wir Menschen aus der Steinzeit wären. Na, mein Gott, dachte ich, sie wollen doch sicher auch einmal die »Unterwelt« kennenlernen. Ich sehe viele hübsche Frauen unter ihnen. Kein Wunder, dass sich mancher zukünftige Legionär die Augen nach ihnen ausschaut. Auch ich bin so frei. Ich bin ja eben auch nur ein Mensch mit natürlichen Gefühlen und Trieben und habe schon viele Monate keine Frau mehr gesehen, geschweige denn, gefühlt. Wohlgeformte Beine und eine straffe Brust ziehen auch mich alten »Frauenfeind« wieder an.

Herr Gott, wenn ich da an Miezel denke, wird mir jetzt noch heiß und kalt. Sie hat mir erst schüchtern und dann mit einer Leidenschaft der Liebe alles geboten, was eine Frau geben kann. Doch auch das muss nun vergessen werden. Ihretwegen bin ich zur Legion gegangen, zerbrochen an der Art, mit der dieses Mädel meine Liebe zerstörte. Das will und darf ich nie im Leben vergessen. Sie hat sich gegen mich aufhetzen lassen und mir das Leben an ihrer Seite in der letzten Zeit zur Hölle gemacht. Sie bekommt oder hat schon ein Kind von mir. Das Kind tut mir leid, doch sie nicht. Sie hätte es sich eher überlegen müssen, denn ich war ehrlich gewillt, sie zu heiraten. So endete die Geschichte einer jungen Liebe wie in einem Roman: »Er geht fort in die Fremdenlegion, lässt sie arm und verlassen zurück!«

Als die Frauen an Deck merken, dass ungeniert gemeine Zoten über sie gerissen werden und die Blicke der künftigen Legionäre vom Unterdeck unter die Kleider gehen und wollüstig ihre Oberschenkel und mehr betrachten, wenden sie sich errötend ab, um nicht mehr wiederzukehren.

Unbeirrt des Lebens an Bord fährt die »Marshall Joffrey« mit voller Kraft weiter in Richtung Oran. Dort werden wir morgen eintreffen.

Oran – in Nordafrika

Es war 10.00 Uhr früh, als unser Schiff in gleißender Sonne im Hafen von Oran festmachte. Die Ausschiffung des Militärs und derer, die es noch werden wollten, ging unter den Klängen einer Musikkapelle vonstatten. Etwas nach 12.00 Uhr habe ich nordafrikanischen Boden betreten. Araberkinder boten uns mit spitzbübiger Miene Apfelsinen an.

Die Militärpolizei der Legion in schwarzen Lederjacken, weißem Riemenzeug, Gamaschen und einer weißen Mütze, dem berühmten Képi blanc, und umgeschnallter Pistole sah sehr pompös aus und sorgte für geordneten Verkehr.

Wir wurden auf LKW »verfrachtet« und kamen dann ins so genannte »kleine Quartier« von Oran. Ein großer Teil der Stadt war auf Felsenterrassen gebaut. Fast alle Häuser strahlten in weißer Farbe. Die breiten Straßen lagen zwischen Palmen eingebettet.

Im Quartier bekamen wir unser Essen. Es gab Couscous mit Hammelfleisch, die Nationalspeise der hiesigen Einwohner, wurde uns gesagt. Anschließend gab es pro Person ein viertel Liter Rotwein. Seine Wirkung war für mich so stark, dass ich einen halben Schwips bekam.

Gegen 17.00 Uhr marschierten wir zum Bahnhof, der im Baustil einer Moschee errichtet war. Eingeborene Polizisten versuchten vergeblich, ihre kleinen Landsleute zu vertreiben, die mit geschäftstüchtiger Raffinesse unsere letzten Zivilklamotten für einige Päckchen Zigaretten von uns ergatterten. Oft gab es dabei Szenen, dass wir uns vor Lachen schütteln mussten. Gleichzeitig dachte ich aber, dass mir in der nächsten Zeit schon das Lachen vergehen wird.

Ein Güterzug war unser nächstes Beförderungsmittel, das sich um 18.00 Uhr in Bewegung setzte, in Richtung Sidi Bel Abbès.

Die vorüberhuschende Landschaft kam mir eintönig vor. Öde Felder wechselten sich mit Sandwüsten ab. Wir sahen Olivenbäume und Palmen und Steine, Steine, Steine.

Es wurde mit der Zeit empfindlich kalt. In unserer dünnen Kleidung froren wir gehörig. Wir setzten uns deshalb so eng wie möglich zusammen. Einer von uns stimmte auf seiner Mundharmonika eine Melodie an und gleich darauf ertönte in der nächtlichen Luft Afrikas ein deutsches Lied. Vom Himmel flimmerten die Sterne herab und viele von uns – auch ich – waren mit ihren Gedanken in ihrer Heimat.

Sidi Bel Abbès
Compagnie Passage 3, November 1947

Gegen 24.00 Uhr lief unser Zug im Bahnhof von Sidi Bel Abbès ein. Wir waren alle sehr müde und vollkommen durchgefroren. Teilnahmslos ließen wir uns anbrüllen, uns »zurechtstoßen«. Es war uns egal, wir wollten nur endlich ein Bett haben. Aber Pustekuchen, wieder mussten wir alle antreten, und dann marschierten wir in Dreierkolonnen durch die uns noch unbekannte Garnisonsstadt der Legion. Als Marschieren konnte man unser »im Halbschlaf Wanken«

auch nicht bezeichnen. Ab und zu ertönten Flüche, und danach folgten einige »gut gemeinte« Fußtritte der Dienstgrade. Endlich langten wir im kleinen Quartier an, das Tor zur Compagnie Passage Nr. 3 öffnete sich, und wir waren angelangt ... in der letzten Etappe eines Anwärters für die Legion. Wieder mussten wir antreten und wurden zu kleinen Trupps nach dem Alphabet aufgerufen. Wieder wurden wir durchsucht oder auch gefilzt, wie wir sagten, und die letzten persönlichen Sachen wurden uns abgenommen, wie zum Beispiel Taschenmesser, Essbesteck, Familienbilder, die letzten Zivilpapiere u. a. m. Wir fanden damals, dass man uns auf ganz gemeine Art und Weise regelrecht bestohlen hatte. Von diesen Momenten an ahnten wir, was wir von der Legion zu halten hatten.

Die ganze Nacht über mussten viele Leidensgenossen, darunter auch ich, in der grausamen nordafrikanischen Kälte, zusammengedrängt wie eine Schafherde, stehend ausharren. Viele von uns hatten das Pech, das ihre Nachnamen mit den letzten Buchstaben des Alphabets begannen. Die durften dann am längsten warten. Die anderen Volontäre mussten sich splitternackt im Hof ausziehen und konnten dann unter die warme Dusche. Dort standen sie aber derartig gedrängt, dass sie wenig Bewegungsfreiheit hatten. Die köstlichen, warmen Wasserstrahlen währten vielleicht eine Minute. Viele kamen, noch halb mit Seife bedeckt, mit ihren dampfenden nackten Körpern wieder in die glasklare Kälte, und viele von uns hatten nicht einmal ein Handtuch. Nackend durchliefen wir alle das Magazin, gaben unsere letzten Kleider ab und bekamen dafür alte französische Uniformen aus dem ersten Weltkrieg mit Wickelgamaschen für die Beine an die Köpfe geworfen.

Die ersten von uns erhielten noch Betten zugewiesen, die letzten mussten sich mit dem harten Fußboden begnügen, d. h., eine Strohmatte und eine halbe Decke als »Bettzeug« schützten sie etwas. Die Kälte wurde für uns immer schwerer zu ertragen. Wir glaubten uns an den Nordpol versetzt und nicht nach Afrika. Vor Müdigkeit fielen mir andauernd die Augen zu. Vor Kälte und Frost bibbernd wurde ich aber gezwungen, sie wieder aufzureißen. Ich fühlte mich an allen Gliedern wie zerschlagen und malte mir die Zukunft in den düstersten Farben aus … und ich glaubte, mir ging es nicht allein so.

Endlich wurde es Morgen. Schüchtern wagten sich die ersten Sonnenstrahlen heraus und beleuchteten und erwärmten unseren zähneklappernden, zusammengeschrumpften Haufen. Langsam erwärmte sich auch mein Körper, und mir wurde wohler. Es war Sonntag und außerdem ein Feiertag in Frankreich. Deshalb bekamen wir ein fürstliches Frühstück »serviert«. Nicht weit von uns lag das große Quartier. Dort wurden Orden verliehen. Als der Legionsmarsch und die französische Nationalhymne ertönten, mussten wir, in Grundstellung stehend, unsere Achtung bekunden.

Gegen Mittag wurde auch ich dann endlich »abgefertigt«. Den ganzen Tag über lagen und standen wir alle im Hof herum. Die Sonne war nun schon unerträglich heiß. Das Mittagessen und der Wein waren gut, aber nicht ausreichend.

Gegen 22.00 Uhr bekam auch ich endlich meinen Liegeplatz am Boden. Wir lagen gedrängt wie die Ölsardinen, aber mein Körper freute sich mit mir, endlich einmal, nach diesen Tagen, eine ganze Nacht ausspannen zu dürfen. Ich dachte noch an meine ungewisse Zukunft, dann verlangte auch der Schlaf bei mir sein Recht.

Endlich … es ist so weit

Heute, im Laufe des Tages, sollte ich dieses bessere Gefängnis von der C. P. 3 verlassen. Wochen liegen nun schon hinter mir, mit Verhören, Untersuchungen, Röntgen und auch Untersuchungen beim Zahnarzt. Oder, wie es auch so schön heißt, ich wurde auf Herz und Nieren geprüft und danach als tauglich befunden, fünf Jahre in der Legion Dienst tun zu dürfen. Die Würfel waren nun endgültig gefallen. Jeder von uns hat eine Matricule oder auch Dienstnummer, die über die ganze fünfjährige Dienstzeit sein Betreuer sein wird. Meine Nummer werde ich hier nicht angeben, da ich beim Schreiben meines Lebensberichtes noch nicht genau weiß, ob es einmal etwas Romanhaftes oder Tatsächliches werden wird, und erst dann werde ich entscheiden, ob ich eine Roman-Nr. oder eine Tatsachen-Nr. in meinen Aufzeichnungen festhalten werde. Die Engagements-Prämie von 5700 Francs habe ich bereits erhalten und fühlte mich wie ein Krösus. Erst später merkte ich, wie wenig Geld damals 5700 Francs eigentlich waren. Einige Fotografien, die man mir vor kurzer Zeit abnahm, habe ich zurückerhalten, doch viele andere Sachen nicht.

Ich soll in Kürze in die G. I. S. kommen, vorerst für mich noch ein völlig unbekannter Begriff. Gegen 16.00 Uhr öffnet sich das Tor der C. P. 3 (Compagnie de Passage) und der Legionär mit einer bestimmten Dienstnummer tritt seinen Weg in eine harte Ausbildungszeit an.

Wir marschieren in das große Quartier (Kaserne) und bleiben kurz nach dem Eingangstor vor dem Kasernenteil stehen, der an einer Tafel die Aufschrift G. I. S. (Groupement Instruction Service) trägt. Dann treten wir ein.

Vier Wochen später

Und wieder ist ein Ausbildungstag beendet. Wir fühlen uns jetzt fast schon wie die »Alten«. Als wir alle hier ankamen in dieser Ausbildungskompanie, wurden wir von einem höheren Unteroffizier empfangen. Der wollte gucken, mit welchen neuen Typen er es jetzt zu tun hatte. Nach dem Antreten und Meldung an den Chef hieß uns der Kompaniechef willkommen und versprach allen eine harte, aber gerechte Behandlung. Wie wurden auch gleich mit den besonderen

Formen des Arrests vertraut gemacht (Prison). Es gibt hier bestimmte Arten von »Knast«. Er staffelte sich in erst vier Tagen, die nächste Strafe waren acht Tage mit Soldentzug und Glatze. Weitere Höhen der Bestrafung waren zehn Tage, fünfzehn, dreißig, sechzig und neunzig Tage Prison. Das waren so die Normen für einfache bis mittelschwere Vergehen. Als drohende Abschreckung hatten wir auch schon von einer Strafkompanie in Colomb-Béchar gehört. Angeblich kommen dort nur die schweren Jungs rein. Leider stimmte es so nicht ganz. Mancher Legionär landete dort völlig unschuldig und hatte im wahrhaftigen Sinne des Wortes die Hölle auf Erden.

Wir lernten auch, dass es keine Nationalitäten mehr gab. Ein Legionär war eben irgendwo in der Welt geboren und fand später auf eigenen Wunsch seine Heimat, und die hieß Légion Étrangère. Dafür gab es dann den lateinischen Sinnspruch »Legio Patria Nostra«.

In den ersten Ausbildungstagen wurden wir gehörig rangenommen. Die französischen Kommandos haben sie uns so intensiv eingebläut, dass sie bald bei uns saßen wie das kleine Einmaleins. Unsere Kompanie ist eine Granatwerfereinheit und zwar eine mit schwerem Kaliber. Ich war bald ein guter Richtschütze.

In unseren drei Zügen waren Angehörige vieler Nationen vereint. Zu 50 % waren es Deutsche. Fast alle Unteroffiziere, bis auf einen Belgier, waren auch Deutsche. Mit ca. fünf Legionären habe ich mich schon so etwas wie angefreundet. Täglich prüften wir unsere Haare, denn jetzt ging zwischen uns der »Streit« los, wer denn schon den »längsten Igel« auf dem Kopf hat. Der Dicke, wie wir ihn nannten, hatte einen guten Kontakt zur Küche, und ein italienischer Küchenbulle hatte für etwas Rückenfett gesorgt. Dadurch, so schwor unser Kumpel, seien seine Haare schon so prächtig im Wuchs und immer, wenn er damit angab, erwiderten wir ihm: »Ist ja klar, auf einem Wasserkopf gedeiht jeder Mist prächtig.«

Zurückblickend auf die wenigen Wochen unserer Ausbildung konnten wir feststellen, dass wir eigentlich Glück hatten, in Sidi-bel-Abbums, wie wir es auch nannten, bleiben zu können. Viele kamen zur Ausbildung nach Fèz, Meknès, Saïda, El Hajeb oder wie die Ausbildungsorte sonst noch hießen. Und nicht überall gab es so eine Garnisonsstadt mit den wenigen Annehmlichkeiten, wie zum Beispiel unser Araberviertel mit den Militärbordellen.

Unsere 5000 Francs Engagierungsprämie hatten wir fast alle mit den käuflichen Frauen verprasst. Und Frauen waren überhaupt so ein schwieriges Problem. Ein einfacher Legionär hatte keine Chance, eine Algerierin oder gar eine Französin zur Freundin zu haben. Die nahmen nur einen vom Caporal-Chef an aufwärts. Und wie wenig die 5000 Francs Wert waren, merkten wir sehr schnell, als wir keinen Franc mehr hatten. Der Körperkontakt mit den Frauen verlief fast geschäftlich. Jedes Bordell hatte so eine Art Warteraum und eine Puffmutter. Die achtete darauf, dass bestimmte Spielregeln eingehalten wurden, und ich hatte den Eindruck, nicht wir suchten die Frauen aus, sondern umgekehrt. Für mich war das fast so schlimm wie beim Zahnarzt, nur mit weniger Schmerzen, und es ging ja auch schneller.

Ein Mädchen oder eine Frau nahm den Partner ihrer Wahl an die Hand, zog ihn in ihr Zimmer und das, was käufliche Liebe genannt wird, hatte eigentlich mit Liebe gar nichts zu tun. Die Frauen sorgten dafür, dass das Glied ihres Partners recht schnell stand, sie zogen auch nur ein Höschen aus, und der Mann durfte ein paar Mal zustoßen. Also, ich kam mir die paar Mal saublöd vor. Anschließend mussten wir beim Verlassen des Araberviertels in die Sanitätsstube. Dort sanierte man uns vorbeugend gegen Geschlechtskrankheiten.

Na ja, wie gesagt, unsere Engagierungsprämie war schnell ausgegeben, und eine normale Freundin hat in Afrika von uns keiner bekommen – ist ja auch kein Wunder, dass man in der Legion so viele Schwule trifft.

Zigarettenraucher waren auch hier auf das Kippensammeln spezialisiert. Sparsame Legionäre kauften auch keine Zigaretten, sondern Tabak und drehten sich ihre Zigaretten selbst.

Unsere Kompanie liegt in einem Haus des Grande Quartiers. In diesem Kasernenkomplex liegen viele Einheiten. Das Quartier Vienot birgt die Büroräume des höchsten Offiziers in Bel Abbès. Es ist der Colonel Gaultier. Er ist der Chef des D. C. L. E. – Dépôt Commune Légion Étrangère. Alle übergeordneten Dienststellen sind in diesem Haus vereint. Außerdem gibt es in dem Kasernenkomplex eine große Musikeinheit, die Transmission (Funk), G. I. S. (Groupement instruction spécial), auch ein Caporal und Sergentenpeloton.

Ein Salle d'honneur (Ehrensaal), ein Salle de souvenir, Informationssaal, Fotografen, Foyer und, nicht zu vergessen, das kleine Gefängnis liegen in unserem Kasernenkomplex.

In unserem großen Kasernenbereich war dann noch eine Sportkompanie untergebracht, denn in der Legion gab es hervorragende Sportler aller Nationen und die Pioniere, die zur Parade große Lederschürzen trugen. Außerdem hatten sie ein spezielles Sonderaussehen. Alle trugen lange Rauschebärte.

Wenn man alle Dinge und Eigenheiten nach langen Jahren Revue passieren lässt, muss ich sagen, Langeweile gab es hier wenig. Wir hätten nur etwas mehr Geld und vielleicht öfter auch einmal eine Frau im Bett gewünscht. Doch diese Wünsche wurden damals nicht berücksichtigt.

Irgendwann erhielten wir auch die Erlaubnis, über unsere blaue Kopfbedeckung den weißen Überzug zu ziehen. Damit hatten wir das berühmte Képi blanc.

In wenigen Tagen ist Weihnachten. Weihnachten 1947 habe ich natürlich nicht so schön feiern können wie ein Jahr zuvor. Das Feiertagsessen für uns war gut. Wir bekamen auch ausreichend frei, und ich glaube, der Franzose feiert Weihnachten erst so richtig am ersten Feiertag. Am 24.12., also Heiligabend, gingen Gläubige gegen 24.00 Uhr zur Christmesse, und Ungläubige machten es ihnen aus Langeweile nach. Irgendwie haben wir alle die Feiertage mehr oder weniger gut überstanden.

Unsere Einheit war nicht nur mit Granatwerfern ausgerüstet, sondern auch mit Tragetieren. Immer, wenn ich an der Reihe war, ein Muli abmarschbereit zu machen, brach mir vor Unbehagen schon vorher der Schweiß aus. Ich war halt ein Stadtmensch und kannte solche Viecher nur aus dem Zoo. Aber mit gegenseitiger Hilfe ist es mir auch immer irgendwie gelungen, dieses Vieh abmarschbereit zu beladen. Irgendein Fachmann gab uns Laien dann noch die Anregung, einem Muli nicht direkt in die Augen zu schauen. Es würde dann nämlich aus irgendeinem Grund verrückt spielen. Das wollte ich auf jeden Fall immer vermeiden. Also versuchte ich immer beim Beladen des Tieres, krampfhaft an ihm vorbei zu schauen.

Und wenn so ein Tier sich mal hingelegt hatte, stand es meistens auch dann nur auf, wenn jemand ihm eine brennende Zeitungslunte unter den Schwanz hielt.

Wir waren immer froh, wenn wir vom einige Kilometer entfernten Schießplatz wieder heil in unsere Garnison zurückkamen.

An ein Fiasko kann ich mich noch gut erinnern:

Unsere Kompanie rückte zum 10 Kilometer entfernten Schießplatz Chamisis aus, um wieder Übungen mit den Granatwerfern zu praktizieren. Der beschwerliche Hinmarsch von uns brachte, von den störrischen Mulis abgesehen, keine besonderen Überraschungen. Die Granatwerfer wurden in Stellung gebracht und die Richtstäbe (Chalons) vor ihnen auch. Sie wurden benötigt, um den Entfernungsmesser über sie korrekt auf das Ziel einstellen zu können. Einige 100 Meter entfernt richtete sich unsere Kompanieküche ein, mit großen Suppenkesseln usw.

Nun schildere ich kurz die kleine Katastrophe. Ich war der verantwortliche Richtschütze, der nicht nur den eigenen Granatwerfer, sondern mit seinen angegebenen Werten auch die übrigen auf das Ziel einrichtete. Zu meinem Glück kontrollierte mein Zugführer, ein Leutnant, genannt Bubi, meine von mir eingerichteten Werte, die auch für die anderen Werfer maßgeblich waren. Es kam dann das

Kommando: »Feuer!« und alle vier Granatwerfer meines Zuges spien ihre Granaten auf das Ziel. Auf einmal überall ein großes Geschrei. Die Granaten schlugen ziemlich genau in unsere Feldküche ein. Mein Zugführer schrie: »Mein Gott, eine große Katastrophe!« Ich muss sehr blass gewesen sein, und die Legionäre in der Feldküche gingen in Deckung, wie und wo, weiß ich nicht mehr.

Es wurde, Gott sei Dank, keine Person verletzt, und der Sachschaden in unserer Feldküche hielt sich in Grenzen. Meine persönliche Rettung als verantwortlicher Richtschütze war, dass mein Zugführer meine eingegebenen Richtwerte kontrolliert und für gut befunden hatte. So kam ich, wie man so sagt, mit einem blauen Auge davon.

17. März 1948

Heute erlebe ich nun meinen zweiten Geburtstag in der Fremde. Ich bin jetzt 19 Jahre alt. Das ist mein erster Geburtstag als Legionär in Afrika. In meinem damaligen Tagebuch schrieb ich: »Keiner hat heute an mich gedacht.« Ich erhoffte mir, an diesem Tag Post aus Deutschland zu erhalten, aber vergebens. Na ja, was ist denn auch schon ein Geburtstag in der Fremde. Ich bin eben ein Jahr älter geworden, keiner feiert mich. Damals schrieb ich: »Ein Jahr näher an den Tod gerückt.« Ich weiß nicht, ob ich dabei an meinen bevorstehenden Einsatz in Indochina oder an mein Lebensende dachte. Na ja, weg mit den trüben Gedanken, ich bin ja noch so jung und gedenke, mein Leben noch lange nicht zu beschließen. Aber gefreut hätte es mich schon, Post aus der Heimat zu bekommen.

Am heutigen Vormittag erlebte ich die Gedenkmesse für den Lt.-Colonel, der inmitten seiner Leute, also inmitten von Legionären von der 13. Demi-Brigade in Indochina gefallen ist. Ich gehörte zur Abordnung unserer Kompanie, die an der kirchlichen Gedenkstunde teilnehmen musste. Außerdem waren der Colonel Gaultier, sowie das gesamte Offizierscorps mit Frauen, Abordnungen der Stadt, der Polizei und der ehemaligen Legionäre mit ihren Fahnen ebenfalls in der Kirche anwesend. Die Standarte der 13. Demi-Brigade stand neben dem symbolischen Ehrenkatafalk. Die Kirche hatte Trauerschmuck angelegt. Der Legionsprediger, ein Capitain, las die Messe, und ein Teil der Legionsmusik gab dem Ganzen durch die sehr schön gespielte Musik einen festlichen Rahmen.

Es ist etwas »Herrliches«, auch am Geburtstag Zahnschmerzen haben zu dürfen. In einem »Frontbericht« würde es etwa so heißen: »Die planmäßigen Zahnschmerzen im linken Oberkiefer dauern an. Mit einem baldigen Ende ist erst dann zu rechnen, wenn ein operativer Angriff erfolgt.«

Der Tag neigt sich seinem Ende zu. Es war ein Tag fast wie jeder andere. Dienst »schieben« und auf die Abreise unserer Einheit nach Indochina warten. Meine näheren Bekannten hier unter den Legionären haben mir natürlich gratuliert. Ein paar Zigaretten habe ich noch, und dann ist auch dieser Tag für mich zu Ende. Meine Zahnschmerzen haben etwas nachgelassen, und das ist in meiner augenblicklichen Lage das schönste Geburtstagsgeschenk für mich.

Ich befinde mich zurzeit nicht gerade in einer guten Gemütsverfassung. Ich denke zu oft an meine Eltern und meine Schwester in Berlin und an die Frau in Baden bei Wien, die ich heiraten wollte und die jetzt unser Kind durch die Gegend schaukelt.

Heute, am Nachmittag, hat mir ein kundiger Kamerad aus der Hand gelesen. Die Vergangenheit stimmte, also wird auch seine geweissagte Zukunft nicht so falsch sein. Wenn mir etwas besser zumute ist, werde ich es irgendwo niederschreiben. Jetzt werde ich mich noch etwas auf mein hartes Lager hinstrecken und wieder grübeln - grübeln - grübeln. - Gleich ist Zapfenstreich. Nun ist auch der 17. März 1948, mein 19. Geburtstag beendet. Ich habe keine Post bekommen. »Gute Nacht, ihr in der Heimat!«

Das Gerücht, dass wir in einigen Tagen in Richtung Indochina in Marsch gesetzt werden, hat sich verstärkt. Noch kann ich nicht daran glauben, aber ich lasse mich mal überraschen.

So, nun hätte ich auch das Schießen erledigt. Es war ein regelrechter Gewaltmarsch bei furchtbarer Hitze. 3 Kilometer musste ich ein MG tragen. Ich war wie in Schweiß gebadet. Der Marsch zum Schießplatz erfolgte sinniger Weise in der Mittagshitze. Auf einmal fiel mein Hintermann um, wie vom Blitz getroffen. Weißer Schaum trat aus seinem Mund. Die Hitze und vorher genossener Alkohol hatten ihn fertig gemacht. Als man diesen deutschen Legionär in den Schatten legte, bekam er eine Art von Tobsuchtsanfall. Ja, ja, der verfluchte Alkohol und die verdammte Hitze.

Nach dem Schießen traten wir den Rückmarsch an oder besser gesagt, Dauerlauf. Eine Kompanie sollte die andere übertreffen. Aber ohne mich, dachte ich mir. Ich ging mit langen schnellen Marschschritten (wie mein Vater) und kam auch zurecht. – Meine Schießergebnisse waren gut.

19. März 1948

Dieser Tag begann wie jeder andere auch: 6.00 Uhr wecken, danach »Morgenwäsche«, dann Frühstück und um 7.00 Uhr antreten, alles in einer Stunde. Ich war von gestern noch ziemlich k.o. und müde und habe gehört, dass bei der Postverteilung auch mein Name aufgerufen wurde. Ich war auf einmal munter wie ein junger Gott und spritzte nach vorn, um meinen Brief in Empfang zu nehmen. Als ich einige Schritte weiter war, wurde ich noch einmal aufgerufen und erhielt einen zweiten Brief. Damit hatte ich ja nun nicht gerechnet, zwei Briefe auf einmal! Die Post war von meiner

Mutter, und sie war auch schon am 16.3. hier, die Post natürlich. Der erste Brief war am 10.2. geschrieben und am 25.2. erst mit der Post zur Beförderung gegeben! Ich will diesen Brief nun hier beantworten, da ich wahrscheinlich erst in Indochina wieder schreibe. Meine Abschiedsbriefe sind ja bereits weg.

»Meine liebe Mutti, Deinen lieben Brief vom 10.2.48 habe ich heute mit bestem Dank und großer Freude erhalten. Es ist sehr lieb von Dir, dass Du an mich schreibst, bevor Du überhaupt Post von mir in Deinen Händen hältst. Dass Du, sowie klein Karin, noch auf mein abgeschicktes Paket wartest, tut mir sehr leid. Ich schrieb Dir doch, dass es mir von hier aus leider noch nicht möglich war. Aber, wenn ich erst in Indochina bin, werde ich alles nachholen, auch, wenn mein ganzer Sold dabei draufgeht. Denn Du weißt ja, mit Reichtümern bin ich hier leider nicht gesegnet, aber es kann ja noch kommen. Habe keine Angst, liebe Mutti, ich komme bestimmt wieder nach Hause. Aber Du darfst Dich nicht so überarbeiten, denn ich möchte Dich recht lange haben. Die Ernährung hier ist immer noch schlecht. Na, von Indochina aus schicke ich Euch, was nur möglich ist, Reis, Kaffee usw. Wenn ich bloß erst da wäre. Ist ja eigentlich komisch für mich, dass ich Euch aus Indochina etwas zum Essen schicken möchte.

Ich habe davon gehört, dass meine Eltern eine Möglichkeit hätten, mich wieder nach Hause zu holen. Ich bin noch nicht mündig, und ihr könntet einen entsprechenden Antrag stellen, dass ich als noch nicht Volljähriger wieder entlassen werde. Einige von uns haben es schon mit Erfolg so gerichtet. Andererseits, wenn ich hier bin, könnte ich Euch besser materiell mit Lebensmitteln unterstützen, als wenn ich zu Hause wäre.

Hat Papa immer noch keine Arbeit? Es ist sehr traurig, dass so viele Hausbewohner von uns schon gestorben sind. Der Herr Rotter tut mir besonders leid. Er hat nicht nur die Frau, sondern auch seine Tochter verloren. Bei Eva war es ja zu erwarten, aber was hatte denn seine

Frau? Ich glaube, der Friedrichshain wird wieder ein Selbstmörderpark werden.

Sonja Ziemann war ja meine erste große platonische Liebe, aber jetzt ist sie ja schon eine große kleine Dame, für mich unerreichbar. Ich wünsche ihr viel Glück im Leben.

Unser Nachbarssohn hat es also schon zu etwas gebracht. Meinen Glückwunsch!

Miezel hat ein Mädchen, es heißt Karin. Es wundert mich, dass sie noch den Namen gab, den ich wollte. Mein Wunsch, wenn es ein Junge werden würde, solle er Fred, Artur heißen und ein Mädchen Karin, Erika, Marie. Hat sie mich denn überhaupt noch lieb? Über diesen Punkt werde ich noch ein anderes Mal schreiben.

Ist Rudi, Dein Cousin, noch immer beim Iwan? Die »kleine« Inge und Krankenschwester, das hätte ich ihr gleich sagen können, dass das nichts wird. Die Schwesterntracht schaut ja sehr schön aus, aber die Schwesternarbeit ist keine Tanzstunde.

Hat unsere ehemalige Nachbarin aus der Grünberger Straße ihren in der Sowjetunion gefallenen Mann so schnell vergessen? Wer ist denn der Neue? Schon ein Baby? Ich würde als ihre Tochter auch nicht gerade glücklich sein.

Hat es Frau Danielsohn doch noch geschafft? Es war doch ihr größter Wunsch, nach Palästina zu ihrer Tochter zu kommen.

Tante Lisa arbeitet jetzt als Autobusschaffnerin, macht nichts, »Arbeit adelt« hieß es bei den Nationalsozialisten.

Ursula, meine Cousine, erwartet jetzt ein Baby? Ist sie schon verheiratet? Es wimmelt ja jetzt überall bloß so von Babys.

Nun, liebe Mutti, willst Du etwas von Afrika wissen, ob es meinen Jugendträumen entspreche. Teils, teils. Früher stellte ich mir unter Afrika einen fast unerforschten, dschungelartigen Erdteil vor. Hier in Nordafrika, in Algerien, ist es nun doch etwas anderes. Sidi-bel-Abbes ist von einer Größe wie der Verwaltungsbezirk Friedrichshain in Berlin. Das einzige Afrikanische hier ist der Hausbau, wie er in den Tropen üblich ist, die große Hitze, die vielen Palmen und sonstigen Tropengewächse und die farbigen Eingeborenen und Mischlinge. Außerhalb der Stadt beginnen die Berge, die Vorläufer des Atlas-Gebirges. Sonst ist hier alles tot und öde, Sand, Sand und Sand. Die Felder der Eingeborenen bringen wenig ein. Man kann sagen, sie säen und ernten auf Steinen. Datteln, Oliven und Apfelsinen sind hier die Hauptfrüchte. Der französische Zivilist kommt bei regelmäßiger Facharbeit gut aus. Im Monat kommen sie auf 18.000 bis 20.000 französische Francs. Damit können sie besser auskommen als wir Legionäre mit 165 Francs. Die eingeborenen Araber darben überwiegend ihr Leben durch Betteln, Stehlen oder Hehlerei. Das Elend bei ihnen ist groß. Frauen sind nicht in der Legion. Ich würde es auch keiner von ihnen wünschen.

Ansichtskarten, Bilder usw. schicke ich, sobald ich wieder besser bei Kasse bin. Eine Karte kostet 10 Francs, und ich habe nur 165.

Pakete dürfen wir empfangen. Was ich benötige? Nichts! Ich muss mit dem, was ich habe, auskommen, wie andere auch. Es geht nicht an, dass Du mir von Eurem Bisschen noch etwas schickst. Oh doch, einen Wunsch hätte ich schon, ab und zu mal eine Zeitung oder ein Buch in deutscher Sprache, sonst verblöde ich noch.

Singt der Chor von Emmi Goedel-Dreising wieder? Du kannst ihr ja mal einen schönen Gruß von mir schreiben, vielleicht kennt sie mich noch. Das Lied »Weißt du, wie viel Sternlein steh'n« wird hier auch noch gesungen, besonders, wenn Einige von uns einen Moralischen haben.

An Karin viele Grüße und Küsse. Aus Indochina schicke ich ihr solch schöne Schuhe, dass die Tochter eines Bankdirektors vor Neid erblasst. Das Wichtigste habt Ihr vergessen. Wie ist denn ihre Schuhgröße? (Sie bekam nie Schuhe von mir aus Indochina).

Wer sind denn die Bekannten von Tante Anna? Sie sollen mir auch mal schreiben, wegen der Briefmarken. Wenn Du an mich schreibst, musst Du auch ordentlich viele und verschiedene Briefmarken aufkleben. Das ist alles Kapital für mich, denn vieles Kleines gibt ein Großes.

Nun, gute Nacht - Fred.«

Wenn ich heute auf mein Leben zurückblicke – ich meine, auf mein Leben als Briefmarkensammler: Ich habe viele, viele Briefmarken gesammelt, und sehr viele Alben stehen in meinem großen Bücherregal. Oft hatte ich nicht mal die Zeit, mich an den Motiven der Briefmarken zu erfreuen. Mir blieb nur so viel Zeit, meine Marken ordnungsgemäß unterzubringen. Also, das Hobby ist mir geblieben, der Reichtum blieb aus.

5. Februar 1948

Meine Ausbildung ist beendet. Außerdem habe ich einen guten Freund und Kameraden in meiner Kompanie gefunden. Wir haben untereinander keine Geheimnisse mehr. Er stammt aus Brandenburg. Heute sind wir zum Renford Indochina gekommen.

Ich will den Namen meines Freundes hier gar nicht mehr nennen, weil er sich viele Jahre später mir gegenüber wie ein Schuft benommen hat. Nach einer Ehescheidung von mir, hielt er nicht zu seinem Freund Fred, sondern zu meiner damaligen Frau. Deshalb will ich auch hier keine großen Worte mehr verlieren. Die Sache ist gelaufen. Ich habe hoffentlich dazugelernt. Seine ehemalige Frau ist lange tot, und wir telefonieren noch ein-, zweimal im Jahr. Soviel dazu.

Am 14. Februar 1948 marschierte ein Transport unter den Klängen der Legionsmusik zum Bahnhof ab. Bald wird unser Transport ihm folgen, in den Kampf! – In den Tod? Aber nein, dachte ich mir, nach dem alten deutschen Spruch »Unkraut vergeht nicht oder gute Ware hält sich!«

Im März 1948

Wenn ich so über den Monat März nachdenke, muss ich sagen, dass in ihm viele Verwandte von mir Geburtstag haben, darunter auch meine beiden Großmütter. Meine Großmutter mütterlicherseits lebte noch zu diesem Zeitpunkt. Meine Großmutter väterlicherseits wäre ca. 20 Jahre älter geworden und nicht mehr am Leben. Ich dachte aber oft an sie.

Heute haben wir als Transport für Indochina unsere Tropensachen erhalten. Wann wird es mit uns losgehen? Erst zu Fuß, dann mit der Bahn und ab Oran dann mit dem Schiff in Richtung Saigon.

Meine uralten Tagebuchaufzeichnungen geben her, dass es für mich wie ein Festtag war, die Post meiner Mutter zu lesen. Ich habe gemerkt, wie viel Sorgen sie hatte, und ich kann nur ahnen, wie viel Sorgen sie sich auch um ihren Sohn gemacht hat. Damals habe ich meinem Tagebuch anvertraut, dass ich den Willen hatte, wenn ich denn wieder nach Hause komme, meiner Mutter alle Sorgen aufzuwiegen, damit sie Glück und Sonnenschein bis ins hohe Alter habe.

Ich konnte wenig davon halten, was ich damals im Tagebuch versprach. Meine Mutter erreichte nicht einmal das 60. Lebensjahr.

Nach dem Aufstand 1953 in der DDR, der von den Bauarbeitern an der Weberwiese begonnen wurde, musste erst mein Vater und dann meine Mutter mit meiner Schwester nach Berlin (West) flüchten und wurden danach von den zuständigen Stellen als politische Flüchtlinge anerkannt. Zwar habe ich meinen Vater einige Zeit in meiner kleinen Zweizimmerwohnung in der Orberstraße 23 in Berlin-Schmargendorf aufgenommen, doch finanziell konnte ich weder ihn, noch meine Mutter unterstützen. Meine Eltern und meine Schwester gingen dann in das Notaufnahmelager Berlin-Marienfelde. Ich lag zu der damaligen Zeit als Patient in einem Krankenhaus und traf mich zwei-, dreimal mit meiner kleinen Schwester. Später wurde meine Familie nach Westdeutschland ausgeflogen. Sie landeten in einem Flüchtlingslager auf der Insel Borkum.

Meine Schwester Karin ließ sich von einem jungen Borkumer in den Hafen der Ehe führen. Wir schreiben jetzt das Jahr 2007, und sie lebt mit ihrem Ehemann Arnold auch heute noch auf dieser rauen Nordseeinsel. Ihre beiden Töchter Britta und Birthe sind ihrer Insel bis heute treu geblieben. Und wir Uralt-Berliner haben in der Vergangenheit schon viele schöne Tage, auch bei Familienfesten, bei unseren Borkumern verlebt.

Irgendwann erhielt ich auch einen Brief meines Vaters, der mir meine Flucht aus Berlin nicht mehr übel nahm. Aber ein gewisses distanziertes Verhalten vom Vater zum Sohn blieb, bis wenige Monate vor seinem Tod in Berlin, erhalten. Das Verhältnis zu meinem Vater war durch verschiedene Umstände, die ich möglicher Weise in meinen Aufzeichnungen noch wiedergeben werde, im Großen und Ganzen, bis auf wenige Ausnahmen, gespannt. Seine Urne und die seiner zweiten Frau sind auf dem Friedhof in der Bergstraße in Berlin-Steglitz beigesetzt. Diese Frau hat es verstanden, aus einem willensstarken Mann eine biegsame Weidenrute zu machen. Unsere Familien in Borkum und in Berlin könnten über ihre gemeinsamen negativen Erfahrungen mit dieser Frau einen längeren Tatsachenbericht schreiben. Wenn ich es nicht selbst erlebt und durchlitten hätte, könnte ich es heute noch nicht so recht glauben, was sie aus meinem Vater gemacht hat.

Doch nun wieder einen großen Sprung zurück nach Sidi-bel-Abbes. Meine erste große Weltreise steht unmittelbar bevor. Sie dauerte vom 21. März bis 24. April 1948.

Unsere Seesäcke sind bereits verladen. Die Legionseinheit nennt sich »Renford A48 Extrem-Orient«. Wir treten zum letzten Mal im Hof des großen Quartiers an. Aus allen Fenstern winken uns Legionäre zu, die hier bleiben. Mancher von ihnen wird wohl denken: »Wer weiß, ob und wann wir uns einmal wiedersehen?« Aber von uns hat wohl niemand trübe Gedanken, ich jedenfalls nicht. Das ist doch meine erste große Weltreise, wenn auch nicht in Zivil.

Ich träume, wie sie mich weit über die Meere und an schönen Ländern und Küsten vorbei in den geheimnisvollen Erdteil Asien bringen wird – Indochina! Unzählige Gedanken durchwirbeln mein Gehirn. Was wird mir das so weit entfernte Land wohl bringen? Schönheiten, aber auch Gefahren? Das Reisefieber hält mich in seinen Klauen. Ein Kommando ertönt: »Renford Extrem-Orient stillgestanden!« Ich komme in die Wirklichkeit zurück. Der große Augenblick ist gekommen. Es ist 18.00 Uhr.

Die über 100 Mann starke Legionskapelle marschiert in die Mittelallee ein. »Im Gleichschritt Marsch!« Unter den Klängen der Musik, die den historischen Legionärsmarsch intoniert, marschiert unsere Einheit durch das Haupttor. Auch unsere Kompanie marschiert am Torposten vorbei. Der Wachposten präsentiert das Gewehr. Er erweist uns damit respektvoll einen Gruß. Die Bürgersteige links und rechts sind gedrängt vollgestopft mit Menschen. Kinder, Mädchen, Greise, ältere Frauen, Männer und Burschen in meinem Alter. Viele sind elegant nach der Mode gekleidete junge Stenze. Ihr Anblick erinnert mich an die Tango-Heinis im Nachkriegsdeutschland. Werde auch ich einmal so ein komischer Modefatzke werden? Hoffentlich nicht. Viele winken und rufen uns zu: »Bon chance!« Blumen fliegen in unsere marschierenden Kolonnen. Ehrlich gesagt, wundere ich mich über all diese Sympathiebezeugungen, die die Bevölkerung von Sidi-bel-Abbes uns Legionären entgegenbringt. Sonst, im normalen Alltagsleben, wenn wir Ausgang hatten, mied man uns fast ängstlich auf der Straße. Wir glaubten zu spüren, dass wir eine besondere Sorte von Mensch seien. Andererseits leben große Teile der Bevölkerung von dem, was für die Legion an finanziellen Mitteln ausgegeben wird oder, was die Legionäre selbst an Geld in der Stadt ausgaben.

Gleich müssen wir den Bahnhof erreicht haben. Auch viele Legionäre geben uns das Geleit. Ein guter Kamerad von mir, Horst Pepke, ist auch unter ihnen. Ganz blass ist er vor Aufregung. Er hat kaum fünf Monate Dienstzeit und wird wegen einer Stirnhöhlenoperation entlassen.

Der Bahnhof ist erreicht. Wir steigen in den dort wartenden Zug und müssen uns nun von allen verabschieden, die uns begleitet haben. Die Police Militaire sperrt den Bahnhof. Es ist 19.15 Uhr. Der Colonel erscheint am Bahnhof und verabschiedet sich vom mitfahrenden Offizierscorps. Die Legionskapelle erfreut uns noch mit einigen Märschen. – Es ist 19.25 Uhr. Ein Trompeter bläst das Abmarschsignal. Colonel Gaultier hebt den Arm, und unter den Klängen der Musik rollt unser Transport aus dem Bahnhof. Noch einmal tauschen wir Abschiedsrufe mit denen, die hier bleiben, aus. Manche blicken uns mit Neid, andere mit Mitleid nach. Auch ich winke mit meinem Képi, solange ich noch den Bahnhof sehen kann. Eine Signalanlage wäre mir dabei fast zum Verhängnis geworden.

Die Lichter des Bahnhofes verschwinden in einer Kurve. »Ade, Sidi-bel-Abbes!«

Das ratternde und eintönige Geräusch der Eisenbahnräder lässt meine Augenlider schwer werden. Die anderen Kameraden machen es sich »bequem«. Die Gepäcknetze, Gänge, Toiletten und Plattformen dienen uns für die heutige Nacht als »Himmelbetten«. Auch ich habe es mir so gemütlich wie möglich auf meiner Bank gemacht und beginne zu träumen. Im Unterbewusstsein lausche ich auf das singende Rattern der Räder. Jede Schienenschwelle, über die der Zug hinwegrast, schlägt den Takt dieser Musik. Ob sie wohl zu Hause noch an mich denken?

Über den Brief von der Miezel grüble ich nach, den ich gestern noch in Bel-Abbes erhielt. Wie ein Blitz aus heiterem Himmel schlug er bei mir ein. Zwar war ich ungehalten, dass man dem Mädel meine Anschrift mitteilte und mir damit meine teuer erkaufte Ruhe raubte, aber einmal hätte ich doch davon erfahren müssen. Meine kleine Tochter heißt Karin (wie ich es mir damals wünschte), und sie ist am 19. September 1947 zur Welt gekommen. Möge sie mehr Glück im Leben haben, als ich bisher. Doch was nützt es nun, wenn ich mich mit Selbstvorwürfen peinige. Was war, lässt sich doch nicht mehr ändern. Das Leben geht weiter. Noch müde und verschlafen recke und strecke ich mich auf meiner unbequemen Liegestatt. Es ist 6.00 Uhr geworden. Ich stehe auf. Die anderen im Abteil werden auch munter. Noch einige Minuten, dann haben wir Oran erreicht. Auf dem Güterbahnhof steigen wir aus. Ich habe Hunger und mein Magen knurrt. Das Frühstück ist recht dürftig. Doch, was soll's, der Mensch freut sich.

Nach und nach wird unser Gepäck in die Kraftfahrzeuge verladen. Mir geht das alles zu langsam vor sich. Ich unterhalte mich währenddessen mit einem Kameraden von der Militärpolizei, die uns bis zum Schiff »begleiten« wird. Ulrich Düre, den ich schon seit Marseille her kenne, ist ein feiner Mensch. Er hat nur den einen, verzeihlichen Fehler, dass er sich gern reden hört. Da er aber mitunter ganz geistreiche Probleme wälzt, bin ich ihm ein geduldiger Zuhörer. Ich wolle von mir hören lassen, versprach ich ihm, und da er noch um ein Foto bat, gab ich es ihm auch.

Es ist Mittag geworden. Auf dem letzten LKW bin ich mit Werner. Es geht ab zum Hafen. Er ist, wie man so sagt, brechend voll mit Schiffen vieler Nationen. Ein imposantes Bild. Anscheinend ist wohl hier gerade wieder Hafenarbeiterstreik. Das kenne ich ja schon aus Marseille. Das Mittagessen erhalten wir aus einer Feldküche.

Soeben ist am Liegeplatz unseres Schiffes ein Musikzug der in Oran stationierten Kolonialtruppen einmarschiert. Voran ein kleiner Negerboy, der einen weißen Ziegenbock an der Leine führt. Die beiden sind anscheinend ein Traditionssymbol dieser Einheit, denn auch am Schellenbaum der Musikkapelle ist der Kopf eines Ziegenbockes befestigt – natürlich ein künstlicher Kopf. Die weißen Gamaschen, Gürtel, Handschuhe und Turbane schauen richtig pompös aus, überhaupt dann, wenn der Musiker von schwarzer Hautfarbe ist. Kurz nach dem Eintreffen der Kapelle intonieren sie auch schon ihre ersten Märsche. In einer Pause bewundern wir den Ziegenbock mit seinem kleinen schwarzen Führer, der stolz seine niedliche Uniform trägt. Er ist der Mittelpunkt für viele Fotoapparate. Der Ziegenbock frisst als Leibspeise nur Zigaretten der Marke »Job«. Alle anderen hingehaltenen Sorten verschmäht er. Ich habe seit langer Zeit mal wieder herzhaft gelacht!

Es ist Abend und unsere Einschiffung beginnt unter den Klängen der Musik. Zwei große Laderäume mit Kojen – Hängematten – werden nun für einige Zeit unser Aufenthaltsort sein. Nach dem Abendessen »inspiziere« ich den »Kahn«. Er ist das 11.800 Bruttoregistertonnen schwere Schiff mit dem Namen »SS. Nantes«, ein Frachter- und Truppentransporter der Liberty-Klasse.

23.00 Uhr, die Laufbrücken werden eingezogen. Dann fallen die Trossen, die letzte Verbindung mit der Algerie in Nord-Afrika, meinem Aufenthaltsort für ca. vier Monate. Ich hoffe, nach meiner Zeit in Indochina, wieder gesund hierher zurückzukehren.

Mit »kleiner Fahrt« verlässt unser Schiff das Hafengebiet von Oran. Es geht auf Kurs in Richtung Osten. Ich bin nun müde geworden, gehe unter Deck und haue mich in meine Koje neben Werner. Meine Augen fallen mir zu. Der Körper verlangt sein Recht. »Gute Nacht!«

Das Stampfen und Brummen der Maschinen reißt mich um 7.00 Uhr aus dem Schlaf. Langsam werden alle munter unter Deck. Ein Summen und Surren, Sprechen, Lachen, Pfeifen und Singen versetzt mich auf einmal in einen Zustand, als sei ich in einem riesengroßen

Korb voll kleiner Lebewesen. Von Oben durch das offene Luk leuchtet mit blendender Helligkeit der erste Morgen auf See zu uns hinab. Langsam und träge stecke ich mir eine Zigarette an, trotz des großen Warnungsschildes »DEFENSE DE FUMER«. Ich stehe auf, um mich zu waschen. Ich bin »geblendet« von dieser »Pracht« im Waschraum. Schöne große Spiegel gibt es hier! So etwas habe ich schon ein halbes Jahr nicht mehr zu Gesicht bekommen. Auch kultivierte Sitztoiletten erblicken meine Augen. Gott sei Dank, auf ihnen kann man wenigstens wieder etwas der Ruhe pflegen. Zum ersten Mal während meiner Dienstzeit fühle ich mich mit Luxus umgeben.

Ich gehe an Deck, um mein Frühstück in Empfang zu nehmen. Ein kühler, frischer Wind bläst mich an. Er verscheucht den letzten Rest von Schlaf in mir. Viele von uns stehen an der Reeling. Wir genießen die frische Luft. Unser Schiff fährt längs der Küste von Nord-Afrika im Mittelmeer. Das Land hat bereits hier für mich ein verändertes Aussehen. Waren die Berge und die Landschaft in Sidi-bel-Abbes tot und öde, so ist es hier genau das Gegenteil. Ich fühle mich fast nach Europa versetzt. Wir sehen die Berghänge an Land in tiefes Grün getaucht. Die Natur wirkt hier lebendiger und malerischer.

Der Bug der »Nantes« pflügt sich mit drängender Kraft durch das Wasser des Mittelmeeres, schäumende Gischt und brodelnde Wellen hinterlassend. Sonst ist die See hier ruhig und glatt wie ein Spiegel. Das heisere Gekrächz von Seemöven, unseren unermüdlichen Begleitern, veranlasst mich, in den Himmel zu schauen. In einem leuchtenden Blau wölbt er sich über uns wie eine riesige, reine Glocke. Stundenlang könnte ich zu ihm hinauf schauen. Warum kann nicht die ganze Menschheit so rein und klar sein wie der Morgenhimmel über dem Meer?

Gegen 12.00 Uhr gibt es Mittag im Laderaum 2. Ich komme mir hier vor wie in einer Berliner Stehbierhalle. In einer Reihe laufend ziehen wir an der Essenausgabestelle vorbei. Ein Schlag Suppe, ein Stück Brot, ein Stück Fleisch und etwas Gemüse, sowie etwas Dessert kommen auf meinem Ami-Tablett zu liegen. Alles hat mir gut geschmeckt, denn die Seeluft macht recht hungrig. Danach müssen wir eine Mittagsruhe einhalten. Gegen 15.00 Uhr weckt mich das Grölen eines Caporals: »Debu!« – Aufstehen! Ja, auch an Bord geht der Dienst weiter.

Gegen 17.50 Uhr passieren wir die Höhe von Algier. Man stelle sich ein halbmondförmiges Hafenbecken vor, hinter dem die Hauptstadt Algeriens auf hügligem Land liegt. Wie wir erfahren haben, erstreckt sie sich auf ungefähr 15 bis 20 Kilometer Ausdehnung. Ein schöner Anblick.

Die Fahrt durch das Mittelmeer geht weiter. Es ist spät geworden. Vor mir, weit, weit oben am Himmel, leuchtet der gute alte Mond. Mir ist, als ob er sein gutmütiges Pausbackengesicht gerade mir zuwendet und mich anlächelt. Bestimmt will er mich damit für die kommende Zeit trösten und stärken. Meine Blicke wandern weiter am sternenübersäten Himmel und finden dann das Bild vom »Großen Wagen«. Sie schrieben mir aus der Heimat: »Wenn ich diese Sterne anschaue, werden sie gerade an mich denken.« So tue ich es nun in gläubigem Vertrauen. Meine Gedanken schweifen in die Ferne und suchen, weit weg von mir in der Heimat, meine Eltern, meine Schwester Karin und, und, und ...werden meine stillen Grüße auch alle erreichen? Noch viereinhalb Jahre bin ich getrennt von ihnen. Manchmal kommt mir die Zeit, die vor mir liegt, endlos vor. - So stehe ich nun an der Reling des Schiffes und träume. Unter mir rauscht das Wasser. Buuuuuuh ..., das dumpfe Tuten des Nebelhornes reißt mich aus meinen Träumereien. Der größte Feind der Schifffahrt ist nahe, Nebel kommt auf.

Still und grübelnd gehe ich unter Deck, ziehe mich aus und lege mich in meine Koje. Hier kann ich weiter träumen, in die Vergangenheit gehen und an die Zukunft denken, nur an die Gegenwart nicht.

»Euch in der Heimat wünsche ich eine Gute Nacht von einem Schiff im Mittelmeer.«

Ich entnehme meinen Tagebuchblättern, dass der 24. März 1948 uns an Bord des Schiffes ein schönes Reisewetter beschert hat. Die vorhandene Hitze wurde von einer etwas kühlen Briese aus dem Norden angenehm begleitet.

Die »Nantes« gleitet mit etwa 10 Seemeilen Geschwindigkeit dicht an der Afrikanischen Küste entlang. Das Bild von heute bietet statt Wiesen und Feldern Berge mit dunklen Wäldern soweit das Auge schaut. Unwillkürlich erinnert mich diese Ansicht an einen dunklen und Schweigen gebietenden Wald in Deutschland, möglicherweise den Schwarzwald.

Etwas schwärmerisch liest sich ein weiterer Abschnitt in meinen Tagebuchaufzeichnungen von damals. In solcher »unvergleichbaren« Schönheit der Natur, glaubt man, direkt die Nähe Gottes zu verspüren. Das Wasser des Meeres leuchtet erst in einem tiefen Blau, geht dann ins Grüne über, und darüber wölbt sich der hellblaue Tropenhimmel mit seinen kleinen zerflatternden schneeweißen Wölkchen. Die strahlende Sonne und die Nähe der Küste schauen aus wie ein herrliches Ölgemälde. Kein Raffael oder Rubens hat dies zustande gebracht, sondern die unsichtbare Hand der Gutes und Böses spendenden Allmacht unter dem Schirm und der Liebe Gottes.

Gegen 13.00 Uhr sehe ich die Einfahrt des Hafens von Bône. Eine halbe Stunde später liegt unser Schiff fest vertäut an der Mole. Somit ist die erste »Haltestelle« unserer Reise glücklich erreicht. Der Hafen und die Stadt schauen aus, wie dem Baukasten entnommen, klein, niedlich und vor allen Dingen sauber. Hinter unserem Liegeplatz liegt ein schwedisches Schiff. Es soll nach Hamburg fahren.

Ein Grieche, zwei Engländer und Franzosen geben dem kleinen Hafen eine internationale Prägung.

Nach beendetem Abendmahl schlendere ich etwas an Bord umher. Ich habe Langeweile, bis mich auf einmal lautes Lachen und Geschrei an die Reling lockt. Ich sehe folgendes Bild: Meine Kameraden, die an

Bord zollfreie Zigaretten in großen Mengen gekauft hatten und nun nicht wussten, »wohin damit?«, werfen unten herumlungernden Araberkindern in kleinen und größeren Mengen Zigaretten zu, um sich an der anschließenden Balgerei zu erfreuen. Die wurde jedoch mit der Zeit so groß, dass die Hafenpolizei gegen sie einschreiten muss. Von Bord werden aber immer mehr Zigaretten hinunter geworfen, bis schließlich die Unteroffiziere an Bord unseren »Menschen beglückenden Zigarettenspendern« etwas Ordnung beibringen.

Dieser kleine, fast unscheinbare Zwischenfall, verursachte bei mir einen großen Nachklang. In einer Welt, in der fast jeden Tag der Sozialismus in vielen Formen gepredigt und gelehrt wird, war man nicht einmal imstande, in nunmehr drei Jahren nach Kriegsende, Angehörige einer alliierten Macht, etwas aus ihrem furchtbar niedrigen Lebensniveau herauszureißen. Und das gerade in einem Land, in dem die oberen Zehntausend nicht genug das Wort »Weltverbesserung« und »Sozialismus« in den Mund nehmen können. Wahrhaftig eine schlimme Erkenntnis eines jungen Europäers, der endlich einmal eine geplante Welt- und Lebensverbesserung, die von den Alliierten seit 1945 vorausgesagt wird, kennen- und verstehenlernen will. Leider aber hat nun dieses kleine Erlebnis wieder gezeigt, dass es wohl auch in dieser Epoche nur beim Planen bleiben wird. Eine traurige Feststellung von mir. (Diese Worte habe ich wirklich vor vielen, vielen Jahrzehnten in meinen Tagebuchblättern notiert.) Ich zweifelte damals daran, dass die Siegermächte über Hitler-Deutschland wohl alles zum Guten richten werden. So manches Mal war ich in dieser Zeit mehr als entsetzt, wenn wir beim Kontakt mit Arabern – vom Kind bis zum Erwachsenen – und wenn sie dann merkten, dass wir Deutsche seien, sinngemäß die Worte hörten: »Du Deutscher, du gut – Hitler sehr gut. Er hat die Scheißjuden ins KZ gebracht. Wenn wir könnten, würden wir sie alle ins Meer treiben.« Der Hass auf jüdische Menschen war unvorstellbar groß. Leider ist diese Einstellung gegen sie auch heute noch in der Arabischen Welt weit verbreitet.

Ich schätze, dass es in 48 Stunden weiter geht nach Port Said. Das Straßen- und Hafenleben von Bône hat Feierabend gemacht. Nach außen hin ist die ewige Sucht nach Reichtum, Einfluss und Geltungsbedürfnis nun zur Ruhe gegangen. Auch wir alle an Bord suchen unsere Schlafplätze auf.

25. März 1948

Der Dockarbeiterstreik ist beendet. Ich schätze, dass nun die Gewerkschaften mit den Geldleuten im Ergebnis übereingekommen sind. Vielleicht hat man den Arbeitern ein Paar Cent Lohnerhöhung versprochen, um es ihnen auf der anderen Seite doch wieder abzuziehen. Na ja, »Die Welt und die Menschheit wollen ja betrogen werden!« Woher ich damals diese Weisheit schon hatte, kann ich heute nicht mehr genau ergründen.

Gegen 13.00 Uhr wird auf unserem Schiff verladen. Riesige Mengen Tabak und anderes Handelsgut verschwinden in dem nie gesättigten Bauch des »Raubfisches Nantes«.

Eine lebhafte Freudigkeit bricht unter uns aus, als wir mitgeteilt bekommen, dass wir bis 17.00 Uhr an Land dürfen. Wir verzeihen in Gedanken allen Vorgesetzten, ahnten aber noch nicht, dass wir diesen Ausgang nur einem Bôner Zeitungsblatt zu verdanken hatten. In der heutigen Ausgabe stand nämlich zu lesen, dass man am 24. des Monats, also gestern, durch die Stadt prominierende Gruppen von Legionären erblickt hätte, die ein ruhiges und anständiges Benehmen zu Eigen hatten. Ja, ich glaube, manchmal ist so eine spitze »Spitze« ganz schön angebracht. Unsere Kompanien gingen zugweise bis an einen bestimmten Treffpunkt. Dort lösten wir uns dann nach Entgegennahme von je 100 Francen in Gruppen auf, um allmählich zu zweien oder dreien im Stadtgewimmel zu verschwinden.

Werner und ich schlenderten im Gange von Börsenspekulanten durch die lebhaften Geschäftsstraßen, um endlich im Araberviertel zu landen. (Auf eine vielleicht jetzt gestellte Frage, wie denn Börsenspekulanten schlenderten, wüsste ich natürlich keine vernünftige Antwort zu geben.) Bei den Arabern fühlten wir uns dem Volke nahe. Meine an Bord eingesteckten Zigarettenpakete konnte ich hier an die Händler verkaufen. So erhielt ich eine kleine Soldverbesserung. Eine Stunde später war der Markt überschwemmt von zollfreien Bastos-Zigaretten. Da wir jedoch die ersten Verkäufer waren, hatten wir finanziell am besten abgeschnitten. Viel Ware bei geringerer Anfrage, da muss ja dann der Preis auch logischerweise sinken.

Überrascht war ich allerdings wieder, als mich viele Eingeborene in einem einigermaßen guten Deutsch ansprachen und vieles aus Deutschland von uns wissen wollten. Wenn ich damals richtig informiert war, waren während des Zweiten Weltkrieges in dieser Gegend Truppen des Afrika-Corps anwesend, die wohl einen guten Ruf hatten. Die Bevölkerung von Bône betrachtete uns wie das »achte Weltwunder«. Anscheinend hatte man hier noch nicht viele Legionäre erblickt. Das Verhalten der Menschen uns gegenüber war denen von Sidi-bel-Abbes in Taktgefühl und menschlicher Beachtung durchaus überlegen. Die Menschen fragten uns nach dem Wohin und Woher und wünschten uns überall herzlich viel Glück. Wir fühlten uns angenommen.

Nachdem ich mich mit einigen Genüssen der arabischen Kochkunst vertraut gemacht hatte, wollte ich dem Verlangen nach einem kühlen Bier mit meinem Kameraden Werner nicht widerstehen. Gesagt, getan. Nach einigen Minuten hatten wir eine nette und anheimelnde Bar gefunden. Da ja ein erstes Bier erst den richtigen Durst erweckt, bestellten wir gleich das zweite und dritte hinterher. Werner und ich ließen dann für eine Stunde unserer Fantasie freien Lauf. Es ist doch zu herrlich, sich einmal wie im Film märchenhafte Zukunftsgedanken zu machen, die zu schön waren, um wahr zu sein. Aber derartige Momente der Träumerei waren bis jetzt bei mir immer das, was einen die Zeit leichter ertragen lässt. So, wie ein Kind sich bei seiner Mutter gute Ratschläge holt und auch mitunter ein Märchen erzählen lässt, um dann für einige Zeit befriedigt zu sein, so suchte ich Trost und inneren Halt in den Stunden, in denen ich mich ganz meiner Träumerei hingeben konnte.

Bei all unserem Pläneschmieden hätten wir beinahe den Begriff der Zeitrechnung verloren. Als wir die Absicht hatten unsere Bierrechnung zu begleichen, mussten wir zu unserem Entsetzen feststellen, dass wir nicht mehr genügend bei Kasse waren. Unsere »Ehrenrettung« haben wir jedoch der liebenswürdigen Barinhaberin zu verdanken. Nachdem wir uns so gut wie möglich mit einigen Brocken Französisch entschuldigen wollten, beschied sie uns mit den deutschen Worten: »Danke, es ist schon alles bezahlt und viel Glück in Indochina.« Das war uns ein Beweis oft gerühmter französischer Gastfreundschaft, die leider in der jetzigen Notzeit nicht all zu oft vorkommt. Mit einem kleinen Schwips trudelten wir dann, gerade noch zur rechten Zeit, an dem vereinbarten Treffpunkt ein. Pünktlich, gegen 17.00 Uhr, befand sich unsere Gruppe wieder an Bord der »SS Nantes«.

Nach dem Abendessen legte ich mich in meine Koje und überdachte mit Befriedigung die Erlebnisse meines ersten Landurlaubs oder muss ich besser sagen, ersten und letzten Landurlaubs auf meiner großen Reise nach Indochina. Auf der einen Seite, so philosophierte ich damals, bin ich doch vielen meiner Bekannten in Europa gegenüber in einer beneidenswerten Lage, denn die konnten bestimmt noch nicht so schöne Seereisen machen. Aber von einer anderen Seite durchleuchtet, hat diese Zeit in der Fremde auch viele Nachteile. Über vier Jahre liegen noch vor mir - ein langer Zeitraum. Doch wie kurz wird er sein, wenn er hinter mir liegt. Gern möchte dann wohl ein Mensch das Rad der Zeit zurückdrehen. Es geht aber unerbittlich in die Richtung weiter, die noch vor einem liegt.

26. März 1948

Der »Raubfisch Nantes« ist heute nun doch gesättigt worden. Die Ladeluken haben sich geschlossen, und die Ladebäume sind wieder eingeschwenkt worden. Mit steigender Unruhe warteten wir alle auf den Augenblick der Abreise. Um 18.00 Uhr werden die Anker gelichtet. Mit eigener Kraft verlässt das Schiff nach beendetem Ablegemanöver den Hafen von Bône. Grüßend ertönen die Dampfpfeifen von den hierbleibenden Schiffen, uns eine gute Fahrt wünschend. Die »Nantes« nimmt Kurs auf Port Said.

In der offenen See ist Windstärke 4 bis 5 aufgekommen. Das Schiff beginnt etwas zu »rollen«, und nach einer Stunde bringen die ersten Seekranken für Neptun ihr Meeresopfer von der Reling dar.

Unserem Adjutanten der Kompanie, der sich in Bel-Abbes besonders »beliebt« gemacht hat, wäre bald ein kleines Unglück zugestoßen. Zwei Legionäre, die der Adjutant besonders »liebevoll« behandelt hatte, machten den Versuch, diesen Menschen über Bord fallen zu lassen. Herbeieilende Unteroffiziere konnten diese Missetat vereiteln. Den Tätern wurde eine reichliche Tracht Prügel mit einem Tauende verabreicht. Als ich des Abends endlich in der Koje lag, wiegte mich das Schaukeln des Schiffes in den Schlaf.

Am 27. März erhielten Werner und ich gegen 7.00 Uhr den Befehl, um 7.30 Uhr am Achterdeck anzutreten. Wir kramten sofort in unseren Sündenregistern nach und stellten jedoch nichts Negatives bei uns fest. Bald erfuhren wir, dass ca. 10 Legionäre, darunter auch wir, während der Reise auf dem Schiff arbeiten sollten. Wir beide kamen auf eigenen Wunsch in die Maschine. Die anderen mussten an Deck oder in der Kombüse arbeiten. Mittags begann bereits unser beider Arbeit, die uns Abwechslung brachte und Freude machte. Das

Maschinenhaus mit seinen blitzenden Turbinen, Dieselmaschinen, Dampfrohren und Kesseln machte auf uns einen imposanten Eindruck. Hier schlug wahrhaftig der Puls eines modernen Schiffes. In der »tiefsten Tiefe« bekamen wir beide die erste Arbeit. Ein Filterkessel musste von uns gereinigt und repariert werden. Wir schufteten wie die »Kümmeltürken«, bekanntlich kehren ja auch neue Besen immer gut. Wir beide konnten in dieser Tätigkeit unsere seemännischen Kenntnisse gut zur Geltung bringen. Werner war ja während des Krieges bei der Marine, ich schaffte es nur bis zur Marine-HJ. Als wir um 17.00 Uhr Feierabend machten, konnten wir stolz und schwitzend auf eine ganz nette Arbeitsleistung blicken. Die Maschinisten und andere vom Bordpersonal, welche uns bei Arbeitsantritt erst einmal etwas misstrauisch von der Seite anschauten, hatten nun freundlichere Blicke zu verteilen. Sie boten uns Zigaretten an, und bald hatten wir mit ihnen einen freundschaftlichen Umgang.

Das Abendessen hat uns nach getaner Arbeit mehr gemundet als sonst. Wir bekamen von diesem Tag an auch doppelte Verpflegung. Die Zeit an Bord ist mit unserer Arbeit schnell vergangen, und unsere Angst vor Langeweile schmolz dahin.

Ostern 1948, 28. März 1948

Der erste Osterfeiertag fand bei stürmischem Seegang seinen Einzug. Wir haben kräftige Grundseen. Es ist das dritte Osterfest, das ich weit weg von meiner Vaterstadt Berlin verbringen muss. Wie hatte ich mich doch früher als Kind immer auf die Osterfeiertage gefreut! Doch heute? Ein Tag wie jeder andere.

Frühmorgens bei unserer Arbeit unter Deck platzte ein Überdruckrohr im Maschinenraum. Ich bekam es richtig mit der Angst zu tun. Im ganzen Maschinenhaus war alles voller Dampf. Ich rechnete im Stillen schon mit dem Schlimmsten, aber, Gott sei Dank, ist alles glimpflich abgelaufen. Seitdem bin ich aber unten bei der Arbeit misstrauisch geworden. Beim geringsten Geräusch, das nicht am Platz war, denn mit der Zeit bekommt man ein Gefühl dafür, war ich sprungbereit wie ein Tiger auf der Jagd, denn so einem Libertykahn ist ja möglicherweise alles zuzutrauen, und ein Absaufen, tief unten im Maschinenraum, gehört auch nicht gerade zu den angenehmsten Erlebnissen. Heute Nacht haben wir Malta passiert. Schade, dass ich nicht munter war, aber nachts soll der Mensch ja schlafen.

Auch der zweite Osterfeiertag, am 29. März, verlief ausgefüllt mit Arbeiten und ab und zu mal eine kleine Pause bei den Mahlzeiten. Besonders erwähnenswert, so lese ich es aus meinen alten Tagebuchaufzeichnungen, war, dass man uns an diesem Tag die ersten 1000 Francs von den uns zustehenden 4000 Francs ausgezahlt hatte. Jedoch all zu viel konnten wir an Bord damit nicht anfangen, da das Foyer ganz miserabel ausgestattet ist.

Das Wetter blieb unfreundlich, und die endlose Weite des Meeres wirkte auf uns zum Teil schon langweilig und damit ermüdend. Jedes Schiff, das uns begegnete, war eine angenehme Abwechslung in diesem eintönigen Einerlei.

Morgen werden wir nun den Hafen in Port Said anlaufen, die erste nicht französische Haltestelle im Wasser. Wie wir hören, befürchten höhere Dienstgrade von uns, dass hier das Desertieren von Legionären beginnen wird. Ich habe mit mehreren Kameraden gesprochen, die ihre Fluchtabsicht äußerten – bei der ersten besten Gelegenheit gehen wir stiften. Aber wie viele von ihnen, dachte ich, werden dazu den Mut aufbringen? Außerdem war ich der Ansicht, dass wir einen Vertrag unterschrieben haben, den jede Seite einhalten sollte. Abgesehen vom Vertraglichen, erschien es mir damals auch als Blödsinn, denn die eventuellen Deserteure sitzen irgendwo in der Weltgeschichte ohne Halt, Schutz oder Sprachkenntnisse. Auf gut deutsch dachte ich da noch: »Habe ich mir eine Suppe eingebrockt, werde ich sie auch wieder auslöffeln müssen.« Obwohl mir auf Grund meiner Minderjährigkeit vielleicht rechtlich Wege offen standen, um Deutschland vor Ablauf meiner Dienstverpflichtung wiederzusehen. Eine frühzeitige Rückkehr mit meinem Willen kam mir damals jedoch auch noch als ein Stück Feigheit vor.

Heute erhielten wir von unserer Prämie ein englisches Pfund zwecks Einkäufe im Hafen von Port Said. Das Wetter war noch immer diesig und unfreundlich. Die Zahl der Seekranken nahm zu. Mit 13,5 Seemeilen je Stunde arbeitet sich unser Schiff durch das aufgewühlte Mittelmeer.

Am 31. März 1948 hatte ich arbeitsfrei. Ich habe mich in ein Rettungsboot gelegt und nur einen winzigen Spalt der Schutzplane offen gelassen, denn es regnet, nein, es gießt in Strömen. Tiefe Wolken jagen über dem vom Sturm aufgepeitschten Meer. Es schien mir fast so, als wenn Wasser und Wolken zusammenstoßen würden. Das Schiff schlingert wie toll. Gegen 15.00 Uhr lässt das Unwetter nach, Land kommt in Sicht. Gegen 16.00 Uhr taucht der Hafen von Port Said hinter diesigem Himmel auf. Zehn Minuten später sichten wir das Lotsenschiff. Nur schwer gelingt es ihm, den Kutter mit dem Lotsen auszusetzen, denn die See war immer noch unruhig. Endlich klappte es. Der Kutter ging längsseits der »Nantes«, und dem Lotsen gelang es, das an Steuerbord hängende Fallreep zu erreichen und somit an Bord zu gelangen. Der Maschinentelegraf ging auf »halbe Fahrt«. Das Maschinengeräusch nimmt ab. »Ruder hart Backbord« geht es in das Hafengebiet von Port Said.

Ein sehr langer Molenvorsprung erstreckt sich bis in das Meer. An Backbordseite auf der Mole erhebt sich ein imposantes Denkmal. An Steuerbordseite liegen mehrere versenkte Schiffswracks, Zeugen des letzten Krieges. Das Hafenbecken ist erreicht worden. Mitten in der Fahrrinne fällt der Anker der »Nantes«. Als hätten sämtliche Händler nur auf uns gewartet, so sind mit einem Schlag viele kleine Boote an der Seite des Schiffes. Die ägyptische Wasserpolizei muss den »Verkehr« regeln. Aus den kleinen Booten werden uns von den Händlern Artikel feilgeboten, die uns auf dem alten Kontinent vor Neid erblassen lassen.

Es macht mir Spaß, das nun einsetzende Handeln und Feilschen zu betrachten. Sind sich Händler und Legionäre über den Kaufpreis angebotener Artikel einig geworden, werden Leinen an Bord geworfen, an denen Körbe befestigt sind, in die der gekaufte Gegenstand hineingepackt wird. Bald schaut es an Deck aus wie in einer Räuberhöhle, Bananen- und Apfelsinenschalen, Fruchtkerne, leere Kisten und Kästchen und vieles andere mehr.

Sogar einige Goldschmuggler wagten es, sich unter die Hafenarbeiter zu mischen, welche an Deck das Verladen und Übernehmen von Frischwasser zu besorgen hatten. Die Schmuggler verlangten jedoch derartig unverschämte Preise, dass sie bald »leise weinend« das Schiff verließen.

Bis zur einbrechenden Dunkelheit war der Handelsbetrieb in Gang. Leuchtreklame in englischer Schrift flammte im Stadtgebiet auf. Schmeichelnde Tangomusik erreichte unsere Ohren. Die Übernahme von Öl, Frischwasser und Lebensmitteln ist beendet. Es kann weiter gehen.

Gegen 22.00 Uhr müssen alle Legionäre unter Deck. Wir sind aufgebracht über diese Maßnahme, können sie jedoch nicht verändern. Gegen 23.00 Uhr rasselten die Ankerketten. Die Kolben in der Maschine fangen wieder an zu arbeiten. Mit kleinen Schiffsschraubendrehungen setzt sich unser Schiff vom Ankerplatz ab.

Bald liegt Port Said hinter uns. Mit kleiner Fahrt geht es nun durch den Suezkanal.

1. April 1948

»April, April, macht jeder, was er will.« Das war wohl auch der Grund, weshalb man uns während der Fahrt durch den Suezkanal eingesperrt lassen wollte. Wir erfuhren, dass in Port Said ein Caporal und ein Legionär heimlich das Schiff verlassen haben. Das waren die ersten zwei Deserteure auf dieser Fahrt. Die Unteroffiziere halten an Deck die »Ehrenwache« für uns. Wir sind alle empört über die Behandlung, die wir hier erfahren. Ungezügelte und wilde Worte werden gegen die Offiziere gerichtet. Der Obermaschinist macht es möglich, dass ich für eine kurze Zeit an Deck kommen kann. Das wäre ja wohl auch gelacht! Wir haben die Chance, durch den weltbekannten Suezkanal zu fahren und sollten ihn nicht einmal zu sehen bekommen.

In einer Ausweichstelle des Kanals muss unser Schiff für einige Zeit Anker werfen, um uns entgegenkommenden Schiffen ausreichend Platz zu machen. Im Kanal ist nämlich nur ein »Einbahnstraßenverkehr« möglich. – Es herrscht eine infernalische Hitze von 47 Grad. Meine Kameraden in den Laderäumen schwitzen Blut und Wasser. Ab und zu dürfen einige an Deck, um frische Luft zu schnappen. Irgendwann geht die Fahrt weiter. Jetzt erst wird mir die einmalige Leistung des Kanalerbauers Ferdinand von Lesseps richtiggehend vor Augen geführt. Durch Literatur kenne ich die Geschichte dieses gigantischen Bauwerkes. Aber wer von uns hätte wohl früher einmal daran gedacht, es mit eigenen Augen anschauen zu dürfen? Im Geiste ziehe ich den Hut vor dem Erbauer und seinen vielen Helfern, der trotz Widerständen jeglicher Art, sei es von der Regierung, seiner Nichte oder dem mangelhaften Nachschub von Kapital, sei es trotz Naturkatastrophen, in denen viele Zwangsarbeiter des Baus in den

Sanddünen vergraben wurden, er und seine Helfer schafften ihr Werk. Doch Lesseps hat seine Energie am Suezkanal gelassen, denn die Beendigung des von ihm begonnenen Panamakanals konnte er nicht mehr erleben.

An Steuerbordseite sahen wir deutsche Kriegsgefangenenlager. Dort sind immer noch, trotz Genfer Abmachungen, deutsche Gefangene, die Frondienste leisten müssen.

»Ich darf ja nicht rufen, Kameraden. Auch ich trage die Fesseln eines Gefangenen, jedoch sind sie mir stark vergoldet.« In diesen Momenten wird es mir erst so richtig bewusst, dass ich hier freiwillig bin, aus welchen Gründen auch immer. – Still gehe ich unter Deck. Steuerbord liegt das Land Ägypten und Backbord das Land Arabien.

2. – 5. April 1948

Vor 14 Tagen begann unsere Reise. Wie schnell ist die Zeit doch bis heute vergangen. Seit der Abfahrt aus Port Said hatten wir immer schönes Wetter. Langsam habe ich mich auch an die Durchschnittshitze von 43 Grad gewöhnt. Das ist aber noch gar nichts gegen die Temperatur im Maschinenhaus, über 60 Grad Hitze! Sämtliche Metallteile kann ich nur noch mit Handschutz anfassen. Meine Arbeitskleidung besteht nur noch aus Turnhose, leichten Schuhen und einem Schweißtuch. Jede Stunde muss ich an Oberdeck, um mich etwas abzukühlen. Meinem Freud Werner macht die Hitze unten im Maschinenraum größere Beschwerden, als ich sie habe. Größere und stark gebaute Menschen haben in diesem Tropenklima überhaupt mehr zu leiden, als eine körperlich durchschnittliche Natur.

Appetit habe ich seit einigen Tagen überhaupt nicht mehr. Ein Stück Brot, etwas Dessert und viel, viel zu trinken ist jetzt mein Tagesquantum geworden.

Hier im Roten Meer habe ich von Bord aus große Fische erblickt. Ich weiß nicht, ob es Haifische sind. Oft schwimmen auch Delfine in so geringem Abstand vor unserem Schiff, dass ich denke, jetzt werden sie geteilt. Fachleute unter uns sagen: »Wenn Delfine da sind, sind Haifische weit.« Ob das stimmt, wusste ich damals eigentlich noch gar nicht. Dann heißt es weiter, dass Lebewesen, die in die Nähe der fleischfressenden Haie kommen, unbarmherzig in die Tiefe gezogen werden. Dort soll der Raubfisch so lange mit seiner Beute warten, bis sie ermattet ist. Erst dann beginnt er sein grausiges Mahl. Aber auch diese Feststellung schreibe ich, ohne zu wissen, ob sie objektiv richtig ist.

Die Delphine tummeln sich spielerisch vor unserem großen Schiff. Anscheinend bereitet es ihnen große Freude, wenn sie sicher und mit der Kraft und Schnelligkeit eines Torpedos ganz dicht, ungefähr 20 Zentimeter vor dem Bug, dahinschießen können. Lange Zeit haben wir sie so beim Wettrennen mit der »Nantes« gesehen.

Heute sah ich im Meer einige Krater, die noch arbeiten. Es sind die ersten, die ich jemals erblickte.

Gegen Abend begegneten wir auf hoher See dem Luxusschnelldampfer »Pasteur«. Wie eine kleine stolze Stadt zog er, blendend erleuchtet, an uns vorbei. Kurz ertönte unsere Dampfpfeife: »Gute Fahrt!«. Solange die »Pasteur« noch in Sicht war, hatte sie mit uns Funk- oder Morseverkehr. In diesen Momenten fragte ich mich, ob ich mit den Reichen auf diesem Luxusschiff tauschen würde. Einerseits ja, um auch diese Welt kennenzulernen, andererseits weiß ich nicht, wie viele Millionen von Menschen schuften müssen, um den Reichen dieser Welt immer ein angenehmes Leben zu bieten. Die haben das Geld, an dem möglicherweise Schweiß und Elend vieler anderer Menschen hängt. Andererseits kann ich nicht beurteilen, ob eine neidvolle Betrachtung ärmerer Menschen sie immer in den Stand versetzt, objektive Urteile über die Reichen fällen zu können.

Der Himmel der Tropennacht erstrahlt jetzt im Glanz seiner Sterne und Planeten, von denen Mutter Erde vielleicht der kleinste ist. »Wie wird es dort droben sein?«, so frage ich mich immer wieder. »Gibt es dort auch menschliche Lebewesen und die gleiche Ungerechtigkeit, dieselbe faule Schale, die mit der Zeit das wenige Gute in sich hineinfrisst?« Doch die Sterne geben mir keine Antwort. Und so will ich eben glauben, dass dort droben nach Ablauf seiner Lebensuhr der Mensch die ersehnte Ruhe und das wahre Glück finden kann.

6. April 1948

Ich erfahre, dass wir heute gegen Mittag den französischen Hafen Djibouti am Roten Meer anlaufen werden. Mit Ausgang brauchen wir nicht zu rechnen.

Um 10.25 Uhr wird im Küstengewässer von Djibouti Stopp gemacht. Der Lotse wird erwartet. Gegen 11.00 Uhr geht der Lotsenkutter längsseits, der Lotse geht an Bord. Schon um 11.30 Uhr haben wir den Hafen erreicht. Am äußeren Ende der Pier wird an der Shell-Übernahmestelle festgemacht. Schwarze Hafenarbeiter gehen an Bord. Es sind kleine und zierliche Eingeborene mit rabenschwarzem, krausem Haar. Ich war sehr erstaunt, als einer von ihnen mich fragte, wie der Prozess in Nürnberg gegen die deutschen Generäle und Politiker wahrheitsgemäß verlaufen ist. Sogar bis hierher nach Französisch-Somalia ist die Kunde vom Dritten Reich gedrungen.

Einige Schwarze verschaffen sich einen kleinen Nebenverdienst, indem sie nach von uns geworfenen Franc-Stücken tauchen. Haben sie es auf dem Hafengrund gefunden, zeigen sie es uns, stolz grinsend, nach oben.

Es ist 18.00 Uhr geworden, und die Ölübernahme ist beendet. Zehn Minuten später werden dann die Trossen aus diesem letzten französischen Hafen auf unserer Reise eingezogen. Das Ruder hart steuerbord, so nimmt die »Nantes« jetzt Kurs auf den Indischen Ozean.

7. – 21. April 1948

Die ungeheure Weite des Indischen Ozeans hat uns aufgenommen. So weit meine Augen blicken können, sehen sie Wasser, Wasser und nochmals Wasser. Still und trage ruht das Meer, wie ein ungeheures Raubtier, was Kraft sammelt zum nächsten Vernichtungsgang. Die Sonne sendet ihre jetzt unerträglich werdenden, sengenden Strahlen auf die Wasserfläche. Je mehr wir nach Osten kommen, desto heißer wird es. Täglich wird die Uhr um eine halbe Stunde vorgestellt.

Seit einigen Tagen folgen uns im Abstand von einigen hundert Metern Haifischschwärme. Ihre Flossen peitschen drohend das Wasser. Ich hörte, dass hier im Indischen Ozean ein großer Teil dieser Raubfische seine Heimat hat.

Am 14. April wird wieder einmal Land sichtbar. Es tut meinen Augen gut, endlich wieder einen festen Punkt im Meer zu finden, an dem sich meine Blicke festsaugen können.

Das Land entpuppt sich mit der Zeit als eine große Inselgruppe. Da unser Schiff direkt dazwischen durchfährt, mache ich mir den Zeitvertreib, die Inseln und Inselchen zu zählen. Bis 32 bin ich gekommen. Leider habe ich den Namen dieser Inselgruppe vergessen, und ein Atlas stand mir nicht zur Verfügung.

Überall dort, wo ich hin schaute, bot sich meinen Augen eine märchenhafte Vegetation. Es fehlten nur noch die Hawaii-Mädchen mit ihren berühmten Tänzen, dann hätte ich mich wie auf einer Insel meiner Fantasie in der Südsee gefühlt. Es ist zu bedauern, dass es nicht jedem Menschen vergönnt ist, alle Schönheiten auf unserer Welt anzuschauen. Sie werden geboren, aus Kindern werden Leute, um dann oft in der Maschine der täglichen Arbeit den Kampf ums Dasein zu führen. Sie heiraten, zeugen Nachwuchs, dem vielleicht dasselbe Los bevorsteht und wähnen sich dabei glücklich. Aber, wie arm gehen sie dann irgendwann wieder aus dieser Welt?

Am 17. April sehen wir auf Steuerbordseite eine in englischem Besitz befindliche Inselgruppe. Einige Gutsituierte von uns konnten mit ihren Fotoapparaten bestimmt schöne Bilder aufnehmen.

Am 19. April passierte die »Nantes« die damalige holländische Kolonie Sumatra. Viele, viele Bohrtürme erstreckten sich dort bis in den Indischen Ozean. Es geht heiß her, schrieb ich damals in mein Tagebuch, denn die dort lebenden Menschen wollten die Fesseln der Kolonialherren abschütteln.

Das Wasser hat hier in der Nähe der Küste eine schmutzige lehmige Farbe angenommen. Am Abend sind Werner und ich bei der Mannschaft der Maschine eingeladen. Es ging heiß her. Die Matrosen wollten unbedingt einige deutsche Lieder hören. Zu Beginn der »Feierstunde« sangen wir ihr Lieblingslied »Lilli Marlen«. Reichliche Mengen von Alkohol sorgten für die nötige Stimmung. Bald hatte ich einen anständigen Rausch weg. Wir zechten bis in die späte Nacht. Einige Araber zeigten uns ihre Volkstänze mit Schwung und Elan. Sie waren so richtig in Extase. Unser Beifall belohnte ihre Leistung.

Um 3.00 Uhr in der Frühe konnte ich mich endlich, schwer berauscht, in meine Koje hauen. Sobald ich die Augen schloss, wähnte ich mich in einem Karussell.

Heute, am 21. April, werden wir in den englischen Hafen Singapur einlaufen. Es ist der letzte Hafen vor Saigon. Das Ende dieser großen Seereise wirft seine Schatten voraus.

Gestern, am 20. April, brach eine halbe Meuterei an Bord aus. Wir wurden unter Deck eingesperrt. Aber auch dort ging die »Kundgebung« weiter. Unter Absingen nationalsozialistischer Kampflieder wurde der Führergeburtstag gefeiert. Ein Offizier und ein Unteroffizier wurden von der Menge der Feiernden verprügelt. Drei Legionäre sind bei der letzten Inselgruppe ins Meer gesprungen. Die Mannschaft der ausgesetzten Rettungsbote fand nur noch einen Rettungsring.

Für Singapur wurde noch Schlimmeres befürchtet. Um 8. 00 Uhr früh fallen die Anker. Überall an Bord und an der Kaimauer sind Wachen aufgestellt, die mit Maschinenpistolen bewaffnet sind. Viele chinesische Händler enterten, trotz Verbotes, an Bord und boten verschiedenartige Artikel an. Zum Preis von 600 Francs kaufte ich mir mein erstes Paar Schuhe mit dicken Kreppsohlen.

Überall an Deck streichen Legionäre herum, mit angespanntem und erregtem Gesicht. Ab und zu blieben sie an der Reling stehen und peilten an Land. Ich merkte nun, dass sich tatsächlich etwas vorbereitete.

Bei der Shell-Übernahmestelle arbeiteten viele japanische ehemalige Kriegsgefangene, die jetzt als Zivilarbeiter hier weiter blieben. Um 15.30 Uhr hatten wir Öl, Frischwasser und Lebensmittel übernommen. Punkt 16.00 Uhr lichtete die »Nantes« die Anker. Die Japaner an Land winkten uns zu. Ich stand am Achterdeck und schaute dem Ablegemanöver zu. Als wir ungefähr vier- bis fünfhundert Meter von Land entfernt waren, ereignete sich der erste ernste Zwischenfall. Ein österreichischer Legionär der Wache riss sich sein Capi vom Kopf, schlug einem neben ihm stehenden Leutnant auf die Schulter, rief: »Adieu!« und sprang in voller Kleidung über Bord. Das war so schnell geschehen, dass ihn niemand an der Flucht hindern konnte. Im Nu standen die Legionäre dicht gedrängt an der Reling, unter ihnen die Schiffsmannschaft und Offiziere. Der Abgesprungene versuchte mit der Kraft der Verzweiflung aus dem Schraubensog des Schiffes zu kommen. Immer näher wurde sein Körper von ihr angezogen. Wir hielten den Atem an. Wird er es noch schaffen? Als er schon ziemlich dicht an der Schraube war, kam von der Kommandobrücke der Befehl »Maschine stopp!« Wie von der Feder geschnellt, gewann der flüchtige Legionär Raum. Mit gewaltigen Kraulstößen schwamm er dem Land zu. Dort rannte alles aufgeregt hin und her. Die Erregung an Bord war groß. Boote durften nicht ausgesetzt werden, um den Ausreißer zurückzuholen. Der Bataillonskommandeur holte alle Legionäre vom Achterdeck zusammen. Dies waren also die Wache, das Arbeitspersonal und Teile der Schiffsbesatzung. Ehe er richtig loslegen konnte, ertönte vom Vorderdeck ein vielstimmiges Freudengebrüll. Wir stürzten an die Reling. Nachdem alle gesehen hatten, dass man beim ersten Deserteur keine Anstalten machte, diesen aufzuhalten, bekamen auch andere, die Fluchtabsichten im Schilde führten, den nötigen Mut.

Der erste Deserteur hatte bereits glücklich das Land erreicht. In der ersten Verwirrung sprangen die Nächsten über Bord in das Wasser. In voller Uniform, teilweise sogar mit schwerem Schuhwerk, begannen die Flüchtigen, an Land zu schwimmen.

Bei den Offizieren gingen die Wellen der Wut haushoch. Die Matrosen der »Nantes« jedoch lachten sich ins Fäustchen. Wir hatten mitbekommen, dass sie fast ausschließlich kommunistischer Gesinnung waren. Jetzt ging der »Rummel« aber erst so richtig los. Steuerbord und backbord sprangen kleine Gruppen von Legionären in den Ozean. Kameraden, die eben noch neben uns standen, kämpften nun im nassen Element um ihr Leben. Zahlreiche Strudel, gefährliche Fische und das Schraubenwasser mussten von ihnen überwunden werden, aber fast alle winkten uns aus dem Wasser zu. Sie glaubten wohl, in freudiger Erregung, an Land die heiß ersehnte Freiheit zu finden. Hoffentlich werden sie nicht auf das Bitterste enttäuscht. Das rettende Land war ungefähr 1000 bis 1500 Meter entfernt.

In Abweichung von meinen eigenen Tagebuchnotizen, will ich heute meiner Chronistenpflicht genüge tun und bekennen, dass Werner und ich auch vorhatten, zu springen. Der Dicke, wie wir ihn auch nannten, bekam, ich schreibe heute, Gott sei Dank, weiche Knie, und ich hatte damals die plausible Ausrede für mich: »Wenn er nicht springt, bleibe ich auch hier.« Bei dieser Gelegenheit und mit jahrzehntelanger Distanz bin ich seit langem der Auffassung, wer einen Vertrag unterschrieben hat, sollte ihn auch erfüllen. Das gilt natürlich für beide Seiten. Deserteure der Legion mussten über viele Jahre damit rechnen, von der französischen Justiz gesucht und, wenn sie ausfindig gemacht wurden, auch bestraft wurden. In den 50er Jahren machte ein Schicksal in Deutschland Aufsehen, dass ein Berliner Legionsdeserteur von der britischen Besatzungsmacht festgenommen, an die französische Militärregierung ausgeliefert und später vor einem Kriegsgericht in Oran zum Tode verurteilt wurde. Erst durch die Intervention des damaligen Bundeskanzlers Konrad Adenauer, konnte das Schlimmste verhindert werden.

Ich schreibe das auch vor dem Hintergrund damaliger beklatschter Desertationen von Legionären, die über Rot-China in die seinerzeitige Deutsche Demokratische Republik entlassen wurden. Dieser politische Teil Deutschlands veranstaltete mit den Deserteuren natürlich einen großen Propagandarummel. Aber auch das ist alles schon Geschichte.

Zwei Kameraden tauchten nicht mehr aus dem Wasser auf. Ihr junges Leben hat hier ein Ende gefunden. Sie liegen nun in den Fluten des Indischen Ozeans. »Gott gebe ihnen die ewige Ruh.«

22. – 24. April 1948

Heute, vor Sonnenaufgang, haben wir die Indochinesische Flussmündung erreicht. Unser Schiff muss nun das Chinesische Meer verlassen, um in Richtung Saigon fahren zu können. Jetzt wartet alles auf den Lotsen, der aber noch lange auf sich warten lässt. Außerdem liegt ein Schiff vor uns, was wohl die »Vorfahrt« hat. Steuerbord und backbord von dem Ankerplatz des Schiffes erstreckt sich Flachland, von Bergen umgeben. Die grüne Farbe der Vegetation sieht anders aus, als wir es von Europa gewöhnt sind. Das Grün auf den Bergen wirkt dunkel und so etwas wie unheimlich. Dichte dunkelgrüne Wälder können wir erkennen. Als die Sonne aufging, nahmen wir an, dass sie gleich hinter den Bergen stand. Ein schöner Anblick. Wie geblendet, musste ich kurz die Augen schließen. Die Flachlandflächen vor den Bergen waren meist Reisfelder, die tief unter Wasser standen. Von Bord aus konnten wir erkennen, dass die Menschen hier in vielen Pfahlbauten lebten.

Geheimnisvoll aussehende chinesische Frachtsegelboote glitten lautlos an der »Nantes« vorbei. Soweit wir die Gesichter der Chinesen von Bord aus erkennen konnten, war in ihnen ein stetes Lächeln zu sehen. War es meine Fantasie oder wirklich so, dass sie uns auf dem Schiff keinen Blick schenkten? An Bord der »Nantes« wehte die Trikolore. Vielleicht war sie der Grund, dass uns die Eingeborenen nicht richtig zur Kenntnis nehmen wollten.

Bei aller Romantik dieser Landschaft soll nicht verschwiegen werden, dass hier viele Schiffswracks zu erkennen sind, deren Masten wie anklagend gen Himmel zeigen.

Als der Lotse mit einer hübschen jungen Frau, die erste, welche ich nach dieser langen Schiffsreise sah, an Bord kam, wurde der Anker gelichtet, und die Fahrt ging weiter. Natürlich nur mit geringer Geschwindigkeit. Das Wasser hat ein schmutziges Gelbbraun angenommen. So ungefähr habe ich mir in meiner Fantasie immer den Nil vorgestellt. Die Schiffsschraube wühlte, trotz der kleinen Umdrehungen, den Grund auf. Bei jeder, oftmals schmalen Flussbiegung, ließ der Lotse warnend die Dampfpfeife ertönen. Er bediente ja selbst das Ruder. Er war also ein Könner seines Fachs.

Die Uferlandschaften wechselten beständig ihr Bild. Mal Urwald, mal Flachland. Schöne, mir unbekannte Blütenbäume grüßten zu uns an Bord herüber. Ein kleiner Flussdampfer kommt uns entgegen. Grüßend dippt er vor seinem großen Kollegen die Nationalflagge.

Grüßend schwenken die Passagiere ihre Tropenhelme. Wir haben den Eindruck an Bord, dass die Legionäre hier besser geachtet werden als in Afrika oder Europa. Hier sind wir der Schutz und Nachschub der weißen Rasse im Extrême-Orient. Ganze Seglerflottillen überholen wir. Die Eingeborenen hocken teilweise auf ihren kleinen Schiffen. Zwei Segelboote hätten wir fast gerammt. Nach fünfeinhalb Stunden taucht der Hafen von Saigon auf. Alle Dampfer grüßen unser Schiff mit Sirenen und Flaggen. Viele Nationen sind hier im Hafen vertreten. Wir erkennen den Liegeplatz unseres Schiffes. Die Legionskapelle ist dort bereits aufmarschiert. Als die Anker fallen, setzt sie mit schneidigen Willkommensmärschen ein.

Unsere 32 Tage dauernde Seereise ist beendet. Die Landungsbrücke wird ausgefahren. Minuten später setze ich meine Füße auf den Erdteil Asien. Indochina mit seiner ersten Hafenstadt Saigon ist erreicht. Wir Ankömmlinge besteigen Lastkraftwagen und brausen ab. Wohin?

24. April 1948

Auch dieser Teil meiner Tagebuchnotizen ist meiner lieben Mutter herzlichst gewidmet. So steht es nachzulesen, und so soll es auch hier festgehalten werden, obwohl meine Mutter schon viele Jahre nicht mehr lebt. In der Zeit meiner Abwesenheit von Berlin, war mir das Bild meiner Mutter oft vor Augen. Leider starb sie zu früh in Lüdenscheid im Sauerland. Nach Absprache mit meinem Vater, unterbrachen wir ihre Totenruhe und ließen die Leiche nach Berlin überführen, auf den Friedhof in der Bergstraße in Steglitz. Auch dort ist die vorgesehene Ruhezeit von 20 Jahren schon längst beendet. Ihr Grab existiert nicht mehr. Aber in meinem Kopf und in meinem Herzen wird sie so lange vorhanden sein, wie ich lebe.

Am 1. Mai 1948 sitze ich auf Posten am Stadtrand von Saigon und möchte Rückschau auf den 24. April halten, den Tag meiner Ankunft in Indochina …

Nach dem Ausschiffen von Bord der »Nantes« besteigen 83 Legionäre drei Lastkraftwagen, die uns in schneller Fahrt vom Hafen an ein noch unbekanntes Ziel bringen werden. Der Fahrtwind bringt uns LKW-»Passagiere« eine angenehme Kühlung. Es ist sehr heiß hier. Aus der Mitte des LKW, auf dessen Ladefläche ich stehe, schaue ich in das Verkehrsgetümmel dieser großen indochinesischen Hafenstadt. Was mir als Europäer sofort auffällt, ist die hier einheimische Bevölkerung der Annamiten, Menschen von kleinem zierlichem Wuchs, mit manchmal undurchdringlichen Gesichtsausdrücken. Die Frauen und Mädchen haben einen Gang, der für mich komisch ausschaut und über den ich manchmal lachen muss. Sie sind zierlich, und ihren Busen kann man nur ahnen.

Die Geschäftsfassaden sind entweder mit annamitischen oder chinesischen Schriftzeichen versehen. Beides ist mir natürlich völlig unverständlich.

Mittlerweile haben wir das Stadtzentrum Saigons verlassen und fahren mit unseren LKW anscheinend den Stadtvororten zu. Die Sonne knallt unbarmherzig vom glasklaren Himmel. Unsere Gesichter sind schweißig und verstaubt. Ich habe im Moment überhaupt keine Lust, noch irgendwelche weiteren Neuigkeiten aufzunehmen. So schaue ich nun mit sturem Blick, sehe nicht viel, spüre nur das Rütteln des schweren amerikanischen LKW in meinem geräderten Körper. Ich bin müde, saumüde. Wir biegen in eine verschlammte Seitengasse ein, und ich muss mich festhalten, um nicht außenbords zu gehen. Palmenzweige klatschen in mein Gesicht und hinterlassen ein Brennen und ein paar Schrammen. Dann ein Ruck, und der LKW steht. Dann nichts wie raus, aus dem Vehikel. Und nun stehe ich mit meinen Kameraden vor einem im luftigen Stil erbauten Haus. Rings um uns liegt eine Annamiten-Siedlung. Anscheinend alles armes

Volk hier. Ein Adjudant-Chef begrüßt uns gleich mit jovialem Händedruck und weist uns in diesem Flachbau unsere »Salonbetten« in einem unbenutzten Schlafsaal zu. Holzbetten mit schmutzigen Matratzen werden nun für die nächste Zeit mein zu Hause sein. Wir werden namentlich aufgerufen, schnappen unseren Seesack und betreten unser neues »zu Hause«. Nach einer halben Stunde haben wir Rassemblement – das heißt »Antreten«. Es wird dem Leutnant gemeldet. Ich traue meinen Augen nicht, denn es ist mein alter Zugführer aus Sidi-bel-Abbes. Auch er erkannte mich, und ich bin nun gewiss, dass ich in dieser Kompanie bleiben werde, denn er konnte mich schon in Sidi-bel-Abbes gut leiden und verstand nicht, dass ich an keinem Caporal-Lehrgang teilnehmen wollte. Ehrlich gesagt, verstehe ich mich heute, aus der Sicht späterer Jahrzehnte, in dieser Beziehung auch nicht mehr. Es wurde uns mitgeteilt, dass nur 25 Legionäre in dieser Einheit verbleiben und der Rest von uns in anderen Einheiten aufgeteilt wird.

Gegen 18.00 Uhr fuhren wir zum Essen. Es war gut zubereitet, nur schmeckte es mir zu scharf. Aber, so wurden wir aufgeklärt, das ist in den Tropen so angebracht. Als Dessert gab es Bananen. Wie lange musste ich auf diese, schon seltene Frucht, verzichten.

Um 20.00 Uhr spannte ich das Moskitonetz auf und legte mich hin. Aber trotz meiner großen Müdigkeit konnte ich stundenlang nicht einschlafen. Die Luft war sehr schwül. Ich glaubte, in ihr ersticken zu müssen. Jede Menge Ameisen störten mich. Die Tiere der Tropennächte machten sich nun auch bemerkbar. Ein Grillen und Zirpen, ein Quaken und Zischen hub an.

Das ist nun meine erste Tropennacht in Indochina, ca 20.000 Kilometer von der Heimat entfernt, aber nur 7 Kilometer bis zum Dschungel. Wann werde ich ihn kennenlernen mit all seinen Tücken und Gefahren, aber auch mit seiner wilden Schönheit? Langsam schlafe ich ein, und im Halbschlaf träume ich von dem Film »Es ruft der Dschungel«.

Es ist doch eine merkwürdige Organisation, diese Legion. Da sind wir nun in Afrika in einer Granatwerferkompanie ausgebildet worden, damit wir in Indochina in einer Kraftfahreinheit landen, und die meisten von uns haben nicht einmal einen Führerschein. Das solle verstehen, wer will, ich habe es nicht verstanden. Wir befinden uns also in einer Einheit mit dem Titel »40. CCB – T. F. E. O.«, das heißt: »40. Companie Camion Ben Troupe Francaise Extrême-Orient«. Wir müssen hier eine Fahrschule machen auf schweren Lastkraftwagen, zum Beispiel G.M.C.'s, Dodge, LKW-Kipper, Albions (Spezialfahrzeuge für den Transport von Flugzeugteilen) und große LKW von Ford.

Die ersten drei Wochen waren wir nun Fahrschüler in Theorie und Praxis. Ich bestand meine Prüfung und konnte somit in dieser Transporteinheit bleiben. Mein Freund Werner war mit von der Partie. Der kleine Vorort, in dem meine Kompanie mit Fuhrpark, Reparaturwerkstatt, Offiziers- und Unteroffizierscasino und Mannschaftsunterkünften lag, hatte den Namen Gia-Dinh.

Meine erste Patrouille

Am 26. April hieß es: »Freiwillige für eine Operation vortreten!« Obwohl Werner und ich noch nicht so genau wussten, was sich in dem Wort Patrouille verbarg, meldeten wir uns als Freiwillige. Fast alle Deutschen wollten mitmachen. Unsere kleine Operationseinheit bestand dann aus 45 Legionären. Englische und französische Schnellfeuergewehre mit je 50 Schuss Munition wurden an uns ausgegeben. Mir war, ehrlich gesagt, doch etwas komisch zu Mute. Wir wussten auch noch nicht genau, wann es losgeht. Zu Fünft kamen wir zu dem Entschluss: »Ehe wir in eine Schlacht ziehen, gehen wir vorher lieber erst einmal ins Bordell, um uns durch schöne Asiatinnen etwas zu

»stärken«. Dieses Etablissement unterschied sich nicht wesentlich von einem Araber-Bordell. Wir gingen mit viel »Erfahrung und Fachwissen« zum ersten Mal zu asiatischen Frauen. Bald fungierte dann der etwas ordinäre Spruch »Kein Arsch und kein Tittchen, sieht aus wie Schneewittchen«. Werners »Stundengeliebte« muss mit ihm ganz verzückt gewesen sein. Er konnte sich später weder vor ihr, noch vor anderen Frauen drücken. Meine Erfahrungen bzw. Erlebnisse mit käuflichen asiatischen Mädchen und Frauen sind nicht dramatisch.

Sie waren immer schon halb nackt und halfen dem »Delinquenten« beim Ausziehen. Mit etwas Unverfrorenheit wurde dann der Schwanz begutachtet. Und dann lag sie auch schon da, hatte ihre Beine breit und forderte in geschäftsmäßigem Ton: »Alléz-hopp!« zum käuflichen Beischlaf auf. Halb aus Spaß und halb aus Ernst sagten wir Neuen später: »Schöner kann's mit einem Schwulen auch nicht sein.« Ich kann über eine Frau oder ein Mädchen im Bordell zwar vieles sagen, aber aus Liebe machte es natürlich keine ... Und ehrlich gesagt, gefallen hat es mir auch nicht so. Ich kam mir vor wie beim Kaufmann. Geld gegen Ware.

Der im Bordell genossene Alkohol war mir dieses Mal ein guter Schlaftrank. Fest und traumlos schlief ich meiner ersten »Operation entgegen«.

»Die Männer für die Operation aufstehen!« Diese Laute drangen erst schleierhaft in mein schlaftrunkenes Gehirn. Ein fester Schlag auf meinen Hintern gab den nötigen Nachdruck. Ich war munter, schlug das Moskitonetz zurück und stand auf. Es war noch dunkel, 4.00 Uhr morgens. Ich steckte mir rasch eine Zigarette an und sog in vollen Zügen das Gift in meine Lunge. Erst dann fühlte ich mich etwas munterer. Rasch nahm ich ein Handtuch zur Hand und frottierte meinen Körper ab. Trotz dieser frühen Morgenstunde, war ich schon wieder wie in Schweiß gebadet. Diese Temperatur hier treibt einem das letzte Wasser aus den Poren. Trotzdem ich, wie alle anderen Legionäre, vollkommen nackend schlafe, natürlich mit einer Bauchbinde, bin ich in keinster Weise frisch. Eher, das mich das Ungeziefer am ganzen Körper peinigt. Waschen kann ich mich auch nicht, denn Wasser ist hier ein kostbarer Artikel und muss mit Vorsicht genossen werden. Eine lauwarme, widerliche Brühe, nach deren Genuss ich mich höchstens noch schmutziger oder durstiger fühle. Dieser Dreck ist einem aber auch nur drei Mal am Tag zur Verfügung gestellt, und dann auch nur auf kurze Zeit.

10 Minuten später besteigen wir die Kraftfahrzeuge, drei an der Zahl. Die Motoren sprangen an, und dann ging es los wie die wilde Jagd. Ich musste aufpassen, mir nicht den Hals zu brechen. Die LKW fuhren einige Minuten über die Hauptstraße, dann rutschten sie über eine Flussbrücke, und wir befanden uns im ersten »Chinesenkaff«. Langsam dämmerte der Morgen. Schon war der Horizont rötlich angehaucht. Einige Minuten später brach die Sonne auf, und ihre blitzenden hellen Strahlen durcheilten die Wolkengebilde mit rasender Schnelligkeit. Aus dem Himmel war auf einmal eine farbenprächtige Decke geworden. Es fehlten mir damals die Worte, um diesen Sonnenaufgang gebührend zu schildern.

Mittlerweile waren wir fast am Ziel angelangt. Uns begegnende Rikscha-Fahrer, kurz genannt Busbus oder sonstige sich auf alle mögliche Art und Weise ernährende Annamiten, warfen uns, je nach ihrer politischen Richtung oder anderer Auffassungsgabe, hündische, hasserfüllte, ängstliche, neugierige oder ausdruckslose Blicke nach. Dann waren wir am Ziel. Links und rechts erstreckten sich unter Wasser stehende Reisfelder. Ab und zu sahen wir kleine Chinesensiedlungen. Hinter den Feldern begannen dichte Palmenwälder. Mehr konnte ich momentan nicht erkennen. Eine etwas unheimliche Ruhe herrschte hier, und keine Menschenseele konnten wir von Bord aus erblicken. Die vier Gruppenführer erhielten ihre Instruktionen vom Leutnant. Ich benutzte diese Zeit, um mir meine »lang entbehrte« Zigarette anzustecken, meinen »Henrystutzen« zu spannen und betrachtete dann die Anamiten vom »Zweiten Büro«. Dieses Büro ist die von unseren Gegnern meist gefürchtete Zentrale beim französischen Militär.

In ihr laufen alle Fäden für die Bekämpfung der Rebellen zusammen. Sie besteht fast nur aus Anamiten, denen die Hauptaufgabe zufällt, die Schlupfwinkel der Aufständigen ausfindig zu machen und vereint mit der Legion und anderen hier stationierten Truppenteilen auszuheben. Diese Anamiten waren fast alle selbst einmal Partisanen, wurden gefangen genommen oder durch die hohe Entlohnung angelockt und da sie ja mit allen Schlichen ihrer Landsleute vertraut sind, ein nicht zu entbehrender Pluspunkt für die Bandenbekämpfung. Sie sind harte und zähe Burschen und sehr muskulös gebaut. Sie gehen kaltblütig über die Leichen ihrer Landsleute und sind bei jedem Einsatz die Ersten, die wagemutig bis zum Letzten kämpfen können. Sie können auch ihrem eigenen Tod ins Auge sehen, ohne mit den Wimpern zu zucken, denn oft genug kommt es vor, dass man sie hinterrücks niedermacht. Wir Legionäre stehen mit ihnen auf gutem Fuß, trotzdem sie fast alle aussehen wie die Gangster. Sie sind schwer bewaffnet mit Colts, einem großen Haumesser und Maschinenpistolen. Ihre Chefs sind ein französischer Offizier und ein anamitischer Unteroffizier.

Unsere Gruppenführer kommen zurück. »Alles fertig? Dann los!« Jeder Gruppe von uns wurden ein paar Anamiten zugeteilt. Aus verschiedenen Richtungen gingen wir auf unser Ziel zu. Bei meiner Gruppe befand sich der Offizier vom »Zweiten Büro«. Zu Beginn waren die Wege und Buschpfade hier noch ganz manierlich. Doch bald liefen wir auf schmalen schlammigen Wegen. Kurz vor uns erblickten wir ein paar Hütten. Wie die Katzen umzingelten die Anamiten ein Haus nach dem anderen. Auch wir hatten unsere Pistolen bzw. Maschinenpistolen schussbereit in der Hand. Dann ging es hinein in den Fuchsbau. Mir war, zugegebener Maßen, etwas ängstlich zu mute. Bis auf einige Frauen mit ihren Kindern waren keine Männer zu sehen. Die »Vöglein« sind ausgeflogen. Weiter geht es in ein etwas größeres

Anamitenhaus. Wir erblicken einen Mann, der nicht mehr zu den jüngsten zählt. Er hebt seine beiden Arme grüßend zu uns empor. Er schaut uns mit etwas ängstlichen und bittenden Blicken an. Hinter der Veranda im Haus sitzen oder hocken eng zusammen einige Frauen mit ihren Kindern. Eine Mutter stillt gerade ihr Kind.

Dann müssen wir hier auch das erfüllen, was unsere Pflicht genannt wird. Einer der Sergenten kommt auf den Einfall, die großen Tonbottiche, in denen sich Korn befindet, umstürzen zu lassen, um zu sehen, ob sich Waffen oder dergleichen darin befinden. Nach vollzogener Handlung, gefunden haben wir natürlich nichts besonderes, was ich mir gleich denken konnte, denn der alte Mann sah bei Leibe nicht wie ein Partisan aus, drehte ich um und sah gerade in das Gesicht dieses Mannes. Er stand da, die Hände gefaltet, seine Augen voller Tränen, und seine Mienen drückten Verzweiflung aus. Als ich ihn so stehen sah, gab es mir einen Stich in das Herz. Vielleicht hatte ich ihm ja gerade das letzte Brot in den Dreck geworfen, das er zur Ernährung seiner Familie dringend brauchte. Ich wagte es nicht mehr, den Kopf zu erheben und ging still zu meinen Kameraden zurück. An diesen Vorfall werde ich immer zurückdenken.

Unser Marsch ging weiter. Immer schlechter wurde der Pfad. Ich sank bei jedem Schritt bis an die Knöchel in den Schlamm. Dann überqueren wir ein Reisfeld. Immer beschwerlicher wurde unser Gehen. Ich hatte die größte Mühe, meine Füße immer aus dem verschlammten Boden herauszubringen. Das Feld lag nun hinter uns, und vor uns sahen wir einen großen dichten Palmenwald. Wir gingen hinein. Es herrschte fast Stille hier. Nur leise rauschte ein warmer Wind durch die Palmenkronen. Diese Bäume wachsen alle im Sumpfboden. Wehe dem, der den sicheren Pfad verließ und einen falschen Schritt auf diesen trügerischen Boden wagte – es würde sein letzter Schritt sein. Vor uns liegt eine kleine Flussabzweigung. Über eine schmale schwankende Planke kommen wir hinüber. Der Schweiß rann in Strömen an meinem Körper hinunter, die Haare klebten mir im Gesicht, Kakteenstauden rissen mir meine Füße blutig. Meine Wangen machten Bekanntschaft mit Palmenzweigen, die mir ins Gesicht schlugen. Mein ganzer Körper brannte wie Feuer. Das ist aber erst der »Vorort« des Dschungels ... Da – was ist das? Eine Salve aus Maschinenpistolen! Hat eine andere Gruppe von uns schon Feindberührung? Zehn Minuten später sollte ich Gewissheit darüber haben. Wir eilen der Richtung zu, aus der das Geknatter kam und trafen dann auf unsere Kameraden ... Folgendes war hier vorgefallen: Ein Boot, das sich auf der Flussmitte befand, hatte auf Zuruf nicht verhalten. Vom Ufer her war wohl zu sehen, dass einer der Bootsinsassen einen Munitionsgurt trug. Es wurde geschossen. Daraufhin kehrte das Boot um und fuhr gehorsam an das Ufer.

Es war besetzt mit drei Eingeborenen, welche dem Vernehmen nach mit den Partisanen in Verbindung standen. Zwei Ältere und ein junger Kerl, letzterer hatte die Schüsse in seinen Hals bekommen und lag nun in seinen letzten Zuckungen. Die zwei Älteren wurden gefangen genommen. Die Anamiten vom »Zweiten Büro« nahmen mit kundigen Griffen das »Kleingeld« aus dem Boot an sich, gaben dem Kahn mit samt der Leiche einen Stoß und pflasterten einige Stöße aus ihren Maschinenpistolen unterhalb der Wasserlinie. Nach einigen Minuten war er in den Fluten des Flusses versunken.

Ein Fischer, in dessen Tasche man verdächtige Schriftstücke fand, bekam eine Fesselung an den Armen und um den Hals. Zwei in dieser Gegend herumlungernde Chinesen erhöhten die Zahl unserer Gefangenen auf fünf. Wir marschierten den beschwerlichen Weg zur Straße unbehelligt zurück, bestiegen unsere Kraftfahrzeuge und fuhren in unser Quartier zurück.

Damit fand mein erster Einsatz in Indochina in einer Patrouille seinen Abschluss.

Wie ich aus meinen Tagebuchblättern entnehmen kann, hatte ich am 29. April 1948 meinen zweiten Patrouilleneinsatz – oder auch Operation, wie wir immer sagten. Wir fuhren in dieselbe Gegend unseres ersten Einsatzes. Anscheinend wurden jetzt die Aussagen unserer Gefangenen ausgewertet. Die Eingeborenenhütten, die wir betraten waren menschenleer. Schon glaubten wir, dass dieser Einsatz umsonst war. Auf einmal vor uns drei flüchtende Eingeborene.

Also hatten sie ein schlechtes Gewissen und deshalb wurden sie auch erschossen. Damals hätten wir gesagt: »Sonst keine besonderen Vorkommnisse.«

30. April – der größte Feiertag der Legion

Am 30. April 1863 verteidigte sich eine Kompanie der Legion unter der Führung des Capitains Danjou gegen eine Übermacht von 2000 Mexikanern in Camerone. Die amtliche Beschreibung über diese historische Schlacht lautet wie folgt:

Camerone

C'est là que le 30 Avril 1863, une Compagnie de Légion, à l'effectif de 3 Officiers: Capitaine Danjou, Sous-lieutenants Maudet et Villain, et de 62 Légionnaires, sous un soleil de plomb, sans eau ni vivres, tint tête une journée aux assauts furieux de 2000 Mexicains.

Acceptant volontairement le sacrifice te leur vie, les soldats de la Légion préférèrent mourir plutôt que de faillir à leur mission et à leur serment.

Toutes les sommations de l'ennemi furent repoussées avec mépris et après une lutte épique lorsqu'il s'empara de la ferme, maintenant légendaire de Camerone, 3 Officiers et 49 hommes des nôtres avaient été frappes tandis que tous les autres étaient blessés, mail l'ennemi laissait plus de 300 cadavres sur le terrain.

»Ils furent ici, moins de soixante
Opposés à toute une armée
La masse les écrasa

La vie plutôt que le courage
Abandonna ces Soldats Français
Le 30 Avril 1863«.
Voilà pourquoi l'anniversaire de ce combat a été choisi pour être fêté par la Légion entière.
CAMERONE symbolise les vertus de la Légion, l'esprit de sacrifice, le serment de servir avec
Honneur et Fidélité
auquel, depuis, les Légionnaires n'ont jamais manqué et auquel ils ne manqueront jamais.

Dieser große Feiertag der Legion wird überall dort auf der Welt, wo Legionäre stationiert sind, gefeiert. In der Garnison, in der der Reliquienschrein mit der Armprothese des Capitains Danjou aufbewahrt wird, steht an diesem hohen Feiertag ein Veteran der Legion in Paradeuniform und dem Schrein in den Händen und nimmt mit dem ranghöchsten Offizier am Ort die Truppenparade ab.

Die Legionäre haben ein bis zwei Tage freien Ausgang im Ort, und die Betrunkenen landen dann nicht im »Bau«, sondern werden ausnahmsweise von der Militärpolizei aufgelesen und an irgendeinem Ort in der Kaserne zur Ausnüchterung hingelegt.

Natürlich werden auch Orden und Medaillen verliehen. Und dann nimmt der normale Dienst wieder seinen Verlauf bis zum nationalen Feiertag Frankreichs, dem 30. Juli.

Für mich waren die angenehmsten Zeiten dieses Feiertages nur die Essenszeiten. Sonst fand ich alles, außer der militärischen Feier, recht langweilig. Das dicke Ende dieses Tages kam für mich jedoch am Abend. Ich hatte Wache vom 30. April – 1. Mai. Die Wachunterkunft war an unserem großen Parkplatz, auf dem die vielen LKW meiner Kompanie standen. Kurz vor meinem Wachantritt gegen 22.30 Uhr fing etwas entfernt von uns die Knallerei an. Ich wollte eigentlich Briefe in meiner Freizeit schreiben. Dann wurde es unheimlich still und ruhig um uns, denn die Anamiten haben ab einer bestimmten

Uhrzeit Ausgangsverbot. Über der Straße hingen alle 100 Meter Beleuchtungsampeln. Ich stand direkt im Licht eines Leuchtkörpers. Auf der anderen Straßenseite befanden sich das Foyer der Kompanie und die Kfz-Reparaturwerkstatt. Drüben wurde noch ein Film gezeigt. Ich wollte es mir gerade etwas »bequem« machen und mich an den Torpfeiler lehnen, da hörte ich aus der Ferne einen schweren Abschuss, kurz danach ein Pfeifen und dann einen krachenden Einschlag. Das war ein Granatwerfer, dachte ich mir gleich. Dann aber kam ich nicht mehr zum Denken, denn jetzt ging von allen Seiten der Rummel los. Von rechts und links, von vorn und hinten, knallten in rascher Folge Salven von Schnellfeuerwaffen. Die Kugeln pfiffen mir um die Ohren, so dass ich gar nicht mehr wusste, nach welcher Seite ich mich decken sollte. Ich stellte mich kurz entschlossen neben den Pfeiler und dachte mir, wenn es dich treffen soll, trifft es dich überall.

Nun war auch die übrige Wache munter geworden und wurde auf bestimmte Positionen verteilt. Im Laufschritt kamen auch die anderen Legionäre aus dem Foyer oder aus der Stadt, um rasch in ihr Quartier zu gelangen. »Fliegende Patrouillen« mit Kraftfahrzeugen wurden eingesetzt. Ab und zu kam ein Sanitätswagen und brachte einen Toten oder Verwundeten in das neben uns gelegene Lazarett. Nach ca. eineinhalb Stunden hatte dann das »Festfeuerwerk« sein Ende gefunden, und ich konnte wieder einmal an mir feststellen »Unkraut vergeht nicht«.

Am 2. Mai, so kann ich es in meinen Tagebuchaufzeichnungen jetzt nachlesen, stellte ich fest, dass der »Camerone-Tag« der Legion am 30. April leider auch ausschreitende Folgen hatte, d. h. in der Stadt gab es Plünderungen und Schlägereien. Deshalb verhängte der zuständige General für die Stadt Saigon für die gesamte Legion eine Ausgangssperre von 30 Tagen. Die 13. Demi-Brigade und Truppenteile der Französischen Marine, die in Krisensituationen immer zur Legion gehalten haben, wurden mit einer längeren Ausgangssperre bestraft.

Darüber waren wir natürlich alle mehr als empört. Unser Kompaniechef und der Colonel der 13. Demi-Brigade sollten für einige Tage sogar in ein Militärgefängnis. Außerdem wurden noch viele andere Offiziere und Unteroffiziere von diesem Truppenkommandeur bestraft. Der Herr General fuhr auch höchstpersönlich und natürlich mit großer Militäreskorte durch die Stadt und brummte jedem Soldaten der betroffenen Einheiten, den er auf der Straße feststellen ließ, einige Wochen »Bau« auf. Einige von uns hatten ein höchst unliebsames Erlebnis mit diesem General. Mein Kamerad Egon und ich befanden uns gerade in einer Straße, die zum Komplex unserer Kompanie gehörte, als auf einmal eine brüllende Stimme hinter uns ertönte: »Oh, diese Ehre!«, der General mit Auto und Eskorte. Er stieg aus seinem Wagen und überschüttete uns mit einer Flut französischer, übel klingender Schimpfworte, unter anderem auch »Mistschwein«. Dann knallte er meinem Kameraden Egon eine schallende Backpfeife. Umherstehende Anamiten, die es beobachtet hatten, schüttelten nur mit dem Kopf. Es muss für sie ein »schöner Anblick« gewesen sein. Ein französischer General schlägt einen Soldaten seiner Armee, die die Ordnung in diesem verfluchten Indochina halten soll. Der Gemaßregelte erhält vom General 80 Tage und ich 40 Tage Arrest. Wir haben aber über dieses skandalöse Benehmen sofort bei unserem Kompaniechef Beschwerde eingelegt. Diese läuft nun weiter an den Oberbefehlshaber von Indochina. Der schlagende General scheint aber auch bei allen Offizieren nicht so beliebt zu sein. Bisher hat man uns noch nicht

Der Autor in Indochina

eingesperrt. An diese »hohe Ehre« und an diesen General werde ich mein Lebtag denken. »Es war uns <u>kein</u> Vergnügen, mon General.«

Meine Teilnahme an der dritten Patrouille als Volontär am 3. Mai 1948

Die Patrouillen an diesem Tag im Stadtgebiet von Saigon hat der General angeordnet, der mit seiner Backpfeife stadtweit bekannt wurde. Hier muss ich schreiben: Keine besonderen Vorkommnisse. Der wollte uns einfach in der Stadt auf Trab halten, uns und vor allem die französische Marine. Dieser hohe Offizier betrachtet seine derartigen Anordnungen immer noch als Strafe und merkt nicht, dass ganz Saigon schon gelacht hat.

Langsam kehrte aber das sogenannte Alltagsleben wieder bei uns ein. Wir mussten alle die Autofahrschule weiter absolvieren, um unseren Militärführerschein zu machen – dann wurden von uns die Kraftfahrzeuge immer auf Hochglanz poliert.

Am 11. Mai nahm ich an einer Eskorte teil. Wir mussten 20.000 Liter Benzin holen. Wir acht arbeitenden Legionäre haben die gesamte Arbeit des Auf- und Abladens der Kanister besorgt. In der glühenden Mittagshitze machte uns das natürlich besonderen »Spaß«. Mir war, als hätte ich schon einen Tropenkoller wegbekommen. Die »liebe« Sonne hatte jedoch ein Einsehen und verminderte die Intensität ihrer Strahlen. Nach der Arbeit hatten wir frei – Gott sei Dank – denn meine Handflächen brannten wie Feuer.

In diesen Tagen verließen uns einige Kameraden unseres Transportes aus Afrika, darunter auch Egon, der Mensch, der die Generalsbackpfeife erhielt. Wir wurden intensiv gebimst, um nach Bestehen unserer Militärführerscheinprüfung normal in die 40. Transportkompanie eingereiht zu werden. Unser Lehrer ist ein Unteroffizier deutscher Nationalität. Er machte auf uns einen guten Eindruck. Seinen Unterricht gestaltete er in Theorie und Praxis lebhaft und für uns anregend.

Er vermittelte nicht den Eindruck, über uns zu stehen. Nur bei unserem Fahren mit den schweren LKW, »ließ er die Sau raus«. Er war sehr »sportliebend«, das heißt, er ließ uns immer dann »pumpen«, nämlich Liegestütze machen, sobald wir versuchten, ihn in irgendeiner Form »durch den Kakao zu ziehen«. Unser Schulwagen ist ein 2,8 Tonnen-Fahrzeug der Marke »Dodge«, ein englisches Fabrikat mit dem Lenkrad statt auf der linken, auf der rechten Seite in der Fahrerkabine. Das Fahrzeug hatte vier Vorwärtsgänge und einen Rückwärtsgang. Es war ein 6-Zylinder-Reihenmotor. In den ersten Unterrichtsstunden erhielten wir einen Gesamtüberblick unseres KFZ. Danach mussten wir uns mit der Einrichtung des Armaturenbrettes befreunden.

Irgendwann bekamen wir dann die Hauptbestandteile des Dodge zwecks »Verdauung« eingetrichtert. Einiges habe ich behalten, das andere wird sich mit der Zeit, hoffentlich rechtzeitig, wieder einstellen. Zu Beginn meiner ersten Praxisstunde drehte ich auf dem Hof der Garage meine ersten Anstandsrunden.

Da ich auf Befragen des Ausbilders, ob ich Auto fahren könne, mit »nein« antwortete, musste ich mich natürlich auch wie ein Anfänger anstellen. In meiner österreichischen Zeit fuhr ich ja schon in einer Fahrschule mit PKW der Marke »Steyer« und »DKW« recht gut. Jetzt werde ich mir das Fahren von Lastkraftwagen so gut wie möglich aneignen. Wenn ich die Führerscheinprüfung bestehe, ist mir das möglicher Weise für später nützlich. In jeder Fahrstunde machte ich einige Fortschritte. Jetzt muss ich nur noch das Rückwärtsfahren und Drehen üben.

In dieser ersten Zeit in Indochina hatte ich natürlich auch Brückenwachen und Wachen am Parkplatz an der Straße von Gia Dinh.

Es hat zwar in der Gegend schon geknallt, aber ich hatte noch kein Gefühl der Bedrohung empfunden.

Meine vierte Patrouille in den ersten Maitagen begann um 4.00 Uhr früh – Wecken!!! Da ich in der Nacht bis 22.00 Uhr Brückenwache hatte, war ich noch sehr müde. Werner, Pieper und ich waren die einzigen Neuen, die an dieser Operation teilnahmen. Ein LKW brachte uns mit dem Leutnant an unseren Bestimmungsort. In der Nähe unserer Unterkunft hielten wir mit abgeblendeten Scheinwerfern und warteten der Dinge, die da kommen sollten. Gegen 4.30 Uhr fuhren Offiziere der regulären Truppen an unsere Fahrzeuge heran und unterhielten sich mit unserem Leutnant. Die Zeit verstrich, ohne dass von uns etwas unternommen wurde. Um uns etwas die Langeweile zu vertreiben, hielten wir alle passierenden Fußgänger oder Kraftfahrzeuge an und durchsuchten sie nach Waffen und Munition. Gefundene Eier, Brot oder andere Lebensmittel wanderten in unsere hungrigen Mäuler, denn wir hatten ja noch nicht gefrühstückt. Wir wurden auch so satt. Kurz nach 5.00 Uhr in der Frühe rollte ein Kraftfahrzeug nach dem anderen mit regulären französischen Truppeneinheiten bei uns an. In der jetzigen Morgendämmerung umstellten wir den gesamten Ortsabschnitt, um ihn nach verdächtigen Elementen abzusuchen. Fachleute klärten uns auf: »Das sei eine gefährliche Ecke hier.« Alle Befehle wurden still gegeben und lautlos befolgt. Wir bekamen unsere Aufgaben erteilt: Wir sollten diesen Landabschnitt, der umzingelt war, »ausräumen«, das heißt, sämtliche Männer, Frauen mit Herrenhaarschnitt und alle Besitzer von Dokumenten, die mit einer bestimmten Unterschrift unterzeichnet waren, sollten wir festhalten.

Wir begaben uns an die Arbeit. Der Leutnant rief uns zu: »Alles verstanden? Dann alle Mann raus!«

Werner, ich und die anderen gingen mit entsicherten Waffen hinein in die »Rattenlöcher«. Nach 15 Minuten hatten wir eine Gruppe von ungefähr 100 Personen als Gefangene bei uns und übergaben sie den nachrückenden Fallschirmjägern. Dann gingen wir weiter von Hütte zu Hütte mit den anamitischen Rufen: »Alléz, maulen Congai«, trieben wir immer mehr verdächtiges Volk an diesem Ort zusammen. Ich staunte über die Gefasstheit und Gleichgültigkeit dieser Menschen. Mit einem unergründlichen Lächeln um die Lippen gingen sie in die Hände des Zweiten Büros unerträglichen Folterqualen oder gar ihrem sicheren Tod entgegen.

Mit der Zeit waren Werner und ich ganz vom »Haufen« abgekommen. Bewohner, die unverdächtig waren oder denen man nichts nachweisen konnte, grüßten uns demütig und unterwürfig auf asiatische Art. Als wir gerade eine Hütte durchsuchten, trafen wir auf einen Kameraden, und wir gingen zusammen weiter.

Ich habe fast immer die Feststellung machen können, dass in diesen Anamitenhütten eine peinliche Sauberkeit herrschte. Bei 90 Prozent war der erste Raum eine Art von Empfangssalon. Der zweite Raum war das Schlafgemach. Es wirkte etwas düster und unfreundlich, da die Fenster fehlten. Im letzten Raum endlich befand sich die Küche, in der, als wir hineinkamen, chinesische Gerichte in den Kochtöpfen brodelten. Dort habe ich mir meine Nase zugehalten, denn es herrschte ein infernalischer Gestank, wie verfaulter Fisch oder so ähnlich. Wir konnten der Versuchung nicht widerstehen und nahmen uns ab und zu ein kleines »Andenken« an diese Großrazzia mit. Mein Gewissen beschwichtigte ich nach dem Motto: »Man muss alles einmal mitgemacht haben.«

In einer Bambushütte, in der wir einen dunklen Raum durchsuchen wollten, tauchte auf einmal ein Schwarzer auf, der uns grinsend sein mächtiges Raubtiergebiss, voll mit Gold überzogen, zeigte. Er war gerade mit einem großen Koffer »beschäftigt«. Wir verließen das Haus mit dem schwarzen Kolonialsoldaten und begaben uns zurück auf die Hauptstraße zu unseren Leuten. Nach einigen Minuten kam unser LKW, der uns in unsere Unterkunft zurückbrachte.

Ich habe in meinen Tagebuchblättern erwähnt, dass bei dieser Operation über 100 Gefangene gemacht wurden. Aus heutiger Sicht kann ich mir das gar nicht mehr vorstellen, aber es steht nun mal in meinen Blättern.

So habe ich nun auch meine vierte Patrouille unter dem Motto: »Unkraut vergeht nicht« – oder »Gute Ware hält sich«, glücklich überstanden.

Am 14. Mai 1948 habe ich meine erste Strafe kassiert, nämlich vier Tage Prison (Arrest) mit drei Monaten Bewährungsfrist. Das heißt in der Praxis, ich musste die Strafe nicht »absitzen«, sondern, wenn ich in den nächsten drei Monaten das Geringste anstelle, bekomme ich zu dieser Strafe noch acht Tage dazu. Das Motiv war Befehlsverweigerung.

Meine fünfte Patrouille begann am 15. Mai 1948.

Um 15.30 Uhr hieß es, fertig machen zur Operation. Werner und ich sind jetzt dem ständigen Patrouillenkommando zugeteilt. Es bestand aus 20 Legionären und einigen Unteroffizieren.

Also rauf auf unseren LKW und ab. Wir fuhren diesmal in Flussrichtung. Am Ziel angekommen, bestiegen wir zwei Chinesendschunken. Es waren wacklige und leichte Schiffe, die dem Besitzer gleichzeitig als Wohnung dienen. Die Kulis ruderten uns mit gemischten Gefühlen flussabwärts. Werner war in einem Fluchen im Boot. Er durfte keine Waffe mitnehmen, sondern nur einen Autoschlauch. Also beabsichtigte man wohl, uns dieses Mal schwimmen zu lassen. Die Fahrt ging direkt in die Flussmitte, links und rechts zeigten sich die Ufer mit ihrer wilden geheimnisvollen Tropenschönheit. Nach ungefähr zehn Minuten hatten wir alle das Gefühl, dass es heute »stinken« würde.

Als wir um eine Biegung kamen, sah ich ungefähr 100 Meter entfernt am Ufer die Aufständischen stehen. Wir bekamen noch keine Schießerlaubnis. Es ging mit unserem Kahn noch etwa 50 Meter nahe an sie heran und dann ans Ufer. Erst jetzt hatten uns die Aufständischen gesehen. Mit dem Ruf »mau, mau« ergriffen sie die Flucht. Unser Eingeborener brachte den Kahn, wie es mir schien, ganz langsam an das Ufer. Wir mussten dem »Flussseemann« erst mit einigen Rippenstößen etwas Schnelligkeit beibringen.

Werner, Bern und ich waren die letzten, die an Land sprangen. Sofort sackten wir bis an die Knie in den Morast. Die anderen waren uns schon voraus. Die Knallerei begann. Wir rannten alle, so schnell es ging, den Aufständischen entgegen. Die waren aber bereits wieder am anderen Ufer. Ich keuchte. Meine Lungen waren überlastet. Der Schweiß rann mir in Strömen am Körper herab. Der Morast, durch den wir mussten, war derartig zäh, dass ich nur mit Mühe immer wieder raus kam. Jetzt hatten wir die Uferbiegung erreicht. Zwei Anamiten vom Zweiten Büro sprangen sofort, wie ich damals geschrieben habe: »Ohne, mit der Wimper zu zucken«, in die gelbe lehmige Flut. Ich kam mir diesen Männern gegenüber später fast wie ein Feigling vor. Werner – ohne Waffe, welch Irrsinn! – und ich zögerten noch. Wir hatten ja schließlich auch schwere hohe Schuhe an. Die ersten Legionäre sprangen in die Flut. An dieser Uferstelle konnte nur einer nach dem anderen von uns in das Wasser hineingehen, da nur eine kleine Bucht von etwa zwei Metern den Zugang zum Wasser erlaubte.

Bern, Werner und ich sicherten ein Stück weiter, als Gewehrfeuer einsetzte. Da ertönte auf einmal ein Hilferuf. Ich sprang ans Ufer und sah, während sich meine Augen vor Schreck weiteten, einen Kameraden ertrinken. Sein Kopf war bereits unter Wasser, Arme und Füße von ihm kämpften mit Verzweiflung, um dem nassen Element zu entrinnen. Ca. drei Meter von ihm lag so ein Idiot von Nichtschwimmer und versuchte, auf dem Autoschlauch den Ertrinkenden zu erreichen, versperrte aber damit denen den Weg, die versuchen wollten, diesen Kameraden vor dem Ertrinkungstod zu retten. Unser Fahrlehrer sprang im letzten Moment in das Wasser, um den Ertrinkenden zu retten. Es war vergebens. Der Fluss hat sein Opfer gefordert. Es war ein junger Deutscher, ungefähr 24 Jahre alt und die Ordonnanz eines Leutnants, der stumm und wie hilflos am Ufer stand. Die Rebellen beschossen uns mit ihren Maschinengewehren. Wir wateten bis zum Gürtel im Wasser durch die schmale Bucht an das andere Ufer. Hätten wir uns alle vorher so verhalten, wäre ein junges Menschenleben gerettet gewesen. Der Sergeant, die beiden Anamiten und drei Legionäre waren an besagter Stelle über den Fluss geschwommen, und das Geknatter der Feuerwaffen zeigte, dass sie dicht am Feind waren. Von Land her hatten die Anamiten den Abschnitt umstellt und empfingen die flüchtenden Rebellen. Überhaupt, vor diesen Anamiten »Hut ab!« Es sind Kerle!

Etwas später erreichten wir die Straße, die bereits von Alarmkommandos gesperrt war. Als die Männer vom Zweiten Büro von dem traurigen Vorfall hörten, ging es sofort durch die Bucht zurück und ca. 20 Anamiten und einige Legionäre tauchten in das Wasser, in der Hoffnung, den ertrunkenen Kameraden zu finden. Nach ungefähr 20 Minuten waren ihre Versuche von Erfolg gekrönt. Acht Mann hatten Mühe, den schweren Körper des Ertrunkenen an Land zu bringen. Sein Gesicht war blau. Kaum hörbar ging aber noch sein Herz und Pulsschlag. Sein Körper war noch warm. Sofort eingeleitete Wiederbelebungsversuche blieben erfolglos. Werner musste den Ertrunkenen zur Straße schleppen und kam im Morast ein paar Mal zu Fall. Dann gingen wir alle auf unser Fahrzeug, und mit rasender Geschwindigkeit fuhren wir in Richtung Stadt. Im Kraftfahrzeug versuchten wir immer noch, mit dem verunglückten Kameraden alles Mögliche anzustellen. Es hatte aber leider keinen Zweck mehr. Ohne Rücksicht auf die Verkehrsvorschriften raste unser LKW nach Gia Dinh zum Lazarett. Wir alle riefen in dem starken Straßenverkehr so laut die Passanten an, dass wir möglichst freie Fahrt hatten. Unserem Rufen und Pfeifen gelang es, die Straße frei zu haben. Im Lazarett kümmerten sich sofort die Ärzte um den ertrunkenen Legionär, dessen Herz nur noch schwach schlug. Gegen 18.00 Uhr war das Leben unseres Kameraden beendet. Ohne noch einmal die Augen geöffnet zu haben, ging er den Weg aller Sterblichen. Zum Abschluss bleibt nur noch zu sagen: »Mort pour la France!«

Am 17. Mai gab unsere Einheit dem toten Legionär das letzte Geleit. Ein Offizier sprach einige Abschiedsworte am Sarge unseres Kameraden – seiner Ordonnanz.

Das, was herkömmlicher Weise als Sarg bezeichnet wird, war für die Holzkiste wahrlich geprahlt. Solche Dinger sah man im Jahr 1945 in Berlin, in denen die Hungerleichen der Zivilbevölkerung ihre letzte Ruhe fanden. Doch der Tote spürte ja nun nicht mehr, was mit ihm geschah. Er lag in so einem tiefen Schlaf, aus dem es kein Erwachen mehr gab.

Langsam rollte dann der Leichenzug zum Friedhof. Die auf dem Leichenwagen stehenden Sargträger mussten mit Übelkeiten kämpfen, denn das Leichenwasser trat aus dem letzten Bett und verbreitete einen furchtbaren Gestank. Der katholische Geistliche sprach die letzten Abschiedsworte, von denen ich zwar kaum etwas verstand, aber ich nehme an, dass es die selben Worte aus der Bibel waren, die man in Deutschland bei Bestattungen hören kann.

»Leb' wohl, Legionär.

Gott gebe dir die ewige Ruhe.«

Er ist nun tausende von Kilometern von seiner Heimat entfernt in fremder Erde bestattet worden. Auf dem Heldenfriedhof von Dakao liegt sein Grab. Das Zweite Büro erwies dem Toten mit einem wunderschönen Blumengebinde den letzten Gruß.

Der zweite Tote unserer Kompanie war auch ein Deutscher, wurde am 19. Mai 1948 beigesetzt. Der Tote war das Opfer eines von ihm selbst verschuldeten Unglücksfalles. Er befand sich auf einem Strassenbaukommando. Beim Überfahren einer Brücke stand er auf dem

Lastwagen und war beim Erzählen. Er erkannte die Gefahr zu spät, konnte sich nicht mehr rechtzeitig bücken, schlug mit seinem Kopf gegen das Brückengeländer und war sofort tot.

Ein Legionär und ich hatten von 8.00 bis 13.00 Uhr neben dem Sarg in der Totenhalle Ehrenwache zu stehen. In dem Raum herrschte ein perfider Gestank. Ich hatte ständig mit Brechreizen zu kämpfen. Tagelang hatte ich noch diesen Leichengeschmack im »Mund« und zwar so heftig, dass mir jeder Appetit verging. In einem Nebenraum der Aufbahrungsstätte, dessen Tür offen stand, waren einige, ich nehme an, Militärärzte, gerade dabei, einen Toten zu öffnen. Das war für mich ein furchtbarer Anblick. Um 11.00 und um 12.00 Uhr holte die Marine ihre zwei Toten ab.

Um 14.30 Uhr holten wir die sterbliche Hülle des toten Legionärs, um sie zur Bestattung zu überführen. Hinter uns folgten zwei Trauerzüge von der Marine und den Marokkanern mit ihren gefallenen Kameraden. Die Trauerzeremonie war dieselbe, wie die vorgestrige.

Was mir auf dem Friedhof besonders auffiel, war, dass auf der Zivilabteilung fast nur Deutsche lagen. Auch ein Berliner war unter ihnen. Es handelte sich um Seeleute, die um 1800 hier bestattet wurden. Viele deutsche Frauen haben hier ebenfalls ihre letzte Ruhestätte gefunden.

Sämtliche Gräber der gefallenen Legionäre befanden sich in bestem Zustand. Schmucklose, weiße Holzkreuze waren mit ihren Namen und Sterbetagen versehen.

Aus meinen Tagebuchaufzeichnungen könnte ich nun chronologisch noch viele Einsätze beschreiben. Ich glaube, das wäre nicht nur für mich, sondern auch für die Leserinnen oder Leser zu viel, die einmal Einblicke in meine Vergangenheit nehmen wollen. Doch ich möchte mindestens noch einen Einsatz skizzieren, der am 22. Mai 1948 vor sich ging.

In der Mittagszeit kam der Befehl: »Patrouillenkommando fertigmachen!« … Und das gerade an einem freien Samstagnachmittag.

Doch »Dienst ist Dienst und Schnaps ist Schnaps«, sagten schon die Soldaten im Ersten Weltkrieg. Gegen 13.40 Uhr bestiegen wir die Lastkraftwagen, die uns in das Operationsgebiet bringen sollten. Ehrlich gesagt hatte ich neuerdings immer etwas Angst, wenn ich daran dachte, eventuell schwimmen zu müssen und das wieder mit allen Klamotten und Schusswaffen. Immer, wenn es mulmig wurde, berührte ich meinen »Talismann« ... das Bild meiner Mutter hatte ich in der rechten Hemdtasche in einer Cellophanhülle ... also, was konnte mir schon passieren? Außerdem hatte ich mir auf dem Markt ein paar leichte amerikanische Sportschuhe gekauft, mit denen ich im Notfall auch schwimmen konnte.

Unsere LKW fuhren dieses Mal etwas weiter raus als bei vorherigen Einsätzen. Ganz in der Nähe befand sich der Wasserturm. Ihn kannten wir schon aus unseren letzten Einsätzen.

Ich hatte einen Befehl von einem Sergeanten, der besagte, dass ich immer in seiner Nähe bleiben müsse. So handelte ich auch danach. Die anderen Einsatzgruppen befanden sich bereits außer Sichtweite, als Sergeant R., zwei alte Legionäre und ich erst in Aktion traten. Mein Fahrschullehrer schnappte einen jungen Burschen, der gerade in Begriff war, eine Pistole in das Wasser eines Reisfeldes zu schleudern. Also war er ein Aufständischer. Es wurde ein weiterer Gefangener gemacht. Sie sollten gezwungen werden, uns die Schlupfwinkel der Aufständischen zu zeigen. Der erste Gefangene benahm sich derartig störrisch und frech, dass er unterwegs fertiggemacht wurde, d. h., er wurde mit schweren Fußtritten, meist in den Unterleib, und wuchtigen Fausthieben traktiert. Bald traten dem armen Hund Schaum und Blut aus dem Mund, er taumelte ein paar Mal in das Reisfeld hinein, dann wurde er ohnmächtig. Es wurde ihm jede Menge kaltes Wasser über den Kopf geschüttet, und dann wurde er, ohne Mitleid und Erbarmen, weiter getrieben. Ich schaute all diesem Treiben jedoch ziemlich untätig zu. Zwar rief ich ab und zu: »Allèz, Allèz!« oder »maulen, maulen, schnell, schnell!«, doch das war schon alles.

Es widerstrebte mir, einen wehrlosen Gefangenen derartig zu quälen. Anders konnte ich nicht das Verhalten derer bezeichnen, die ihn quälten. Mein Fahrschullehrer, der meine Gefühlsregungen wohl von meinem Gesicht ablas, sagte daraufhin zu mir ungefähr Folgendes: »Du musst noch verdammt härter werden. Aber das wird sich bei dir schon einstellen, wenn du einmal die ersten Legionäre siehst, die in die Hände der Aufständischen gefallen waren, die entsetzlich vorgefunden wurden. Einigen von ihnen wurden die Geschlechtsteile abgeschnitten, ihr Glied in den Mund eingenäht, die Augen ausgebrannt und ähnliches Schlimmes mehr. Dann wirst du erst die nötige Härte bekommen und wirst gegen diese Schweine genauso mitleidlos und brutal vorgehen, wie ich es jetzt mache. In diesem Lande und überhaupt bei der Legion müssen Sie alle guten Regungen Ihres Herzens unterdrücken. Sei hart gegen dich selbst, sei hart gegen andere!« Ich glaubte, dieser Mensch hat in einer Art vollkommen Recht, und ich muss mich noch gewaltig umstellen, um nicht selbst ein Opfer zu werden.

»Na ja, ich habe ja noch über vier Jahre Zeit genug, um alles zu lernen, was ich brauche.«

Im weiteren Verlauf unseres Einsatzes habe ich dann manchmal ganz allein eine Hütte durchstöbern müssen. Ein unangenehmes Gefühl, so durch die Räume zu »schießen«. Als wir dann endlich die anderen Kameraden erreicht hatten, wurden die gefangenen Anamiten dem Leutnant vorgeführt. Der ältere von den beiden bezeichnete seinen Landsmann ohne weiteres als Aufständischen. Er glaubte wohl, dann wieder freigelassen zu werden.

Aber eine alte Erfahrung besagt: »Den Verrat liebt man, den Verräter jedoch nicht.« Trotzdem er vor uns kniend die Füße küsste und eine dreimalige Verbeugung machte, wurde er weiter mitgeschleppt. Wir gingen dann in Gruppen dem Fluss zu. Ein Haus wie das andere war, von Kindern und Frauen abgesehen, leer. Vor einer Anamitensiedlung machten wir Halt und schossen mit allen Waffen auf's

Geratewohl hinein, aber nichts rührte sich, alles war leer. Die beiden Gefangenen bezeichneten einige Häuser als Rebellenquartiere. Dieses Mal sollte »ganze Arbeit« geleistet werden. Aus den Hütten wurden einige Wertsachen entwendet, und dann wurden sie abgefackelt. Gierig fraßen sich die Flammen in das trockene Schilf. Minuten später stand alles in Flammen. Knisternd und knallend stieg eine riesige Feuerlohe gen Himmel ... Der Marsch ging weiter, direkt zum Fluss. Wir rasteten dort im Schutz einiger Palmen. Einige Wachposten mussten uns absichern, und dann qualmten wir, was die Zigaretten hergaben. Mein Mund und meine Kehle waren ausgedorrt, als hätte ich tagelang nichts mehr getrunken. Der Saft einiger, noch unreifer Kokosnüsse erfrischte mich dann etwas.

In einer Hütte, direkt an unserem Rastplatz, befand sich noch ein älterer Mann. Fürwahr ein Wunder, in dieser Gegend noch einen lebenden Mann anzutreffen. Dieser hatte ja dann, anscheinend, ein reines Gewissen. Er zeigte uns von französischen Behörden ausgestellte Bescheinigungen, aus denen hervorging, dass sich sein Sohn als Soldat in der französischen Armee befand. Stolz wies er dann noch einige Bilder seines ordengeschmückten Sohnes in Uniform vor. Der Alte blieb unbelästigt von uns.

Einige Geräusche im Schilf ließen uns den Atem anhalten. Eine viertel Stunde verhielten wir uns vollkommen ruhig, aber es ließen sich keine Laute mehr vernehmen.

Nach beendetem Unternehmen begaben wir uns wieder auf die Straße und warteten auf die LKW, die uns wieder in unsere Unterkunft brachten. Die beiden Gefangenen wurden an das Zweite Büro abgeliefert, das dieses Mal nicht an unserer Aktion teilnahm. Bald waren wir wieder in unserer Unterkunft in Gia Dinh.

Schnauze halten – weiter dienen

Am Vortag dieser Patrouille hatte ich ein trauriges Erlebnis. Es bewies mir, dass Menschen auch verurteilt werden können, selbst, wenn sie im Recht sind. Solch' ein Mensch war ich! Es sollte am Abend zu einer Aktion kommen, in der wir angehalten werden sollten, Baumaterial wie Steine usw. für uns zu stehlen. Da ich annahm, es handele sich um eine Nachtpatrouille, ließ ich mich mit einigen Kameraden dafür vormerken und setzte mich dann ein Stück weiter auf eine Bank. Kurz darauf kam ein Caporal und holte uns ins Quartier. Wir sollten uns fertig machen zum Einsatz.

Unser Chef de Chambre, ein Caporal, sagte daraufhin zu uns: »Los, versteckt euch! Da braucht ihr nicht mit.« Wir unterhielten uns darüber und sagten: »Wenn so etwas, was der Caporal sagt, der Leutnant wüsste ...« Jemand, der gerade diesen letzten Gesprächsfetzen aufgeschnappt hatte, meldete dies' dem Sergeanten. Als ich aus der Unterkunft rauskam, wurde ich, ohne, dass ich ein Wort zu meiner Rechtfertigung sagen konnte und durfte, vom Sergeant R. und Adjudant-Chef M. rechts und links in das Gesicht geschlagen. Dabei beschimpften sie mich vor allen anwesenden Kameraden als Feigling, Lump und Muttersöhnchen. Ich musste meine Waffe in die Unterkunft bringen, und zur Strafe sollte ich unbewaffnet mitgehen. Als ich die Unterkunft wieder verließ, empfing mich der Sergeant R. – ein Deutscher – wiederum mit Faustschlägen in mein Gesicht. Einige Kameraden von mir erklärten dem Chef M. in der Zwischenzeit den wahren Sachverhalt. Er ging dann zwischen mich und den Sergeanten und ordnete an, ich soll hierbleiben und nach dem Zapfenstreich auf's Büro kommen. Ich legte mich auf mein Bett, und mir schossen die Tränen der Wut in meine Augen. So tief gedemütigt und zu Unrecht behandelt wurde ich noch nie in der Legion. Später klärte sich die Angelegenheit auf, und man entschuldigte sich sogar bei mir. Die beiden Unteroffiziere waren Deutsche. Der R., dieser Lump, soll früher bei der Deutschen Marine Offizier gewesen sein. Einen Rapport beim Capitain und Kompaniechef einzureichen, hätte doch keinen Zweck gehabt, denn zu jeder Zeit und Stunde hätten mir die beiden Unteroffiziere das Leben zur Qual machen können. Aber eines steht ab jetzt bei mir fest: Zu keiner Sache melde ich mich mehr als Freiwilliger. Wehren durfte ich mich ja nicht, dann hätten diese beiden Lumpen mit mir kurzen Prozess gemacht. Ich bin ja halt nur ein Legionär der 2. Klasse! Einstecken und hart werden oder Schnauze halten und weiter dienen!

Ein Nachtrag wäre noch anzubringen: Mein damaliger Legionsfreund Werner, der in der Nähe des Vorfalls Wachdienst hatte, hörte von anderen, dass ich zusammengeschlagen werde, verließ seinen Wachbereich, lud seine Maschinenpistole durch und hätte dann wohl geschossen, um mir beizustehen. Zum Glück für sich und für uns alle, musste er nicht mehr schießend für mich tätig werden. Ich dachte: »Der Werner ist ein wahrer Freund.«

Viele Jahre später erkannte ich auch diesen Irrtum, als ich mich in einer Ehescheidung befand und er nicht zu mir, sondern zu meiner damaligen Frau hielt. Beim Schreiben dieser Zeilen im Jahre 2007 kann ich feststellen: Ich weiß noch, wo er wohnt. Seine Frau Eva ist längst tot. Ich war zu ihrer Beisetzung. Die Freundschaft, die ich für Werner empfand, ist schon vor Jahrzehnten gescheitert – Strich darunter!

Klima – Essen – Frauen!

Für meine gesamte Einsatzzeit in Indochina will ich hier festhalten, dass ich in mindestens drei Klimazonen meinen Dienst versah. Die erste Zone war die damalige Hauptstadt Saigon und weitere Umgebung. Ich kann sagen, dass das Klima hier für uns äußerst unangenehm war. Ständig waren wir Sonnenstrahlen ausgesetzt, die eine gleißende Helligkeit ausstrahlten. Mein Körper »bestand nur aus Schwitzen«. Die kurzärmeligen Kakihemden, die wir trugen, waren beim Ausgang sofort feucht bis nass. Unsere dienstlichen Verrichtungen im Kraftfahrzeug, auf dem Parkplatz usw. versahen wir nur mit freien Oberkörpern, Shorts und Sandalen an den Füßen. Ständig war der Körper verklebt.

Später werde ich noch über meine Zeit in Dallat und in Tonkin, nahe der chinesischen Grenze, berichten. Die Nächte waren für mich teilweise unerträglich. Wenn wir uns irgendwann zur Ruhe begaben, hieß es, zuerst das Moskitonetz runter und an den Seiten so gut befestigen, dass kein Insekt mich/uns mit seinem Sirren und der Stichgefahr verrückt macht. Das hieß in der Praxis: Taschenlampe an und den nunmehr abgeschlossenen Raum mit dem Bett so durchsuchen, dass auch kein Vieh die Nachtruhe stört. Manchmal war des Nachts das Klatschen von nassen Handtüchern auf unsere Körper zu hören, wenn uns die Moskitos quälten. Ach so, anzumerken wäre noch, dass wir während der Nachtruhe eine Bauchbinde zu tragen hatten. Manche hielten sich auch daran. Wir wussten nicht genau, wozu es gut war, diesen Befehl zu befolgen.

Manchmal hatte irgendein Legionär in der Nacht das Bedürfnis, seinen Körper unter eine Dusche zu stellen, aber von Erfrischung zu reden, wäre eine Lüge. Auf die lauwarme Brühe, statt kaltes Wasser zur Erfrischung, haben wir oft verzichtet. Der normale Tagesablauf für uns war um 6.00 Uhr früh der Morgenappell. Dabei wurde die Anwesenheit überprüft. Anschließend wurden wir in Gruppen eingeteilt, die bestimmte Aufgaben zu erfüllen oder Tätigkeiten zu verrichten hatten. Ich gehörte noch zur Gruppe der Fahrschüler, die irgendwann auch die Prüfung für den Militärführerschein abzulegen hatte. Einige von uns mussten auch in der KFZ-Werkstatt arbeiten oder Küchendienst versehen. Irgendwann kamen immer wieder überraschende Einsatzbefehle.

Bei den Bezeichnungen Küche und Essen will ich feststellen, dass viele von uns darunter zu leiden hatten, dass es nie normale Speisekartoffeln gab. Zum Fleisch gab es fast nur Reis serviert. Manchmal gab es auch ein Gewächs, das wir süße Kartoffeln nannten. Die Dinger schmeckten mir gar nicht. Saucen und Suppen wurden von der Küchenmannschaft derartig scharf zubereitet, dass uns die Augen tränten. Ein viertel Liter Rotwein mittags und abends zu trinken, war Pflicht. Altgediente Legionäre klärten uns auf, dass ein scharfes Essen und eine begrenzte Menge Rotwein in den Tropen gut für die Gesundheit sei. – Ich esse noch heute, viele Jahrzehnte später, sehr gerne scharfe Mahlzeiten und spare auch nicht mit Pfeffer und zwar so, dass Anderen beim Zuschauen übel wird. – Alkohol zu trinken habe ich mir schon vor Jahrzehnten abgewöhnt.

Eine Soupe Chinoir esse ich auch heute noch in entsprechenden Lokalen sehr gern. Viele nennen sie auch Sauer-Scharf-Suppe. Es ist mir egal, wie die Suppe heißt, aber scharf muss sie sein. Ich glaube, das scharfe Essen hat mir bis heute nicht geschadet.

Um der Überschrift gerecht zu werden, gibt es nun ein paar Bemerkungen zum Thema Frauen:

Also, der einfache Legionär konnte sich die Europäerin im Bett aus dem Kopf schlagen. Die waren nur für höhere Dienstgrade ansprechbar, und so viele von ihnen gab es ja auch gar nicht.

Der Durchschnittslegionär erlebte die einheimischen Mädchen

und Frauen nur im Puff, wie wir sagten. Bordell hört sich natürlich vornehmer an. Wenn ich mit Werner zusammen das Bordell betrat, gab es einige, die Werner anhimmelten und andere, die vor ihm flohen. Die Lösung des Rätsels war, wie er grinsend erzählte: Er hatte einen sehr langen und harten Schwanz. Einige Frauen liebten das, und andere wollten es nicht noch mal erleben. Jedenfalls bekam ich bei solchen Gelegenheiten mit, dass viele einheimische Frauen in diesen Vergnügungsetablissements Werner manchmal ehrfurchtsvoll von der Seite betrachteten, und er war sich natürlich seiner Kraft und Würde bewusst.

Ja, und von Liebe in diesem Zusammenhang zu reden, ist natürlich absoluter Blödsinn. Unsere Körper brauchten eben manchmal Frauen für viele Variationen im Bett, auf der Liege, auf dem Tisch oder wo es uns sonst noch körperliche Freude bereitete. Unser Sold reichte für höchstens zweimal in 14 Tagen aus. Sonst gab es, zumindestens auf diesem erotischen Sektor, nur noch eine Möglichkeit, und die war, sich eine Frau zu kaufen. Der Name der Person musste der Kompanie bekannt gegeben werden. Die ließ durch einheimische Behörden oder das Zweite Büro die politische Zuverlässigkeit der Frau prüfen und gab dann in der Regel die Zustimmung. In der Praxis bedeutete es, der Legionär musste mit der Frau im nahen Bereich seiner Einheit mindestens eine Bambushütte vorweisen können. In der Freizeit konnte er mit seiner Süßen wie ein verheirateter Mann wohnen, essen und schlafen, und zusätzlich besorgte ihm seine Bettgefährtin nicht nur das Essen, sondern auch seine Wäsche. Im Gegenzug erhielt sie einen ausgehandelten hohen Betrag aus seinem Sold.

Als ich einmal in Erwägung zog, diese Lebensart zu erproben, schnappte mir ein anderer die Frau vor der Nase weg. Ich versuchte diese Lebensart dann auch nicht mehr, sondern begnügte mich mit »Einzeleinsätzen« im Bordell.

Briefpartnerschaften

Über internationale Korrespondenzanzeigen oder durch andere Zufälligkeiten, kam ich in den Besitz von Adressen, die Briefpartner suchten. So hatte ich einige männliche, aber auch weibliche Briefpartnerinnen:

Die Tochter meines ehemaligen Chefs, Eta, versuchte es einige Zeit mit mir. Wir wechselten Briefe und Ansichten miteinander aus. Die Fantasie erhob natürlich auch einige derartige Partnerinnen in der eigenen Gefühlswelt so hoch, dass Liebesgefühle entstanden. So erging es mir auch mit Eta. Ein Foto von ihr klebt heute in meinen Tagebuchaufzeichnungen, und ein Kärtchen mit einem Zitat von Beethoven von ihr habe ich wie einen Talisman gehütet und ist noch heute in meinem Besitz. Der Text lautet: »Ich will dem Schicksal in den Rachen greifen, ganz niederbeugen soll es mich gewiss nicht.« Nach meiner Rückkehr nach Berlin traf ich die junge Frau einige Male, aber es wurde nichts Festes daraus. Ich denke trotzdem heute noch gern an sie zurück.

Eine andere Briefpartnerin von mir heißt Ilse und stammte aus Mainz. Mit ihr entwickelte sich eine längere Brieffreundschaft. Festzuhalten in meinem Lebensbericht ist, dass sie später einmal den Namen Grenkowitz führte. Es lässt sich also unschwer erkennen, dass wir geheiratet hatten. Mehr möchte ich in diesem Moment nicht darüber schreiben, aber ich komme garantiert noch einmal auf die Ilse zurück.

Elli Ö. – eine weitere Brieffreundschaft: Sie war damals 18 Jahre alt, hatte braune Augen und Haare und wohnte in Mühlheim/Ruhr, Tiegelstraße 45. In meinen Tagebuchaufzeichnungen steht vermerkt, dass aus ihren Zeilen der Ton eines behüteten jungen Mädchens herauszulesen war. Sie war allerdings niedergedrückt durch eine schwere Lungentuberkulose, was für sie als sportbegeistertes Mädel besonders schwer zu ertragen war. Ca. ein Jahr hielt sie sich damals schon in einer Lungenheilstätte auf. Aus ihren Briefen habe ich herausgelesen, dass sie trotz aller Kümmernisse mit rheinischem Humor versucht, ihre Krankheit zu verkraften. Oft genug habe ich sie schon brieflich zu trösten versucht. In einem kindlich naiven und oft schon mütterlichen Ton erfreuten mich ihre Briefe, in denen sie mir ihre Erlebnisse und das Leben im Rheinland beschreibt. Natürlich war sie auch neugierig, was hier bei uns so vor sich geht. Wir standen ca. ein Jahr in Briefverkehr, und ich hoffte, dass es noch lange so weiterginge.

Am 23. März 1950 schickte ich dem schwerkranken Mädel aus Lang-Son in Tonkin einen Brief. Dazu trank ich ab und zu einen Schluck Rotwein. Auf einmal entstand in meinen Zeilen ein Märchen, und ich weiß heute nicht mehr, aus welchem Grund ich das Schreiben für mich noch einmal in meinen Tagebuchaufzeichnungen abschrieb, um es mir zu erhalten, denn natürlich gab es seinerzeit nicht die tollen Kopiermöglichkeiten wie heute.

»Meine liebe, kleine Elli!

Siehst Du, ich bin doch ein ›artiger Kerl‹. Damit Dich die Langeweile in Deinem Bettchen nicht all zu sehr plagt, schicke ich heute gleich schon wieder einige Zeilen für Dich ab.

Hoffentlich hast Du meinen Brief vom 20. des Monats schon in Deinem Besitz oder war der Weltpostverein wiedermal bummlich?

Wie ist Dein Gesundheitszustand, liebe Elli? Warst Du schön folgsam oder musste der Onkel Doktor wieder einmal mit Dir schimpfen? Na, lass' mal, meine Mutter sagte früher immer zu mir, wenn ich Weh am Finger hatte: ›Bis Du heiratest ist alles wieder gut.‹ Anschließend pustete sie auf meine Finger, sagte: ›Heile, heile!‹, und der kleine Fredi-Mann lachte wieder. So muss ich es wohl nun auch mit meiner kleinen Elli machen. Pass' auf!

Ich sitze hier weit, weit von Dir entfernt im gelben Erdteil auf meinem Lager im Bungalow und gucke in den Himmel, rufe alle guten Geister an, und meine Lippen formen den Satz:

›Jetzt wirst Du bald wieder ganz gesund sein!‹ Meine Helfershelfer in der Luft greifen diese Worte auf und hui, hast Du nicht gesehen, rauschen sie mit Windeseile ab in Richtung Deutschland. Ihr Weg ist lang, sehr lang. Weiter als den halben Erdumfang fliegen und bewältigen sie die ungeheure Strecke von 22.000km. Ich weiß genau, welchen Weg sie nehmen, kleine Elli. Darum hübsch aufgepasst:

Sie überfliegen von hier aus die Berglandschaft von Tonkin. Unter ihnen, in unwegsamer Wildnis, liegen die Posten der Kolonialarmee Indochinas, die als erste Vorboten des Abendlandes den unerbittlichen Kampf gegen die rote Gefahr aufnehmen. Über einem dieser Posten stoppen diese kleinen Geister. – Halt, was ist denn das? Aus der Dunkelheit erhellt ein flammendes Lagerfeuer den sternenübersäten Himmel der Tropennacht und leise, ganz leise dringt eine wehmütige, sehnsüchtige Melodie an ihr Ohr. Langsam und behutsam fliegen meine kleinen Heinzelmännchen der Erde zu und nehmen ungesehen von den irdischen Lebewesen Platz am knisternden Lagerfeuer. Behutsam streicht der Nachtwind über die Wipfel der Palmen und anderen Tropenbäume, so dass die Lianengewächse sich leise pendelnd in der Luft bewegen. Meine kleinen Geister aber lauschen hingerissen einem Liede deutscher Legionäre, dessen Melodie sich hinauf in den Äter schwingt. Waren vorher im düsteren Urwald die nächtlichen Geräusche der auf Raub und Liebe ausziehenden Tiere zu hören, so erklang jetzt als einziger Laut die zarte Weise der Legionäre. Eine Affenmama, die gerade ihr Jüngstes säugen wollte, hielt erstaunt inne. Ihr Gatte, der sich mit dem Inhalt einer Kokusnuss beschäftigte, ließ diese fallen, und dann turnte die ganze Familie von Baum zu Baum, von Liane zu Liane hin zu der rätselhaften Melodie der bösen Menschen. – Eine Schlange, die ihrem Opfer gerade den Todesbiss verabreichen wollte, hielt auf, lauschte, und dann schlängelte sie sich, angezogen von den seltsamen Lauten durch das Unterholz hin zum Lagerfeuer. So packte es sie alle, den Affen, wie die Schlange, den Jaguar, wie den Leoparden. Nun lagen sie alle versteckt im dichten Urwaldgesträuch und lauschten. Das Feuer glühte nur noch unwirklich durch die Nacht. Eine Gitarre schlug, leise klagend, die Akkorde, und es setzten die Stimmen der Männer ein:

›Fern im Dschungel von Indochina Soldaten stehn –
Keiner weiß, ob sie die Heimat mal wiedersehn.
Ja, so singt es der blonde Hein von Allemagne
Und die Anderen, sie summen es leise, Mann für Mann,
Selbst Amigo, der pechschwarze Italiener singt,
Dass es dumpf wie eine Trommel im Urwald wiederklingt.
Haltet aus und stehet alle, Mann für Mann,
vielleicht seht ihr die Heimat dann.
Kleines blondes Annerl daheim, kannst du warten,
Denn bald bin ich wieder dein.
Kleines, tapferes Mädel daheim, bald bist du mein!‹

Sanft lassen sie ihr Lied ausklingen. Nur ein unendlich zartes Zittern liegt noch in der Luft. Die Gesichter der Legionäre sind weich und entspannt. Das Lagerfeuer ist in sich zusammengesunken, das Baby der Affenmutter ist sanft eingeschlummert, und die zusammengekringelte Schlange hat ihr Opfer vergessen. Da – was ist das? Ein Geräusch, was nicht in die weihevolle Stille gehört. Langsam und unheimlich anzusehen pirschen sich Partisanen an das Lager heran. Ihre asiatischen Gesichtszüge sind vor Wut vollkommen verzerrt und ihre Gedanken kreisen nur um den Meuchelmord. Hell funkeln die scharfen Schneiden ihrer Buschmesser im Mondschein. – Dann schieben sich ihre Gewehrläufe durch die Sträucher. Der gute alte Mond verdeckt vor Gram sein Antlitz. Doch die Legionäre sind auf der Hut. Ihre eben noch weichen Gesichter wurden hart und kantig. Ein Schuss durchschnitt grell pfeifend die Stille – der Kampf begann.

Meine kleinen, guten Geister aber erhoben sich erschreckt hinauf in den Sternenhimmel, um ihren Flug zu Dir fortzusetzen.

Mit lautlosem Flügelschlag strichen sie über die aus dem Wasser des Flusses aufsteigenden Felsen der Bay d' Along, einem Weltwunder unseres Erdenballes. Sie bewunderten das grünliche Gewässer, das sich leise gluckernd in vielen Farbreflexen dem Meer zuschob. So erreichten sie im Morgengrauen den Golf von Tonkin, als gerade in fantastischen roten Strahlen die Sonne im Osten aus den Fluten emporstieg.

Als meine kleinen Geister in Singapore anlangten, waren sie rechtschaffen müde, doch sie erreichten im letzten Augenblick einen Luxusdampfer, der Kurs auf Europa hatte. Jüngere und ältere Menschen räkelten sich behaglich in den Liegestühlen auf dem Promenadendeck, um ihre Körper den schmeichelnden Sonnenstrahlen darzubieten.

Meine kleinen Heinzelmännchen aber schlichen neugierig überall auf dem Schiff herum. Sie gelangten, ganz in der Tiefe, in den mit brausendem Gestampfe erfüllten Maschinenraum, in dem sich schwitzende Männerleiber abmühten, das Schiff auf einer bestimmten Geschwindigkeit zu halten. Sie bewunderten die blitzenden Kolben der Maschine, die in schnellem Rhythmus das Lied der Technik sangen. Doch dann wurden meine kleinen Geister von der Hitze wieder hinaufgetragen und traten ungesehen in den fürstlich ausgestatteten Speisesaal des Schiffes, in dem die Stewards sich gerade mühten, um dem Heißhunger der verwöhnten Passagiere nachkommen zu können.

Dann traten sie in die Küche, in der sie gerade noch sahen, dass ein kleiner Kochlehrling von seinem Chef eine schallende Ohrfeige bekam, weil er mit seinem Lausbubenfinger vom Dessert naschte. – Als es ihnen auch dort nicht mehr gefiel, schwangen sie sich durch die Eisenschotten hinauf auf die Kommandobrücke. Der Kapitän erteilte gerade mit ernstem Gesicht seinem Rudergänger eine Änderung des Kurses. Das Barometer war gefallen, und die Magnetnadel stand zitternd auf Sturm. Am Himmel zeigten sich die ersten Anzeichen eines beginnenden Orkans. – Im Speisesaal aber ertönten die schmeichelnden Weisen der Tafelmusik. Nichts ahnend flüsterten sich die Passagiere den diskreten Bordklatsch ins Ohr: ›Haben Sie schon gehört, dass …!‹

Nein, die warnenden Elemente hatten sie allerdings noch nicht gehört. Unheimlich … wie schnell sich die entfesselten Naturgewalten der Nussschale von Menschenhand näherten. Der Indische Ozean schickte seine ersten Sturmwellen gegen den Bug des Schiffes. Die Mannschaften standen bereits auf den Alarmstationen. – Dann schwang der Meeresgott Poseidon sein Zepter und gab seinen Truppen den Vernichtungsbefehl gegen das fürwitzige Gebilde der Menschen. Die Nixen bettelten vergeblich ihren Herrn, aber der Beherrscher der Meere wollte seinen Zoll hinabziehen in den grünen Meerespalast, wo schon unzählige der Stunde des Jüngsten Gerichts harrten.

Meinen kleinen, guten Geister aber, die Gefahr wohl erkennend, schwangen sich steuerbord auf eine Welle, tranken etwas Meerwasser und zogen sich blitzschnell am Sturmwind hoch, um auf einer dunklen und wütenden Wolke, schnell, hast du nicht gesehen, dem Roten Meer zuzureiten.

Bald wurde die Natur milder gestimmt, und genau am Suezkanal setzte Frau Wolke meine kleinen Geister mit einem schadenfrohen Platzregen auf die Erde nieder, wo sie sich erst verdutzt umschauten, um aber gleich darauf fröhlich den Weg zu Fuß weiter zu machen. So kamen sie auf ihrer Wanderung an großen Pyramiden vorbei, in die vor vielen, vielen Jahren ein Volk seinen Größten die letzten Ruhestätten bereiteten. Centauer und andere wunderliche Gebilde kreuzten in den Abendstunden ihren Weg. Um Mitternacht konnten sie der Sphinx in ihr rätselhaftes Auge schauend, das, wissend um die Jahrtausende, ihre Blicke in unendliche Fernen schickte. – Dann wurden meine Heinzelmännchen aber wirklich müde, und am Ufer des Suezkanals betteten sie sich in den Wüstensand. – Doch sie konnten leider nicht lange schlafen. – Ein Raunen erfüllte die Luft, Gespensterkolonnen stiegen schemenhaft aus dem Wasser, tausende und abertausende. Es waren die vom Sandsturm gemordeten Sklaven des Kanals. Sie hörten, wie sich die Stimme Ferdinand von Lesseps erhob und sahen, wie mit einem grässlichen Sausen der Sand den Kanalbau verwehte. Sie sahen Schiffe vieler Nationen festlich bewimpelt den Kanal einweihen, um auch dem Erbauer die Ehre des Dankes zu erweisen. Dann zischte eine Sternschnuppe durch die Stratosphäre. Es war 1.00 Uhr und der Spuk verschwand.

Morgens rieben sich meine Kleinen den Sand aus den Äuglein und setzten dann ihren Weg bis Port Said mit einer Kamelkarawane fort. Dort angelangt, wachsten sie ihre zarten Flügel, damit die neckische Sonne wieder einen Leckerbissen habe und husch, husch, waren sie über dem schillernden Mittelmeer. Einige Zeit noch die Küstenstreifen von Nord-Afrika sehend, bogen sie dann kichernd ab und befanden sich am Abend in Marseille. – Die Dämmerung legte ihre ersten Schatten über das schwer geprüfte Europa. Meine kleinen guten Geister setzten aber, dessen ungeachtet, ihren Weg zu Dir weiter fort. – Sie kamen an den Rhein, schlängelten sich durch die finster blickenden Grenzwächter und befanden sich gleich darauf in Deutschland. Vorbei an zerstörten Straßenzügen kamen sie in tiefer Nacht bei Dir in Roßbach an. Sie traten leise, ganz leise in Dein Zimmer, wo gerade der Mond, freundlich lächelnd, Deinen tiefen Schlaf bewachte. Sie kletterten auf Dein Bett, schauten in Dein Gesicht und flüsterten Dir wie im Traum ins Ohr: ›Jetzt wirst Du bald wieder ganz gesund sein!‹

Siehst Du, das war die große Reise meiner kleinen guten Geister zu Dir. Wie wollen wir das Märchen nennen? ›Der Wunsch eines Legionärs für ein kleines krankes Mädel!‹ Hat es Dir gefallen?

Schlafe gut, kleine Elli – Dein Fred.«

Zu etwas späterer Zeit schrieb mir der Bruder meiner Briefpartnerin, dass seine Schwester am 3. Juni 1950 verstorben sei. Er dankte mir, im Namen der Familie, für meinen Schriftwechsel mit seiner todkranken Schwester. – Ich dachte damals und auch heute, es ist jetzt schon so lange her, »Schlafe in Frieden, kleine Elli!« Ich habe sie nie gesehen, und doch ist sie mir vertraut geworden.

7. August 1948

Noch kann ich beim Rückblick in meine Vergangenheit davon zehren, dass ich früher lange Tagebuch geführt hatte. So fand ich in meinen alten Aufzeichnungen unter dem Datum 7. August 1948 auch wieder einige handschriftliche Aufzeichnungen von mir:

Also, heute ist nun der Tag angebrochen, an dem ich mein erstes Dienstjahr in der Legion beendet habe. Welche Tage, welche Stunden liegen hinter mir? Es ist immer dasselbe Lied, Freude und Glück, Leid und Enttäuschung. Aber, was ja schließlich und endlich die Hauptsache ist – ein Jahr liegt heute hinter mir. Ich habe es nach meiner alten Devise »Unkraut vergeht nicht« glücklich überstanden. Hoffentlich bin ich in der Lage, meine restliche Dienstzeit ebenso gut hinter mich zu bringen. Die Zukunft wird es lehren. Ich rufe mir selbst den alten Bergmannspruch zu: »Glück auf für's zweite Dienstjahr!«

So gut es geht, versuche ich immer wieder in meinen Tagebuchnotizen fortzufahren. Meine Kumpels foppten mich manchmal. Wenn wir auf Wache waren bzw. eine Freiwache hatten, hauten sich die anderen auf ihre Zementbetten. Ja, es gab dort wirklich nicht nur aufstellbare bzw. aufklappbare Betten, sondern auch schräg gemauerte Zementliegen. Die waren in Räumen, zum Beispiel für eine Freiwache, aber auch in den militärischen Einrichtungen, wie in Gefängniszellen, damit die Insassen nicht so weich und bequem liegen können. Wir haben uns, Not gedrungen, an alle Arten von »Hinlegestätten« gewöhnen müssen.

Also, meine Kumpels der Freiwache lagen, grinsten über den Schreiber Fred und sagten mit ironischem Zungenschlag: »Vielleicht lesen wir von dem später mal ein Buch.« Manchmal habe ich daran gedacht, dass das durchaus möglich sei. Ich schrieb zwar ziemlich viel in meinem späteren Zivil- und Berufsleben, aber einen Bestseller habe ich nie in Angriff genommen.

In meiner Legionszeit schrieb ich hauptsächlich, um später einmal Erinnerungen zu haben oder manchmal auch, um nicht zu verblöden.

Wie schnell ist doch meine bisherige Legionszeit vergangen, und doch war sie manchmal eintönig und zwar so, dass sie mir auf die Nerven ging, insbesondere dann, wenn die Regenzeit eine »gemütliche« Untermalung der Szene war. Wenige Tage gab es schönes Wetter, aber auch viele verregnete und verschlammte Tage, bei denen das Autofahren eine regelrechte Menschenschinderei war.

Zu vermerken wäre noch, dass ich inzwischen meine Prüfung für den Militärführerschein bestanden habe. Ich fahre jetzt den LKW Dodge Nr. 18.

Na, noch zwei Monate, dann hält der Sommer wieder seinen Einzug und zwar so schlimm, dass wir am liebsten unbekleidet spazieren gehen möchten. Das einzig Gute in dieser Wetterperiode ist für uns, dass wir nicht mehr so oft auf eine militärische Operation zu gehen brauchen.

Seit einigen Tagen bin ich beim Dentisten in Behandlung. Ich muss meine ganze Selbstbeherrschung und meinen Mut beim Betreten des Behandlungszimmers aufbieten. Wenn bloß schon alles im Mund repariert sein würde! Es kursierte bei uns der Spruch: »Zahnarzt vergeht, Fresse besteht.«

Ich hatte auch schon eine kleine, ungefährliche Ohrenentzündung zu überstehen. Und ich spüre auch, mehr als früher, des Öfteren Kopfschmerzen.

In meiner Freizeit erledige ich das Briefeschreiben mit unbekannten oder bekannten Briefpartnern. Zum Ausgehen habe ich bis jetzt überhaupt keine große Lust. Warum auch? Die französische Sprache macht mir noch Schwierigkeiten. Das Amüsieren ist zu teuer, die Frauen krank und Huren. Ich habe eben zurzeit zu nichts Lust. Am wohlsten fühle ich mich, wenn alle im Schlafraum ausgeflogen sind und ich mit meinen Gedanken alleine bin. Dann schließe ich die Augen, blase genießerisch den Rauch einer Zigarette in die Luft und gebe mich ganz meinen Traumgedanken hin. Schöne Zukunftsbilder umgaukeln dann mein Hirn. Pläne für später werden geschmiedet und wieder verworfen. Ein Zukunftsplan nimmt in meinem Kopf immer festere Formen an. Da ich ja schließlich später mal einen Beruf ergreifen muss, grübelte ich schon immer über den besten nach. Wenn mich mein Gefühl und die Meinung meiner Kameraden nicht täuscht, hätte ich wohl doch das Zeug zur Schriftstellerei. Ich kann mich natürlich in meinen Fähigkeiten irren, aber ich werde erst Mal zusehen müssen, was mir die Zukunft auch auf diesem Sektor bringt.

Um noch einmal auf die Mädels zurückzukommen, so sage ich, dass die Briefe von mir eine Freude bei ihnen hervorrufen. Das zeigen ihre Zeilen, die ich von ihnen bekomme. Ich bin wirklich gespannt, mit welchen Briefschreibern ich in meinem Leben noch so zusammentreffen werde.

Die Eta hatte bei mir einen guten Stellenwert, aber was kann in den vielen Jahren noch alles so passieren. Und wer weiß, wann und ob ich je einmal heiraten werde. Ich möchte einmal keinen Missgriff machen. Dann lieber Junggeselle bleiben und das Leben genießen (Wenn ich damals schon gewusst hätte …). Als freier und ungebundener Mensch ist man am besten dran. Und genau das Gegenteil meiner jetzigen Gedanken begleitete mich in meinem späteren Leben!

Damals habe ich in meinen Tagebuchaufzeichnungen den Wunsch festgehalten, bei meiner späteren Rückkehr alle Freunde und Bekannten zu sehen, um zu hören, was aus ihnen geworden ist. Die Mädels werden dann wohl schon alle unter der Haube sein. Aber ich will erst einmal ganz alleine durch die alten Straßen gehen, und wenn ich dann alles wieder in mich aufgenommen haben werde, kann ich wohl auch sagen: »Die alten Straßen noch, die alten Häuser noch, die alten Freunde aber sind nicht mehr.«

Viel später in meinem Leben bin ich dann mehrere Male durch die Straßen meiner Kindheit gegangen. Ich habe ganz wenige Bekannte von früher gesehen und gesprochen. Oft stand ich vor dem Wohnhaus Grünberger Straße 52. Ich wollte auf den Hof gehen, aber ich kam nicht mehr durch das Haus, denn es war, zumindest, was die Haustür angeht, modernisiert. Die Tür ließ sich nur noch durch einen Schlüssel öffnen, oder ich müsste irgendwo klingeln, den Summton und damit das Öffnen der Tür abwarten, um in den Hof gelangen zu können. Ich habe das auch einmal so getan. Die Klopfstange und mehrere Müllkästen waren noch da und auch die Erinnerungen an die Kinder, mit denen ich früher einmal spielte.

Ein schlimmes Erlebnis! – 7. August 1948

Ich war ziemlich erbost, als ich gestern, gegen 18.00 Uhr, mit noch mehreren Kameraden meiner Kompanie den Befehl erhielt, um 20.00 Uhr in Paradeuniform anzutreten. Was war denn das nun wieder für ein Rummel, dachte ich. Müde und abgespannt kamen wir von unserer jeweiligen Tätigkeit – und jetzt noch unser Zeug in Ordnung bringen für die »Glanzuniform«. Unsere Gamaschen, Koppel und Gewehrriemen mussten vor dem Antreten weiß lackiert werden. Unter Murren und Flüstern machten wir uns an die Arbeit. Wir rieten hin und her, was denn da kommen könnte, kamen aber zu keinem Resultat. Nun, wir würden es schon früh genug erfahren.

Beim Abendessen machte dann das Wort »Erschießungskommando« die Runde. Pünktlich, um 20.00 Uhr, traten wir im Saal der Dritten Sektion an. Unsere Namen wurden aufgerufen und unsere Unterschriften kontrolliert. Sergeant R. besichtigte uns und fand alles in bester Ordnung. Anschließend klopften wir noch die drei Gewehrgriffe, deren Ausführung von unseren Vorgesetzten als in Ordnung befunden wurden.

Uns wurde bekannt gegeben, dass morgen, am 7. August, früh um 04.30 Uhr Wecken ist. Nun fand unser Rätselraten natürlich kein Ende, aber immer öfter hörten wir das Wort »Erschießen«.

7. August – »Allèz, aufstehen!« Knurrend wälzte ich mich aus meinem Klappbett und stieg in meine Paradeuniform. Dann gingen wir alle zur etwas entfernt liegenden Küche, um unser Frühstück zu empfangen. Nanu, Kaffee mit Rum? Starker Alkohol schon am frühen Morgen, komisch. Jetzt glaubte ich auch so langsam, dass an dem ganzen Gerede etwas dran sein musste. Um 5.00 Uhr befanden wir uns, 30 an der Zahl, auf dem Gelände unseres KFZ-Parks. Nach erfolgter Meldung an den Leutnant wurden sechs Mann von uns ausgesucht, die ihre Gewehre wieder in die Unterkunft bringen mussten und auf der Waffenkammer andere »Gewehre« empfingen, nämlich Maschinenpistolen mit je zwei Munitionsmagazinen.

Unter diesem Sonderkommando befand auch ich mich. Sergeant de F. war unser Gruppenchef. Wir bestiegen den verdreckten Planwagen der Küche, und Herbert J., der gerade Wache hatte, war unser Chauffeur. Die anderen 24 Legionäre bestiegen ebenfalls einen LKW. Dann fuhr unser Kommando durch die morgendlich ruhigen Straßen bis nach Saigon. Vor einem großen Gebäude hielten wir an. Es war der Justizpalast mit seinen düsteren Kerkern. Einige Autos hielten dort schon mit abgeblendeten Scheinwerfern. Wir erhielten den Befehl, abzusteigen. Wir sprangen vom LKW und traten in das Gefängnis ein.

Knarrend fiel die große schwere Tür ins Schloss. Im Vorraum etliche Offiziere, die sich mit gedämpfter Stimme unterhielten, außerdem mehrere Gefängnisbeamte in Zivil. Sie gaben mit ihren schweren Colts dem Ganzen ein unheimliches Bild. Ein Frösteln lief durch meinen Körper. Auch meinen Kameraden war nicht gerade rosig zumute. Es herrschte eine merkwürdige Atmosphäre. Es wurde noch auf den Geistlichen gewartet, der den letzten Segen für Todeskandidaten auszusprechen hatte. Jetzt bekamen wir langsam mit, was unsere Aufgabe war. Im Hintergrund des Raumes bemerkte ich einen hohen japanischen Offizier. Ein Abgesandter der japanischen Regierung, der der zu erwartenden Exekution beiwohnen musste. Kein Zeichen von Anspannung oder Erregung war auf seinem Gesicht wahrzunehmen. Der Mann stand eisern, diszipliniert, höflich und zurückhaltend in diesem unfreundlichen Raum.

Kurz vor 6.00 Uhr erschien ein anamitischer Geistlicher. Nach stiller Begrüßung setzte sich unsere Prozession über den Hof in Bewegung. Auf der rechten Seite des großen Vierecks befanden sich einige große Gefangenensäle. Mir kamen sie wie Affenkäfige vor. Große Eisengitter gestatteten einen bequemen Einblick in die Säle. Die Gefangenen standen dort dicht gedrängt mit finsteren Gesichtszügen am Gitter und folgten uns mit ihren Augen. Überall standen schwer bewaffnete Zivilisten, fürwahr ein unheimliches Bild.

Ungefähr zwanzig Stufen führten uns in ein Kellergewölbe. Zwei schwere Eisentüren öffneten sich vor uns. Dann standen wir vor der Zelle der drei Japaner. Wir Legionäre postierten uns in zwei Reihen an der Tür, die nun von einem Gefängniswärter geöffnet wurde. Ich zitterte innerlich vor Spannung und Erregung. Die Todgeweihten wurden »geweckt«. Ihre Ketten, mit denen sie an einer längs der Wand befestigten schweren Eisenkette verbunden waren, wurden geöffnet. Sie taumelten aus dem finsteren Kellergewölbe.

Der erste, ein kleiner Mann, hatte die Hände gefaltet. Sein Gesicht war grau wie die Wand, über und über mit Bartstoppeln bedeckt. Er war der Hauptangeklagte, wurde uns gesagt, ein ehemaliger Major der Kaiserlich-Japanischen Armee. – Meine Hand krampfte sich fest um die entsicherte Maschinenpistole.

Der zweite Häftling, ein großer schlanker Mensch mit schmalen Fingern, war ein ehemaliger Oberleutnant. Die lange Haft hatte unverkennbare Spuren auf seinem Gesicht zurückgelassen. Kein Zeichen von Angst oder Erregung konnte ich an ihm feststellen. Nur seine Finger, welche eine brennende Zigarette hielten, zitterten unmerklich. Stolz und gerade aufgerichtet stand er da, als die Handschellen um seine Gelenke zuschnappten.

Der dritte Häftling war ein ehemaliger Unteroffizier. Auch er hielt sich gerade und aufrecht. Nur seine Hände flogen, als er die Zigarette zum Mund führte. Auf seinem Kopf trug er eine japanische Feldmütze.

Die Gefangenen in der Mitte gingen wir mit ihnen langsam den Weg zurück. Als wir mit ihnen den Hof betraten, setzte ein Gemurmel und Geraune der übrigen Gefangenen in den großen Zellen ein, das in wütendem Brüllen ausartete. Einige von ihnen sangen eine schwermütige Melodie.

Im Vorraum angelangt, mussten sich die Japaner ankleiden. Danach begrüßten sie nach japanischer Sitte den Abgesandten des Tenno, der sich in ruhigem Ton mit ihnen unterhielt.

Auf einmal fiel der japanische Major zu Boden. Er war ohnmächtig geworden – wohl aus Angst vor dem Kommenden. Seine zerrütteten Nerven konnten nicht mehr. Eine Aufpulverungsspritze und etwas Alkohol erreichten nicht ihren Zweck. Der Gefangene blieb im Dämmerzustand mit krampfhaft geschlossenen Augen.

Der Abgesandte des Tenno wollte ihm zureden. Als das nichts nutzte, brüllte er ihn an wie auf dem Kasernenhof und packte ihn bei seiner Offiziersehre. Auch das hatte keinen Zweck.

Der Geistliche betete mit den Todeskandidaten. Der Major war weiter nicht ansprechbar. Die anderen Beiden waren beherrscht und gefasst. Jeder erhielt noch zwei Gläschen Schnaps und einige Zigaretten. Dann verabschiedeten sie sich höflich mit asiatischer Verbeugung vom Gefängnispersonal. Die Tore öffneten sich. Taumelnd traten die Gefangenen ins Freie. Der Major musste von uns auf den Wagen gehoben werden. Er befand sich immer noch im Dämmerzustand. Mit uns fuhren der Dolmetscher, der Geistliche und ein Gefängnisbeamter. Die Gefangenen setzten sich und wir postierten uns vor sie. Dann begann ihre letzte Reise zum Hinrichtungsplatz.

Rechts und links der Straßen standen Posten der Militärpolizei. Hinter uns fuhren noch etwa sechs Kraftfahrzeuge mit Offizieren. Am Richtplatz angekommen stiegen wir aus. An einer großen Mauer standen auf einem Wall drei Pfähle. Fünf Meter vor ihnen standen je sechs Legionäre mit ihren Karabinern. Eine Ehrenkompanie, bestehend aus Legionären, Fallschirmjägern und regulären Kolonialtruppen stand »das Gewehr über«.

Die Gefangenen bekamen den letzten religiösen Segen. Der japanische Abgesandte versuchte noch einmal, den Major durch scharfen Anruf zur Besinnung zu bringen. Doch der stand, die Augen geschlossen, von zwei Legionären gestützt, kalkweiß und zitternd da. Mit den Worten: »Dann sterbe als Schwein!« wandte sich der japanische Colonel verächtlich von ihm ab. Die anderen beiden Todeskandidaten verabschiedeten sich in militärischer Form noch einmal von allen.

Dann führten wir sie an die Pfähle. Totenstille herrschte auf dem Platz. Zwei Blöcke Militärpolizei sicherten vor etwaigen Zwischenfällen. Langsamen Schrittes gingen wir auf den Wall zu. Die zwei tapferen Todeskandidaten stimmten ihre Nationalhymne an. Dann stand jeder vor seinem Pfahl. Eine Augenbinde lehnten sie ab. Ich stand bei dem ehemaligen Oberleutnant in der Mitte. Mein Blut stieg mir zu Kopf. Ich war innerlich sehr erregt. Nie in meinem Leben werde ich diese Minuten vergessen können. Die Handschellen der Gefangenen wurden geöffnet. Höflich verbeugten sie sich mit einem »Merci«. Dann wurde er vom Legionär Engelberg an den Pfahl gebunden.

Hoch aufgerichtet stand der Japaner da. Im selben Moment kam die Sonne zwischen den Wolken hervor. So gut es ging, verneigte er sich am Pfahl nach Osten. Ich trat mit den Anderen aus der Schusslinie. Ein Kommando zerriss das Schweigen:

»Legt an!«

Heiße Bewunderung stieg in mir hoch, als ich die Todeskandidaten so stehen sah. Ja, das sind tapfere Soldaten. Klaren Blickes schaute jeder, außer dem, in ohnmächtigem Zustand an den Pfahl gebundenen Major, in sechs auf ihn gerichtete Gewehrläufe. Der Oberleutnant in der Mitte rief seinem Kameraden, dem Unteroffizier, einige aufmunternde Worte zu. Dann vereinigten sich ihre Stimmen zu dem Ruf: »Ewig lebe der Tenno!«

Der japanische Oberst stand in strammer Haltung, seine rechte Hand zum letzten militärischen Gruß erhoben, da.

»F e u e r !«

Ein scharfer peitschender Knall aus 18 Büchsen zerriss die Luft. Ohne einen Laut sackten die drei Japaner in sich zusammen. Je ein Unteroffizier von uns gab aus der Pistole den Erschossenen einen Gnadenschuss in ihre rechte Schläfe ab. Das Leben dieser Drei war nun beendet. Die Ehrenkompanie stand noch in »Gewehr über!«. Es wurde also nicht das Gewehr präsentiert, aber sie starben trotzdem als Helden, würdig ihrer Nation … so dachte ich damals.

Ich drängte die Tränen, die mir in die Augen steigen wollten, gewaltsam zurück und dachte:

»Der Gott dort droben wird euch entschädigen für alles Leiden. Er gibt euch die ewige Ruhe.«

1000 Meilen auf Dodge Nr. 18

Tag für Tag, Woche für Woche, Monat für Monat, so fuhr ich mit meinem Dodge Nr. 18 (es handelt sich um einen Lastkraftwagen mit einer Kippervorrichtung der Dodge-Fabrikation und 3 Tonnen Ladefläche) meine 1000. englische Landmeile, das sind rund 2000 Kilometer. Baumaterial für den neuen Flughafen, für neue Kasernen, Patrouillen- und Operationsfahrten, das war der hauptsächliche Inhalt meiner Tätigkeit als LKW-Fahrer.

Einige Fahrten im Konvoi führten mich etwas in das Innere des Landes. Auf diesen Fahrten sah ich auch das Schöne in der Natur. Schönheiten, die für einen Mitteleuropäer fast ans Wunderbare grenzen. Ich glaube, dass die Natur nirgends auf der Welt mit ihren Reizen verschwenderischer um sich warf wie in diesem, so oft von mir verfluchtem Land, das Indochina heißt. Aber manchmal liebe ich dieses so fremdartige Land doch. Mir fehlen die richtigen Worte, um alles etwas eingehender zu schildern, da ich jetzt auch nicht in der richtigen Stimmung bin. Manchmal denke ich daran, mir vorzunehmen, für einige Zeit, später einmal als Zivilist hier zu bleiben. Aber, wer weiß, was bis 1952 noch alles so passiert.

Es ist jetzt der fünfte Monat in diesem Land. Die Zeit ist schnell vergangen. Hoffentlich werde ich die nächsten 1000 Meilen gesund erreichen.

5. Oktober 1948: Es ist jetzt bei mir eine komische Zeit gekommen. Ich könnte sie auch Schlafperiode nennen. Alles, was vor einigen Wochen noch mein vollstes Interesse in Anspruch nahm, lässt mich zur Zeit vollkommen kalt. Arbeiten, die ich unbedingt an meinen persönlichen Sachen vornehmen müsste, werden zwar begonnen, bleiben

dann aber meist liegen. Das Schreiben von Briefen, das ich bis jetzt gleichmäßig pflegte, ist nun auch von mir vernachlässigt worden. Na ja, kurz gesagt, ich habe zu jeder Zeit und Stunde nur das eine im Sinn: Schlafen, schlafen und nochmals schlafen. Das ist nicht nur bei mir der Fall, sondern auch bei vielen meiner Kameraden. Ich glaube fast, dass es an der Witterung liegt, die jede Lust an irgend einer Sache im Keime erstickt.

Während ich diese Zeilen schreibe, ist gerade Mittagszeit, und fast alle von uns liegen faul und träge auf ihren Feldbetten. Aber ich muss mich nun endlich aufraffen, um wieder einiges Erlebte meinem Tagebuch anzuvertrauen, denn ich möchte es mindestens bis zu meiner Heimkehr weiterführen. Mein Vater sagte früher einmal zu mir: »Bei dir ist alles nur Strohfeuer, was schnell wieder erlischt.« Nun möchte ich vor mir selbst beweisen können, dass nicht alles gleich verlischt, wie er sagte. Denn mein Tagebuch führe ich konstant bereits seit Anfang 1946. Leider sind mir meine damaligen ersten Aufzeichnungen in Österreich gestohlen worden. Zu gegebener Zeit will ich versuchen, meine Erlebnisse bis zum Eintritt in die Legion niederzuschreiben (was ja inzwischen auch geschehen ist).

Franz N.

Gefallen im August 1948 in der 13. Demi-Brigade. Einer von den Vielen, mit denen ich wärend meiner kurzen Legionszeit zusammentraf. Ich lernte ihn kennen, und wir kamen wieder auseinander. Einige Wochen nach mir traf er in meiner Einheit in Sidi-bel-Abbes ein. Im Februar trafen wir uns im zusammengestellten Transport nach Indochina. Gemeinsam fuhren wir mit der Nantes bis nach Saigon. Dort trennten sich unsere Wege. Er kam zur 13. Demi-Brigade und ich zur 40. Transportkompanie. Ende August erhielt ich dann seine Todesnachricht. Die Gerüchte hier bei uns über die Art seines Todes sind aufgebauscht worden. Ich will aber trotzdem eines der glaubwürdigsten Gerüchte hier festhalten:

Auf einer Operation im Gebiet der 13. Demi-Brigade wurde die Kompanie, in der sich Franz N. befand, überraschend fast eingekesselt. Franz übernahm die Aufgabe, mit seinem schweren MG den Rückzug zu decken. Stehend schoss er mit seinem Maschinengewehr aus der Hüfte, bis die Munition verbraucht war. Er wurde verwundet. Trotzdem blieb er weiter aufrecht und bewarf die Partisanen, welche bereits auf 25 Meter herangekommen waren, mit Eierhandgranaten. Dann wurde er schwer verletzt. Einige Schüsse trafen ihn in die Brust. – Die Kompanie machte einen Vorstoß und holte Neuherz heraus. Sofort wurde er in ein Lazarett gebracht und starb kurze Zeit später. Im Tode wurde er vom Kommandeur mit dem höchsten Orden ausgezeichnet, der »Medaille Militaire«.

Neuherz war auch einer, den man jetzt wohl als unverbesserlich hinstellen würde. Er blieb bis zu seinem Tod ein Nationalsozialist. Doch das hat ja nun alles keine Bedeutung mehr. Sein Lebenslicht ist in jungen Jahren verloschen. Fern von seiner Bergheimat in Österreich liegt er nun in fremder heißer Erde. Bald ist auch sein Name vergessen. »Lebe wohl, Franz!«

Mein erster Autounfall in Saigon und meine ersten 12 Tage Prison (Militärarrest)

Wie immer fuhr ich mit meinem Wagen Doge Nr. 18 auf Arbeitskommando in Saigon. Kurz vor 10.00 Uhr begab ich mich vom Flugplatz in die Rue de Espagne. In der Rue de Gaule winkte mir ein Legionär zu. Ich stoppte meinen LKW und ließ ihn mitfahren. Ich weiß doch, wie unangenehm es ist, weite Strecken in dieser Gegend zu Fuß zurücklegen zu müssen. Dann fuhr ich mit dem LKW weiter zum Boulevard Norodom, eine Hauptverkehrsallee von Saigon. Im vierten Gang fuhr ich auf die Kreuzung nahe der Kirche zu. Ich schaltete auf den dritten Gang – ungefähr 100 Meter vor mir gibt ein Verkehrspolizist freie Fahrt. Ich bringe den Motor also wieder auf Touren, um hochzuschalten, als im Bruchteil einer Sekunde ein Bus-Bus vor meinem LKW einbiegen wollte. Ich, wie ich damals schrieb, auf die Bremse gelatscht und den Kontakt raus, war alles eine Sache. Ich höre nur noch ein Krachen, einen Schrei, und dann bekam ich einen komischen Geschmack im Mund. Ich traute mich kaum, auszusteigen. Der Schreck lähmte mich für einen Moment derartig, dass ich nicht in der Lage war, meinen Platz vor dem Lenkrad zu verlassen. Doch dann raus. Der Insasse der Rikscha, ein Sergant-Chef von der Marine, lag genau unter meinem LKW. Meine Geistesgegenwart hat ihm wohl das Leben gerettet. Sonst wären ihm die LKW-Räder über seinen Körper gerollt. Wir zerrten den Chef unter dem Wagen hervor. Außer einigen Hautabschürfungen und einer leichten Kopfwunde kam er mit dem Schrecken davon.

Der verfluchte Chinese und seine Rikscha wurden von dem Anprall weggeschleudert. Die Karre war etwas verbogen, das war alles.

Die Zivilpolizei nahm den Unfall auf. Der Rikscha-Fahrer wurde als schuldiger Teil angesprochen. Nach Erledigung der üblichen Formalitäten konnte ich weiterfahren. In der Kompanie angekommen, machte ich sofort Meldung. Dort wurde mir mitgeteilt, dass ich das Eintreffen der Militärpolizei hätte abwarten müssen, zwecks Blutprobe. Am nächsten Tag fuhr Chef R. mit mir zur Polizei. Dort wurden meine Personalien und Aussagen aufgenommen. In Abwesenheit des Kompaniechefs erhielt ich von unserem Leutnant acht Tage Bau. Dann kamen noch vier Tage vom Platzkommandanten als »Nachtisch« dazu.

Die fünf Tage, die ich absitzen musste, ertrug ich mit »Wut im Bauch« und »Hochmut im Herzen«.

An Ungerechtigkeit muss ich mich endlich gewöhnen. Es wunderte mich nur, dass ich meine Zeit nicht absitzen musste und dass ich nicht zum Rapport vorgelassen wurde. »Na, wundern soll sich der Mensch ja auch nicht immer.«

Nachdem ich meine Strafe »abgesessen« hatte, kam ich in die vierte Sektion unserer Kompanie zu Sergent de F.. Meinen alten Doge musste ich abgeben und bekam nun einen nagelneuen 5-Tonner Ford Ben Nr. 9. Der alte Fahrer war ein Legionär, kurz Jumbo genannt. Er kommt in Kürze nach Afrika zurück. Seine zwei Jahre in Indochina sind abgelaufen.

Seitdem ich nun den neuen Ford fahre, habe ich auch schon die Schnauze voll von der Karre. Der Wagen ist nicht für die Tropen geeignet. Im Fahrerhaus herrscht eine erbärmliche Hitze, und laufend verursacht er Pannen. In ihm ist alles total verbaut. Jetzt bekomme ich auch durch das laufende Schwitzen einen unangenehmen Hautausschlag. Na ja, so schrieb ich damals in mein Tagebuch, ich werde es mit Würde zu tragen wissen. Meine zwei Jahre gehen ja auch einmal um, und der Wagen geht auch einmal vor die Hunde. Also, dann weiter im Text.

Im Lazarett Gia Dinh

Am 28. Oktober 1948 kam ich in das Lazarett oder Hospital. Nach einigen Tagen in dieser Knochenmühle lautet die vom Arzt gestellte Diagnose: Büffelkrankheit, Tath Anamit und Bui Bui. Das alles sind mehr oder weniger angenehme Hauterkrankungen, die in dieser Landschaft etwas Alltägliches darstellen.

Die Büffelkrankheit wird hervorgerufen durch Erreger, die sich im Schmutzwasser oder Sumpf aufhalten. Sie äußert sich durch eitrige

Geschwüre und ist eine schmerzhafte und langwierige Angelegenheit. Daran habe ich seit einiger Zeit an den Füßen gelitten.

Tath Anamit macht sich durch Pickelbildung am Körper bemerkbar. Diese Pickel vergrößern oder, besser gesagt, verbreiten sich sehr schnell. Sie nehmen dabei die Form eines Kreises oder eines Striches an. Bei mir sind sie bis jetzt nur in Kreisform aufgetreten.

Bui Bui tritt in Form von winzig kleinen Pickeln auf und hat die unangenehme Eigenschaft, furchtbar zu jucken. Am besten kann ich es so erklären, wenn ich diese Krankheit mit Nesselfieber vergleiche. Manchmal ist mir fast so zumute, als ob unzählige kleine Stecknadeln durch die Haut nach außen wollen.

So, jetzt hätte ich diese Tropenkrankheiten so einigermaßen »beleuchtet«. Hinzufügen möchte ich noch, dass derartige Krankheiten bei fachgemäßer Behandlung bald zu heilen sind.

Das Hospital Gia Dinh ist direkt neben meiner Kompanie gelegen. Es befinden sich hauptsächlich Soldaten zur Behandlung hier. Jedoch gibt es auch einige separate Stationen, z. B. für die Anamiten. Die Entbindungsstation grenzt unmittelbar an das Benzinlager meiner Kompanie. Das haben die Verantwortlichen nach meiner Meinung sehr sinnreich angelegt, denn falls es eine Brandstiftung oder einen Überfall auf meine Kompanie gibt, würde diese Entbindungsstation auch sehr stark in Mitleidenschaft gezogen werden.

Über die ärztliche Behandlung, die Sauberkeit, das Pflegepersonal und das Essen kann man geteilter Meinung sein. In meiner Abteilung befinden sich – damals schrieb ich Neger, heute soll es Schwarze heißen – Marokkaner und Franzosen und einige Deutsche aus meiner Kompanie. Es ist für mich nicht langweilig hier. Wenn ich diese Hautkrankheiten nicht hätte, wäre es fast eine Erholung. Endlich habe ich einmal Ruhe vor allem Soldatensein, was ich schon manchmal satt habe.

Einige Kameraden gehen jetzt zurück nach Afrika. Ihre Zeit hier ist um. Na, ich habe ja »nur noch« 17 Monate, die ich hoffentlich gut überstehen werde. Dann ist meine Zeit im Extreme-Orient auch beendet. Aus dem Lazarett gehen ebenfalls einige Legionäre »reforme« nach Deutschland zurück. Reforme heißt: Sie sind von den Ärzten militäruntauglich geschrieben worden und müssen deshalb aus der Legion korrekt entlassen werden. Darum beneide ich meine Kameraden ebenso, wie sie mich um meine, noch schäbigen 66 Kilo Körpergewicht gar nicht beneiden.

Meine freie Zeit, die ich hier noch vor mir habe, werde ich dazu benutzen, um meine Tagebuchaufzeichnungen vom vorigen Jahr zu ergänzen bzw. aufzufüllen.

Bald kommen ja nun auch die Tage im November, in denen meine Eltern und meine Schwester ihre Geburtstage feiern. Wiederum kann ich nicht bei ihnen sein, aber alle meine Wünsche und Gedanken gelten in diesen Tagen besonders ihnen.

Etwas ungehalten bin ich darüber, dass ich schon wieder einmal längere Zeit auf Post aus Berlin warten muss. Ich will meine beiden Daumen drücken, dass es nicht etwa auf die politische Spannung in Berlin zurückzuführen ist. Mein Gott, denke ich manchmal, bloß keinen neuen Krieg mehr. Ich habe ja den letzten noch nicht so richtig verdaut. Alles, was ich weiter machen kann, ist ausharren und hoffen.

12. November 1948

Ich befinde mich noch immer im Hospital – seit 14 Tagen. Wenn es nur nach mir ginge, könnte ich es auch noch länger aushalten. Doch ich glaube, in den nächsten Tagen werde ich wohl diese gastliche Stätte verlassen müssen.

Vorgestern erhielt ich einen »billigen« Brief von Annelie aus Berlin. Ich werde ihr nicht mehr antworten. Vielleicht habe ich es mir früher ja nur eingebildet, dass sie mich lieben würde. In meinen Tagebuchaufzeichnungen steht zu diesem Thema: »Jedes Wort, dass ich an dieses Mädel richte, ist doch bloß verlorene Zeit.«

Post von zu Hause ist immer noch nicht eingetroffen. Nun sind es schon zehn Wochen seit meinem letzten Postempfang hier.

Gestern war einer der größten Nationalfeiertage Frankreichs: »11. November 1919 – Unterzeichnung des Kapitulationsvertrages Deutschlands in Versailles«. Wir haben hier im Lazarett auch etwas diesen Feiertag gespürt: Für 6 Mann eine Flasche Champagner, für 5 Mann eine Flasche Weißwein, für 16 Mann eine Flasche Wermut. Außerdem erhielt jeder von uns eine Packung Ami-Zigaretten, eine Zigarre und ein Stück Torte. Also, wir wurden fürstlich bewirtet.

In Saigon fand eine Truppenparade zu Ehren dieses Feiertages statt. Wie ich mir gerade erzählen ließ, fand die Legion den stärksten Beifall. Ja, ich glaube, die Legion ist ein Hauptbestandteil der »Ordnungspolizei« in Indochina.

Ab 22.00 Uhr hatten alle Truppenteile Ausgangsverbot. Man rechnete wohl in den Nachtstunden mit »Kundgebungen der anderen Feldpostnummer«.

Vorgestern erhielten wir eine Soldnachzahlung. Ich bekam 261 Piaster, ein fürstliches Vermögen für einen armen Legionär.

Gleich ist wieder Visite, auf die ich schon gespannt warte. Werde nun meine Schreiberei beenden müssen. Außerdem fängt mein Kopf schon wieder an, mich zu quälen. Einen Wunsch für den heutigen Tag möchte ich »dir, liebes Tagebuch«, noch anvertrauen: Wenn ich bloß bald Post bekommen würde, sonst werde ich langsam verrückt.

Gia Dinh am 29. November 1948

Gestern bin ich nun endlich aus dem Lazarett entlassen worden. Mein Kompaniechef hat mich hier »rausgeholt«. Ich bin dafür vorgesehen worden, bereits am 1. Dezember zu einem Lehrgang nach Dallat zu fahren. Dadurch kann ich das vor uns liegende Weihnachtsfest nicht hier mit meinen Kameraden feiern. Aber, was mich tröstet, ist die Tatsache, dass in Dallat die Botanik so sein soll wie in Mitteleuropa, d. h., es soll dort Fichten und Kiefern geben, und das Klima soll erträglicher als hier in der Gegend sein.

Zu meiner großen Freude habe ich heute noch Post von meiner Mutter, Eta und den Großeltern erhalten. Was ich jedoch über meinen Vater zu hören bekam, hat mich sehr erregt.

Eta kümmert sich um meine Mutter und meine Schwester. Das ist wirklich unbezahlbar, und ich bin ihr sehr dankbar dafür.

Auf das, was meine Mutter mir über meinen Vater mitteilte, werde ich später noch einmal zurückkommen.

Dallat am 7. Dezember 1948

Nach dreieinhalb Tagen Bahnfahrt bin ich in meiner neuen Einheit gut angekommen. Die Reise ging ohne Zwischenfälle vonstatten. Die Landschaft, durch die unser Zug mal schneller und mal ganz langsam fuhr, war sehr, sehr schön. Wilder Dschungel, Reisfelder und Wälder glitten lautlos an uns vorbei. Irgendwann erhielt unser Zug eine Zahnradlokomotive. Mit ihr ging es in und auf die Berge. Dallat liegt ungefähr 1500 Meter hoch und ist, wie ich damals schrieb, herrlich gelegen. Landschaftlich kam ich mir hier fast vor wie in Tirol. Der Baumbestand erinnerte mich an Deutschland mit Kiefern, Fichten, Tannen und anderem mehr.

Wir befinden uns hier in der C.I.A.B., d. h., Centre Instruction Arme Blende. In dieser Ausbildungseinheit werden Soldaten vieler Waffengattungen, sowohl von der regulären Französischen Armee als auch von der Legion, auf den einzelnen Lehrgängen soweit ausgebildet, dass sie in der Lage sein werden, Panzer, gepanzerte Fahrzeuge, LKW, von verschiedenen Firmen hergestellt, zu reparieren.

Wir mussten durch mehrere Zwischenprüfungen bis zur Abschlussprüfung in Theorie und Praxis gehen. Soweit die Theorie. In der Praxis sah es damals so aus, dass ich am 20. Dezember 1948 in meinen Tagebuchaufzeichnungen festhielt: »So langsam habe ich die Schnauze voll von diesem Haufen hier. Noch immer hat der Lehrgang nicht begonnen. Unser Dolmetscher liegt im Hospital. Unser Leutnant versucht zwar mit uns etwas anzufangen, aber bis jetzt zwecklos.«

Unten in der Ortschaft St. Genuire machen wir bald jeden Abend einen »Laden« auf. Saufereien und Schlägereien mit den Kameraden der Kolonialtruppen sind an der Tagesordnung. Die haben in dieser vornehmen »Kurgegend« bald die Schnauze voll von der Legion Etrangere.

Gestern hat einer von uns unten beim Hotel eine Patrouille der Kolonialtruppen beschossen. So etwas festigt natürlich nicht unseren guten Ruf.

Einige von uns und ich haben jetzt durch Zufall einen guten, so genannten Familienanschluss mit Franzosen. Es sind Protestanten, und der Vater spricht deutsch.

Damals hielt ich in meinen Tagebuchaufzeichnungen folgendes fest: Wenn das Jahr 1948 verklungen ist, werde ich mein Tagebuchschreiben auf unbestimmte Zeit einstellen. Heute habe ich bereits meine ganzen Briefe verbrannt. Meine Tagebuchblätter werde ich jetzt briefweise nach Hause schicken. Für das, was ich vorhabe, kann ich nichts an Schriftsachen oder Bildern gebrauchen.

Am 23. Dezember feiern wir Weihnachten in der Protestantischen Kirche – wir haben »gefeiert«, und ich habe jetzt endgültig die Schnauze voll.

Wenn ich heute, im Jahr 2006, versuche, meine rebellischen Formulierungen zu enträtseln, glaube ich, dass viele von uns vorhatten, abzuhauen. Die näheren Beweggründe dafür kann ich heute nicht mehr so richtig nachvollziehen, denn der weitere Verlauf des Lehrganges der Brigade Legion verlief äußerst positiv. Und wir hatten einen guten kommandierenden Offizier, einen Adjudant-Chef, ein »ehemaliger« Kanadier.

Die Tage um die Weihnachtszeit und den Jahreswechsel gestalteten sich in meinem Kopf äußerst trübe und das, obwohl ich in diesem Lehrgang gute Kameraden gefunden hatte. In einem Teil meiner Tagebücher, die ich später übrigens unbeanstandet von Kontrollen alle heil mit nach Deutschland brachte, hatte ich meine seltsame Stimmungslage mit einem Gedicht von Hermann Hesse begonnen, und hier ist es:

Seltsam, im Nebel zu wandern,
einsam ist jeder Busch und Stein.
Kein Baum sieht den andern.
Jeder ist allein.

Voll von Freunden war mir die Welt
als noch mein Leben Licht war.
Nun, da der Nebel fällt,
ist keiner mehr sichtbar.

Wahrlich, keiner ist weise,
der nicht das Dunkel kennt,

das unentrinnbar und leise
von allem ihn trennt.

Seltsam, im Nebel zu wandern,
Leben ist einsam sein.
Kein Mensch kennt den andern.
Jeder ist allein

Mit Datum vom 10. Januar 1949 lese ich in meinen Tagebuchaufzeichnungen: Ich habe mich entschlossen, mein Tagebuch weiterzuführen, denn später ist es doch eine sehr schöne und lehrreiche Erinnerung für mich. Ich werde sicher weiterhin die Zeit haben, meine Aufzeichnungen fortzusetzen.
Also, frisch ran und rein in das Jahr 1949!

Unser Lehrer, der Adjudant-Chef, ist bereits Weihnachten 1948 aus dem Hospital entlassen worden und unser Stage (Lehrgang) Deponnèur läuft auf Hochtouren. Leider ist die Ausbildungssprache nicht, wie allgemein erwartet, auf Deutsch, sondern wie sonst auch auf französisch. Ich muss halt so sehen, was ich mit meinen noch geringen Französischkenntnissen so mitbekomme. Es geht sehr schnell in Theorie und Praxis mit uns voran. Für die, die im Zivilleben bereits Automechaniker waren, und das sind in unserem Lehrgang ganze 8 Legionäre, ist natürlich die Arbeit ein Kinderspiel. Doch für mich Stümper ist das hier eine halbe Universität. Ich werde mich sehr anstrengen müssen, um von den lernenden Legionären die Ausbildung nicht als Letzter zu beenden. Ich nahm an, dass mich Sonntagskind das Glück auch damals nicht verließ.

15. Januar 1949

Der gewisse Familienverkehr, den ich beim Vorsteher der Protestantengemeinde fand, hat sich durch einen komischen Vorfall sehr erweitert, und das passierte so:

Am letzten Sonntag schlenderten ein Kamerad und ich in Ermangelung anderen Amüsements von St. Genuid bis hoch nach Dallat in Richtung auf das protestantische Mädchenpensionat die Straße entlang. Wir erfreuten uns an dem schönen Wald und der Ruhe, welche hier herrschte. Mein Kepy in der linken Hand fühlte ich mich fast wie ein Zivilist, also ein freier Mensch. Ich hatte die Absicht, zum Vorsteher der Protestanten zu gehen und den »ollen Müller« dort vorzustellen, denn der Leiter der protestantischen Gemeinde bat mich zuvor, ihm noch einige Legionäre zuzuführen. Als wir vor dem kleinen schmucken Kirchlein anlangten, sah ich zu meinem Erstaunen noch mehrere Autos dort parken. Ein Dodge-Lux »stach« mir besonders ins Auge. Uns wurde doch etwas komisch zumute, in diese Gesellschaft reinzuschneien.

Hm, Frechheit siegt, dachte ich mir. Gesagt, getan. Wir baten den Annamiten-Boy, uns zu melden. Kurz darauf erschien die Frau des Vorstehers und bat uns in den Salon. Mein Herz drohte »still zu stehen«, als ich mit einem kurzen Blick den Club übersah. Es waren mehrere junge hübsche Mädels anwesend, und das eben machte mich schwach. Noch dazu ich alle Augenpaare auf mich gerichtet fühlte. Ja, durch das bisherige Soldatenleben bin ich solchen Menschen gegenüber vollkommen unsicher, und derartigen Situationen fühle ich mich nicht mehr gewachsen. Na, wie gesagt, nachdem mein Kopf aufstrahlte wie eine Osramlampe, machte ich Anstalten, hinter meinem mitgebrachten Kameraden sämtlichen Anwesenden das Händchen zu drücken und ruckweise meinen Namen vorzustottern. Dabei riss ich fast den noch in der Ecke stehenden Weihnachtsbaum um, was, Gott sei Dank, ein Herr verhinderte. Ich bildete mir ein, zu spüren, dass alle Anwesenden sich über mein ungeschicktes Verhalten innerlich köstlich amüsierten. Doch als »Mann von Welt«, der ich bin, machte ich gute Miene zum bösen Spiel, zauberte ein dümmliches Lächeln auf mein Gesicht und setzte mich auf den mir zugewiesenen Platz. Ich bin fast vollkommen davon überzeugt, dass ich zur Stunde vor Aufregung bestimmt erhöhte Temperatur hatte. Nachdem man uns etliche Male aufforderte, zuzugreifen, nahm ich mir zaghaft ein Stückchen Kuchen, obwohl ich mit meinen Augen schon gierig über die reichhaltigen Tortenplatten fuhr, denn derartige Kostbarkeiten hatte mein Legionärsmagen noch nie gespürt. Krause saß neben mir und unterhielt sich eifrig mit dem neben ihm sitzenden älteren Herrn. Am Akzent hörte ich, dass es ein Amerikaner sein müsste. Langsam kehrte auch die »Ruhe in mein schwaches Herz hinein« und meine »Osrambirne« schaltete wieder auf normale Beleuchtung zurück.

Mit Entsetzen stellte ich fest, dass Kramer, der alte Gauner, bald den halben, vor ihm stehenden Kuchenteller weggeputzt hatte und seinen Nachbarn schmatzend, schluckend und redend weiter unterhielt.

Die eine von den beiden jüngsten Mädels, wie ich später erfuhr, heißt Michelé, zog mich besonders an. Sie war unauffällig und doch mit Geschmack gekleidet, und ihre hübsche Figur kam dadurch sehr vorteilhaft zur Geltung. Da verfluchte ich mich erstmalig in meiner Legionszeit, der französischen Sprache nicht mehr Aufmerksamkeit gewidmet zu haben. Nun musste ich wie ein Mauerblümchen da sitzen und konnte kaum einen zusammenhängenden Satz zur Unterhaltung beitragen.

Mit der Zeit verabschiedeten sich alle Gäste, und ich war endlich mit der Familie des Gemeindevorstehers und meinem Kameraden in vertrautem Kreise. Wir erfuhren, dass der Anlass zur heutigen Festlichkeit die Taufe seines kleinen Söhnchens Dominic war. So hatte ich gleich Gelegenheit, dem glücklichen Elternpaar meine Gratulation auszusprechen. Danach konnte ich auch herzhaft meinen Heißhunger mit all den Köstlichkeiten stillen.

Der Vorsteher war vor kurzer Zeit erst aus der Französischen Armee ausgeschieden und seine Frau, auch ehemals eine Angehörige der Französischen Armee, verstanden meine vorhergehende Zurückhaltung sehr gut. Ehrlich gesagt, fraß ich damals wie ein hungernder Gandhi und stopfte mir dann, natürlich ganz unauffällig, auch noch die Taschen voll. Auf dem Rückweg fanden wir am Straßenrand eine kleine englische Bibel mit handschriftlicher Widmung. Inhaber: Mister Jeffrey. Das war ja wie ein Wink des Himmels, denn dieser Amerikaner war Krauses Tischnachbar.

Nach dem Abendessen gingen Werner und ich mit der Bibel in der Hand zur pompösen Villa von Jeffrey und präsentierten ihm dort sein Eigentum. Hoch erfreut wurden wir sofort zum Abendessen eingeladen. Wir wurden dann sehr freundlich behandelt, und ich fühlte mich fast wie zu Hause. Unsere Gastgeber ließen uns überhaupt nicht spüren, dass wir Fremdenlegionäre sind.

Gegen 22.00 Uhr wurden wir in einen Chevrolet-Luxuswagen gesetzt. Herr Jeffrey-Junior fuhr uns zurück zur C.I.A.B. Die Wache nahm im Hinblick auf den Wagen Haltung an und war sehr betroffen, nur zwei Legionäre aussteigen zu sehen.

Die Ausbildung zum Deponeur

Mein erstes großes Diarium mit KFZ-Themen und dazugehörenden technischen Zeichnungen habe ich bereits voll, wenn ich, ehrlich gesagt, auch noch nicht so viel davon verstehe. Auf jeden Fall habe ich Laie mir bei den technischen Zeichnungen sehr viel

Mühe gegeben, und meine Zensur lautet: 18 zu 20, gute Arbeit, weiter so! Das heißt also, von 20 erreichbaren Punkten habe ich auf Anhieb schon 18 erreicht. Das geht ja gut für den Anfang, dachte ich mir.

Wir müssen hier in Theorie und Praxis technische Zeichnungen fertigen, und im Montagesaal müssen wir sämtliche Motorteile auseinanderbauen und wieder zusammensetzen. Manchmal hatte ich zum Schluss einige technische Teilchen übrig. Die ließ ich dann schnell in einer alten Kiste verschwinden. Das passierte in der ersten Zeit vielen meiner Kameraden ähnlich, tröstete ich mich. Dann mussten wir im Motor eingebaute Fehler finden und beheben.

Neben den KFZ-Themen hatten wir auch Waffenlehre, und wir stellten dabei fest, dass erhebliches technisches Material von der ehemaligen Deutschen Wehrmacht hier vorhanden waren.

Schießen haben wir natürlich auch in unserem Unterrichtsplan und zwar mit Karabiner, Maschinengewehr und Maschinenpistole. Bei einigen Schießübungen war ich schon so quasi der Schützenkönig.

Zum Sport wurden wir natürlich auch angehalten. Diese Militärschule hatte einen eigenen Sportplatz, und in der ersten Zeit hatte ich manchmal einen richtigen Muskelkater, an dem so alles dran war. Den anderen Kameraden ging es ähnlich. Morgens zogen wir uns manchmal fast gegenseitig aus den Betten, da wir noch Muskelschmerzen hatten.

Zurzeit bin ich fast jeden Abend auf der Bahn und trainiere die 3000-Meter-Strecke. Im Boxen haben wir uns auch versucht. In der ersten Runde war Herbert R. mein Gegner. Schon nach dieser Runde gaben wir beide den Kampf wegen »Kalorienmangel« auf. Die Anforderungen, die an uns gestellt wurden, beanspruchten unsere ganze Auffassungsgabe und waren natürlich teilweise auch kräftezehrend. Langeweile hatten wir nicht. Es entwickelten sich zwischen uns auch gute kameradschaftliche Gefühle.

Chef der Legions-Brigade

Sein Dienstgrad war Leutnant, und er war ein Kapitel für sich. Er ist von großer schlanker Statur, hat ein Gesicht wie ein Mädchen, schmale und zarte Hände und geht etwas gebeugt. Zu Beginn unseres Lehrganges war er mir durchaus noch sympathisch. Er nahm es mit dem Dienstbetrieb nicht sehr genau.

Meine Kameraden Manke, Frodrich, Manfred Barsch und ich gingen während der Dienstzeit laufend hinunter zum kleinen See nach St. Genuit. Wir konnten dort gut baden, und es war nicht so langweilig wie oben in der Schule während des Dienstes.

Kurz nach Weihnachten wurde ich einige Tage krank. Ich hatte ständig Kopfschmerzen und bekam Schwindelanfälle. Eines Tages meinte der Leutnant zu mir, ich solle in der Mittagszeit bei ihm erscheinen und mir Medikamente gegen Kopfschmerzen abholen. Ich fand das sehr freundlich und ging natürlich hin.

In seiner Villa erwartete mich folgende Überraschung: Ich meldete mich beim Leutnant, und der bat mich in sein Zimmer. Nach seiner Aufforderung setzte ich mich. Der Offizier stellte mir einige Fragen und verwickelte mich dabei in ein Gespräch. Ich bemerkte, dass er sehr nervös war, und es vor mir verbergen wollte. Langsam lief mein Gehirn auf Hochtouren, und ich beschloss, aufzupassen. Er zeigte mir einige Familienbilder. Sein Vater war General. Aha, dachte ich, er will mir imponieren. Dann kam er auf den »Kern« der Sache und sagte mir, ich solle mich bis auf die Turnhose ausziehen. Nun hatte ich Gewissheit, doch spielte ich noch weiter mit. Ich tat, wie mir geheißen, und musste mich dann auf sein Bett legen. Er »fühlte mich ab«. Ich beobachtete, wie er langsam vor Geilheit zu zittern anfing.

Dann meinte er, ich solle mir noch die Hose ausziehen. Jetzt reichte es mir. Mit hochrotem Kopf sprang ich auf und schrie ihn an, ich hätte Kopfschmerzen, aber keine am Arsch! Der Leutnant wurde sehr verlegen und stammelte einige Entschuldigungen, wie zum Beispiel: »Wir könnten dadurch doch gute Freunde werden.« usw. Ich erwiderte erregt: »Ich bin zwar Legionär, aber auch noch Deutscher und hätte zu seinen Perversitäten keinen Anlass.« Dann hatte ich noch die »Frechheit« und bat ihn um Aspirin-Tabletten, die er mir sofort aushändigte. Mit den Worten: »Es war mir ein Vergnügen, Mon Leutnant«, verabschiedete ich mich mit militärischem Gruß.

Da dieser Offizier mich in der nachfolgenden Zeit laufend schikanierte, sorgte ich dafür, dass die Sache rumkam. Viele Soldaten haben ihn danach geschnitten. Er wurde in der Kaserne unmöglich gemacht. Folgende Spottverse, verfasst von einem Legionär, kamen in Umlauf:

Der Schwule
Er ward aus einem bess'ren Hause, das Leben bot ihm nicht mehr viel.
So dachte er, versuch's wie Krause und lass' die Weiber aus dem Spiel.
Die Art der Frauen kannt' er alle und hatte sie total auch satt.
Doch's Leben lässt sich auch genießen, wenn man 'nen blonden Jüngling hat.
Ja, so zu leben ward nicht ohne, ihm leuchtete das recht bald ein.
So stöhnte er in geilem Tone: »Lasst blonde Knaben um mich sein.«
Jedoch, im Wandel uns'rer Zeiten reichte der Knabe nicht mehr hin.
Wen könnte er wohl jetzt verleiten, so quält es seinen schwulen Sinn.
Hunde nahm er sich und Ziegen, auch manches andere Getier, vergewaltigte im Traume Fliegen, das letzte Stadium war ein Stier.
Doch, als er alles durchgekostet, da packte ihn der Geilheitswahn.
Er nahm sich eine lange Leine und hängte sich in seinem Tran!

Bei Durchsicht meiner Tagebuchblätter habe ich eine Weile überlegt, ob ich die Geschichte auch jetzt verarbeiten sollte. Für Viele wird die kleine Reimerei vielleicht auch etwas geschmacklos klingen. Aber, da ich Tagebuchaufzeichnungen niederschreibe, muss ich nicht unbedingt den Geschmack anderer zum Grad meiner Beurteilung machen. Das alles war eben auch ein Teil meines Lebens in der Legion.

Operation in den Bergen von Süd-Annam

Es blieb uns auch in Dallat nicht erspart, unsere militärische Zuverlässigkeit unter Beweis stellen zu müssen. Am 11. Februar 1949 hatten wir eine größere Operation durchzuführen. Wir hörten, dass derartige Aktionen auf der militärischen Schule untersagt sein sollen. Aber, da wir als Legionäre schon so viele Negativschlagzeilen in Dallat gemacht hatten, wollte man uns wohl etwas das Maul stopfen. Wir sollten nicht nur im Unterricht hart rangenommen werden und bei den Prüfungen, sondern die Legionäre sollten mal wieder Feuer schlecken. Die Operation war eine Art Strafe für uns.

Es stimmt ja, dass wir ein ziemlich wilder Haufen sind, doch dazu machten die uns erst einmal. Wir sollen die ersten Legionäre sein, die hier auf der Schule der regulären Armee eine Fachausbildung genießen und fast ausschließlich Deutsche. Im Dienstbetrieb zogen wir singend mit deutschen Liedern durch das Ausbildungsgelände. Wir hatten Taktgefühl und gebrauchten natürlich nur erlaubte Lieder.

Einige böse Zungen unter den Franzosen beschimpften uns als Nazis. Ihre Haltung gegen uns war mehr als gemein, und das dreieinhalb Jahre nach Kriegsende. Goethe sagte und schrieb ja schon einmal: »Das Gleiche lässt uns in Ruhe, aber der Widerspruch ist es, der uns produktiv macht.« Und so hielten wir es auch. Zwar waren wir Deutsche, doch nicht jeder von uns ein Nazi.

Nach der Operation – Der Autor vorn, in der Bildmitte

Von Stund' an wurden während des Dienstes nur nicht missverstehende alte Soldatenlieder gesungen, manche mit einem Hauch Nationalsozialismus. Sie waren nun einfach sprachlos über uns. Dann wurde unser Liedgut offiziell untersagt. Daraufhin pfiffen wir die Lieder und sangen sie nicht. Auch das wurde uns verboten. Wir sollten Volkslieder singen. Das taten wir dann auch. Es war zum Brüllen! Wir wählten und sangen: »Alle meine Entchen« oder »Ein Männlein steht im Walde« u. a. m. Stimmen hatten wir natürlich wie ein Jungfrauengesangsverein. Manke aber schoss den Vogel ab. Einen Tag später durften wir wieder singen, was wir wollten.

Auch in der Stadt ließ man es uns so richtig fühlen, dass wir nur Deutsche sind. Wir waren in einige Schlägereien verwickelt, bei denen wir aber, trotz der Tatsache, dass wir eine Minderheit waren, »Sieger auf dem Schlachtfeld« blieben. Sogar mit einer Militärstreife wurde rumgeprügelt, als sie mit entsicherten Waffen gegen uns vorgehen wollte. Mit anderen Worten: Wir waren verhasst.

Alle anderen Lehrgänge machten während ihrer Ausbildung hier einen Ausflug von vier Tagen nach den herrlichen Wasserfällen. Wir aber mussten zur Strafe eine Woche lang auf Operation gehen. Wir hatten eine ausgezeichnete Bewaffnung: Schwere und leichte Maschinengewehre, Maschinenpistolen, Gewehre und Handgranaten und nicht zu vergessen, die unerlässlichen Coup-Coups, die für den Busch und Nahkampf von großer Bedeutung sind. (Es handelte sich um große, scharfe Buschmesser.) Wir sahen aus wie die Raubritter.

Ich wurde zum Chef einer großen MG-Gruppe (50 mm) kommandiert.

Nach Verabschiedung durch den Chef der C. I. A. B., einem Commandanten, bestiegen wir die LKW. Natürlich zeigten wir uns alle in fröhlicher Stimmung, obwohl wir auf den ganzen Club eine Mordswut im Bauch hatten.

»Vier LKW in Kiellinie« zogen wir in die »Schlacht«. Ich landete auf einem großen Kraftfahrzeug der Marke »Albion«, das sonst nur Flugzeugteile transportierte. Mit frisch-fröhlichen Gesängen fuhren wir die schmalen Serpentinen hinunter unserem Einsatzort zu. Mit der Zeit wurde es dunkel und unsere Kehlen heiser vom vielen Singen.

In Dran angelangt, hatten wir einen kurzen Aufenthalt. Es war schon stockfinster, aber oben auf den Bergketten sahen wir viele große und kleine Feuer lodern. Das waren Leuchtzeichen der Partisanen, die von unserer Aktion bereits informiert waren, unter dem Motto: »Der Wind hat mir ein Lied erzählt.«

Den Aufenthalt benutzte unser kleiner Säuferklub zu einem kurzen »Ausflug«. Wir traten in eine Chinesenspelunke ein, lenkten den Inhaber Säbel- und Zähneknirschend ab, und einige von uns traten unauffällig in Aktion. Wieder bei unserem Kraftfahrzeug angelangt, beschauten wir die »Kostbarkeiten«. Eine Flasche Schnaps und Wermut, sowie etliche Hände voll mit Plätzchen und Bonbons waren unsere »eingebrachte Prise«.

Wir boten natürlich zuerst unserem Adjudant-Chef, unserem Busenfreund, die Flasche an. Er öffnete sie, roch, grinste uns an und schluckte. Er hatte gut begriffen. Einige Minuten später hörten wir den Leutnant fluchen. Der hätte 80 Piaster bezahlen müssen, für Sachen, die einige Halunken von uns schon wieder geklaut hätten. Grinsend und schluckend hörten wir uns das an. Rasch ging das Fläschchen noch einmal im Kreise und ward dann nicht mehr gesehen. Unsere eben genannten Vorgesetzten gingen dann fluchend von LKW zu LKW und suchten den Übeltäter. Keiner hatte etwas gehört, niemand hatte etwas gesehen. Einige Minuten später kam der Adjudant-Chef zu uns und »kostete« noch einmal.

War doch ein Pfundskerl, der Alte! Für ihn würden wir auch durchs Feuer gehen. Dann ging die Fahrt in einem Tempo weiter, dass uns die Luft wegblieb. Wenn man selbst als Chauffeur am Lenkrad sitzt, ist man die Ruhe selbst. Als Passagier allerdings, dachten wir immer, jetzt kippt die Karre gleich um, noch dazu in der Nacht. Einmal hing der Kasten mit den Hinterrädern über'm Abgrund, dass ich dachte, nun ist Schluss. Aber es ist doch noch einmal gut gegangen.

Der Alkohol hatte uns etwas schläfrig gemacht. Unheimlich wirkten die Leuchtsignale der Vieth-Minh (Aufständische). Langsam wurde die Angelegenheit ernst. An der Endhaltestelle der neuen Zahnradbahn wurden wir abgeladen. Wir quartierten uns im »Bahnhofsgebäude« ein, so gut es ging. Die ersten Pazific-Rationen wurden geöffnet und mit Heißhunger verspeist. Dann wurden alle Gruppenführer zum Leutnant befohlen. Von ihm erfuhren wir, dass es in einer Stunde zu Fuß durch den Busch geht. Wir bekamen kurz danach Verstärkung von einer Eingeborenensection. Außerdem bekam meine Gruppe einen Muli und drei Mois (Eingeborenenstamm) als Träger, da wir die schwerste Bewaffnung hatten.

Dann ging der Marsch los. Es war kurz nach Mitternacht. Der Mond hatte leider sein gutmütiges Pausbackengesicht verdunkelt. Weit auseinandergezogen ging es in Schützenreihe den schmalen Pfad entlang. An der Spitze ging der Adjudant-Chef und mit ihm ein Moi als Führer. Die andere Sektion hinter uns führte der Leutnant.

An der Spitze meiner Gruppe marschierte ich, dann der Ukrainer, hinter ihm Franz, der MG-Schütze. Danach folgten die restlichen drei Legionäre. Ohne einen Laut marschierte unsere Karawane wie eine Gespensterkolonne durch den Busch den Bergen zu. Nur ab und zu ertönte ein gezischter Fluch in die Stille. Immer dichter wurde der Dschungel. Lianen- und Palmenwedel klatschten mir in das Gesicht, und das Muli blieb oft mit seiner Ladung hängen. Stunden sind wir so marschiert. Der Schweiß rann in Strömen. Die Uniform klebte mir wie ein nasser Sack am Körper. Mein Koppel mit den Munitionstaschen und den daran hängenden Eierhandgranaten zog schmerzhaft nach unten. Und meine Füße, die in Basketballschuhen steckten, brannten wie Feuer.

Wir gingen dann in ein schmales, ausgetrocknetes Flussbett. Über uns wölbten sich die unzähligen dichten Urwaldpflanzen und Bäume zu einem undurchdringlichen Dach. Kein Lüftchen rührte sich. Es wurde uns langsam unerträglich. Unsere Körper dampften, und wir stolperten über Felsenstücke. Die Moskitos peinigten die Körper bis auf das Blut. Immer öfter mussten unsere Buschmesser in Aktion treten, um uns den Weg zu bahnen. Unsere Feldflaschen waren schon leer, und die Münder vollkommen ausgetrocknet. Ich kam mir vor wie in einem Treibhaus mit süßlicher und schwerer Luft.

Endlich wurde uns eine kurze Rast befohlen. So, wie wir gerade standen, ließen wir uns zu Boden fallen. Ich glaubte, nicht mehr aufstehen zu können. Rasch qualmte ich eine Zigarette. Danach bekam ich noch mehr Durst. Dann gingen wir langsam weiter. Der Mond zeigte sich etwas, wofür wir ihm dankbar waren. Die Sterne glitzerten am nächtlichen Tropenhimmel, d. h. nur dann, so oft uns der Urwald einen kleinen Ausblick nach oben gestattete.

Endlos kam mir die Kilometerzahl vor. Langsam dämmerte der Morgen. Eine schwache Helligkeit zog von Osten herauf. Der Urwald lichtete sich, und wir kamen in eine »kultiviertere« Waldgegend, die allerdings glimmte. Die Partisanen hatten alles angesteckt, um uns den Weg zu verlegen. Im Eiltempo zogen wir durch die hitzedurchschwängerte Landschaft, und unwillkürlich musste ich an die miterlebten furchtbaren Bombennächte in Berlin denken.

Aus der Ferne ertönte ein Rauschen, das wie Musik in meinen Ohren klang. Wasser, Wasser, Wasser! Selbst die müdesten unter uns rissen sich zusammen, und ca. zwei Stunden später konnten wir vorsichtig unsere müden und verschwitzten Körper der Flut anvertrauen. Unsere Kolonne lagerte sich in Kreisform. Wachen wurden aufgestellt, und einige leichte Maschinengewehre lagen mit den Mannschaften in Feuerbereitschaft. Wieder wurden Pazific-Büchsen (eiserne Rationen) geöffnet und alles restlos verspeist. Anschließend bereiteten wir uns, so gut es ging, ein Lager im Unterholz, und jeder versuchte, sich etwas auf's Ohr zu legen. Doch da machte uns die Sonne einen schönen Strich durch die Rechnung. Gegen 9.00 Uhr knallten ihre heißen Strahlen wie in Europa mittags in der Hochsommerzeit. Na, wir legten uns dann ins Wasser, nackend wie Adam – schade, dass die Eva fehlte – und kühlten uns dann bis zum Mittag ab.

Gegen 14.00 Uhr mussten wir uns zum Abmarsch fertig machen. Unsere Kolonne wurde geteilt, und in verschiedenen Richtungen ging es auf die Bergkette zu. Der Weg war nicht so beschwerlich wie der nächtliche, und gegen 19.00 Uhr langten wir am vorläufigen Ziel an. Eine große, freie Fläche, wie ein Sportplatz, bot sich unseren Blicken dar, von allen Seiten jedoch mit dichtem Buschwerk umgeben. Von meinem Standort aus gesehen lag links der Fluss. Dort war die Wasserstelle der Bergpartisanen, und wir hatten die Aufgabe, ihnen hier einen Hinterhalt zu legen und mit »Höflichkeit« zu empfangen. Mein MG übernahm die Flankendeckung, und die Sektion bildete einen »Igel«. Wieder mussten wir uns mit dem Proviant aus Blechbüchsen begnügen. Das hing uns schon langsam zum Halse heraus.

Dann kam die Nacht. Wir lagen bei den Waffen in Erwartung der Dinge, die da kommen sollten. Ich rauchte eine Job-Zigarette. Auf einmal flammten in der Nähe einige Lichter auf. Sofort wurde

Alarm befohlen. Der Adjudant-Chef pirschte sich mit einer kleinen Patrouille durch das Unterholz, um die Lage zu erkunden. Durch die Nacht schallten schrille und dumpfe Laute der Urwaldtiere. Der Fluss rauschte in einer geheimnisvollen Weise.

Dann kehrte die Patrouille zurück mit einem Trupp von ca. 40 Eingeborenen (Mois). Nun hatte ich zum ersten Mal so richtig die Gelegenheit, Angehörige dieser stämmigen, kleinen Ur-Rasse zu bewundern. Sie waren alle nackend, wenn man von dem Lendenschurz absieht. In ihren Ohrläppchen trugen sie zur Zierde Holzstücke von 5 Francs-Ausmaßen und größer, um ihre Hälse, außer Amuletts, noch bunte Glasketten. Ihre Arme und Füße waren von Messingringen geschmuckt. Die Männer waren von sehr kleiner, doch kräftiger Statur, kein Stück überflüssiges Fleisch, alles stahlharte Sehnen und Muskeln. Ihre blauschwarzen Haare trugen sie lang zusammengesteckt. In ihnen hatten sie ihre handgeschnitzten Tabakspfeifen und andere Utensilien.

Die jungen Frauen und Mädchen hatten eine herrliche Figur, straffe Schenkel und wohlgeformte Brüste. Die alten Weiber jedoch wirkten abstoßend in ihrer Hässlichkeit. Ein zahnloser Mund, ein zerfurchter Körper und schlappe Hängebrüste, die, wie verdorrt, fast bis zum Gürtel reichten. Außerdem qualmten sie wie die Männer mit ihren Tabakspfeifen und kauten den mir widerlichen Bethel. Sie hatten Tragekörbe auf dem Rücken und die Coup-Coups im Gürtel. Etliche Männer trugen die gefürchteten Blasrohre. Andere trugen die Armbrust, mit der sie auf Jagd gehen. Sie war in den Händen der Mois eine gefährliche und fürchterliche Waffe.

Na, wie schon geschrieben, diese Leute waren eingebracht und natürlich auch verdächtig, da sie sich in der Nähe der Wasserstelle aufhielten. Doch es ist uns bekannt, dass die Mois selbst Todfeinde der Vieth-Minhs sind. Deshalb wurden sie natürlich anständig behandelt. Doch sie mussten bis zum Operationsschluss bei uns bleiben und dienten als Führer und Träger. Unsere Zigaretten und Schokolade, die wir ihnen anboten, betrachteten sie mit misstrauischen Blicken. Erst, als sie uns Essen und Zigaretten genießend sahen, wurden sie zutraulich, und wir wurden bald ihre Freunde.

Es war so gegen Mitternacht, als ich endlich schlafen konnte!
Auf einmal wurde ich jäh durch einige Schüsse hochgerissen. Fast automatisch griff meine Linke die entsicherte Maschinenpistole und meine Rechte legte eine Eierhandgranate griffbereit. Wieder knallte es hinter uns am Fluss. Die beiden dort liegenden Maschinengewehre fingen an zu feuern, und einige Gewehre bellten dazwischen. Franz lag schussbereit am 50er. Der Ladeschütze war ebenfalls fertig. Die restlichen Leute sicherten die Flanken – die Buschmesser im Gürtel. Meine Augen versuchten vergeblich, die Dunkelheit zu durchdringen. Nach einigen Minuten war der Feuerzauber beendet. Es stellte sich heraus, dass eine Wache am Fluss geschossen hat, weil sie dort Gestalten gesehen hat. Und die anderen Legionäre knallten einfach auf gut Glück in alle Richtungen. Also, blinder Alarm! Fluchend nahmen wir wieder Ruhestellung ein, aber schlafen konnte ich nicht mehr. So übernahm ich dann die Wache am MG und qualmte eine Zigarette nach der anderen. Ich rauchte sie aber so, dass kein eventueller Feind die Glut erblicken konnte.

Endlich wich die Nacht dem Licht. Alles stand auf, Wasser wurde geholt, Feuer entfacht, und bald danach brodelten unsere Portionen in den Büchsen. Herrgottshimmelsakrament, das Zeug konnten wir schon nicht mehr sehen, geschweige denn, essen. Aber sonst gab es ja nichts.

Gegen 8.00 Uhr morgens machten wir uns fertig zum Abmarsch und ahnten da noch nicht, dass es fast ein Todesmarsch geworden wäre. Unsere Truppe war ja nun beträchtlich angewachsen. Meine Gruppe bekam noch fast für jeden Mann einen Eingeborenen als Boy, mit denen wir nicht nur unser Gepäck teilten, sondern auch unsere Lebensmittelrationen, denn sie waren damit nur auf kurze Zeit eingedeckt. Nachdem wir in »Kiellinie« standen, kam der Befehl zum Abmarsch. Heute mussten wir noch die Berge erreichen. Das bedeutete, noch mindestens 20 Kilometer durch den Busch, durch dichtes Unterholz, über umgestürzte Urwaldriesen, durch kleine Flussläufe hindurch mussten wir uns vorwärtskämpfen.

Unsere Füße brannten und die Körper dampften. Ab und zu nahmen wir einen Schluck aus dem »Bidon« (Feldflasche). Doch ohne Rast ging es weiter. Mann hinter Mann marschierten wir durch den Busch den Bergen zu. Uns wurde das Atmen schwer. Gegen Mittag rasteten wir auf einer kleinen Lichtung. Feuer durften wir nicht anzünden. Fluchend schlangen wir das Fressen runter. Als wir uns so ansahen, musste jeder grinsen. Wir schauten aber auch »geliebt« aus. Die Gesichter verdreckt und speckig, die Haare zerzaust, unser Buschhut hing im Nacken, Arme und Beine verschrammt usw., usw.. Doch bald kam das Kommando, wir mussten weiter. Mit Wasser sollte streng gespart werde. Auf einer schwankenden Bambusbrücke gingen wir noch einmal über den Fluss. Die Schmerzen an meinen Fußsohlen wurden unerträglich. Ich brach mir einen Bambusstock ab und humpelte weiter. Die Stunden verrannen. Kein menschlicher Laut durchbrach die Stille. Wir alle schleppten uns müde und verdrossen weiter. Die Hitze war unerträglich, die Kehlen ausgedörrt. Wir hatten aber kein Wasser mehr. Ohne Rücksicht ging es weiter, immer weiter.

Der Adjudant-Chef bekam einen starken Malariaanfall. Die ersten von uns machten schlapp und kippten aus ihren »Latschen«. Ein Österreicher bekam einen Tobsuchtsanfall. Er hatte vor lauter Durst Rum und sauren Wein getrunken und nun zeigten sich die Folgen. Ich lutschte mit Verzweiflung ein Steinchen und hatte dadurch noch etwas Speichel im Mund. Aber, wie lange werde ich das noch so aushalten, dachte ich mir. Schon bald musste ich einen zweiten Bambusstock zu Hilfe nehmen. Meine Fußsohlen waren vollkommen aufgequollen. Jeder Schritt wurde mir zur Qual, und heiß war es. Fast glaubte ich, die schwere Luft nicht mehr einatmen zu können. Doch es ging weiter. Wie eine Maschine setzte ich meine Füße vorwärts. Mein Geist arbeitete nicht mehr. Nur ein Wort beherrschte mein Empfinden: »W a s s e r«! Das trieb uns vorwärts. Nur die Mois trotteten wie immer gleichmäßig voran. Ab und zu schauten sie sich um, und ihre Gesichter drückten Verwunderung und Spott aus. Was werden sie wohl denken? »Ja, ja, die Weißen können nicht mehr!«

Langsam wurde es dunkel, und wir befanden uns noch immer nicht am Ziel. Gegen 19.00 Uhr durften wir endlich anhalten, ein Rastplatz für die Nacht gesucht. Die Wachen wurden verteilt. Alle legten sich hin, wo, war scheiß egal. Essen wollte niemand mehr, nur Wasser. Nicht einmal die Zigaretten schmeckten uns noch. Den Himmel über mir, schlief ich ein, mich somit stärkend für den nächsten Tag, der noch furchtbarer werden sollte. Ich glaube, das größte Geknalle hätte mich nicht geweckt.

Morgens standen wir müde, zerschlagen und mit Moskitostichen bedeckt auf, aßen unsere kargen Keksrationen und machten uns fertig. Es hieß, wir hätten nur noch 10 Kilometer bis zum Wasser. Na also! Weiter ging unser Marsch durch den Busch. Die Berge erschienen uns greifbar nahe, und der Durst quälte uns weiter. Langsam lichteten sich die Wälder. Die Gegend wurde zugänglicher und unser Mut stieg wieder an. Aber der Durst quälte weiter jeden von uns. Ein leichter Wind fuhr durch die Palmenkronen. Wir atmeten etwas auf und sogen uns die Lungen voll. Nun narrte uns der Wind aber laufend. Immer glaubten wir, den Fluss rauschen zu hören, aber Pustekuchen, nichts. Wir mussten Rast einlegen. Sogar die uns begleitenden Mois wurden langsamer. Wenn nur nicht meine Füße immer noch so furchtbar schmerzen würden. So schleppte sich unsere Karawane langsam weiter. Endlich, gegen 13.00 Uhr, langten wir am Bergrand an. Ich fiel um wie ein nasser Sack. Meine Füße und meine Kehle brannten wie Feuer. Gegen 14.00 Uhr, in der größten

Hitze, brachen wir wieder auf. Unser Berganstieg war sehr beschwerlich. Nur langsam kamen wir mit unseren Mulis voran. Einige von uns haben doch tatsächlich die Idiotie besessen und Rum gesoffen. Resultat war, dass wir sie schleppen mussten. Sie bekamen bei dieser verfluchten Affenhitze Anfälle, dass ihnen weißer Schaum vor dem Mund stand.

Am Abend hatten wir, unter furchtbaren Anstrengungen, den Bergkamm erklommen. Wir stellten fest, dass die Landkarte nicht stimmte und wir den richtigen Weg verfehlt hatten. Wenn morgen nicht ein Wunder eintritt, sind wir verloren, das wussten wir. Wir machten uns keine Illusionen. Die Nacht schenkte uns noch einmal Ruhe.

In aller Herrgottsfrühe ging es dann weiter. Die Gegend wurde immer eintöniger, und wir ergaben uns fast unserem vermeintlichen Schicksal. Mit stumpfen Gesichtern trotteten wir durch die Felslandschaft – so richtig sahen wir auch nichts mehr. Unsere ausgetrockneten Lippen formten nur ein Wort: »Wasser!« Kramer konnte nicht mehr. Er stand an einem Baum und stöhnte: »Durst!« Simon und ich luden sein Gepäck auf und stützten ihn, bis sein Zustand sich etwas besserte.

Unser Marsch ging durch einige Kilometer Flachland. Auch hier glimmte der Boden. Angesteckt! Die Partisanen erwarten uns schon, dachten wir. Sie sahen uns wohl als ihre sichere Beute an und wollten uns nur noch etwas zappeln lassen. Wir teilten uns wahllos in Gruppen auf und gingen auf die Suche nach Wasser. Auf einmal schoss hinter uns ein Maschinengewehr. Sofort protzten wir die Mulis ab und … hätten bald auf unsere eigenen Kameraden geschossen. Sie konnten nicht mehr. Einige wurden ohnmächtig. Sie fielen um vor Durst.

Nun war es soweit. Wir waren am Ende unserer Kräfte. In größter Unordnung zogen wir weiter. Einige von uns wurden, aus Angst vor dem Ende, halb irrsinnig. Die eingeborenen Mois stöhnten. Dann gaben wir es auf! Im Kreis von ca. einem Kilometer verstreut, warfen wir uns im Schatten einiger Bäume nieder und dachten, jetzt kommt unser Ende. Wir waren verwundert, dass die Vieth-Minhs noch nicht da waren, um uns »einzusammeln«. Es war ja doch alles aus, dachten wir, und die hatten wenigstens etwas Wasser.

Einige Unentwegte, die noch Kraftreserven hatten, gingen weiter auf Wassersuche. Nach ca. einer Stunde hörten wir aus der Ferne kommende Signale. Sie waren das verabredete Zeichen für Wasser. Sollte es möglich sein, sollte das unerhörte Glück eingetreten sein, oder waren wir schon so verrückt, dass uns eine Fata Morgana narrte? Noch einmal rissen wir unsere ausgemergelten Leiber hoch und torkelten in die gewiesene Richtung. Wieder und wieder ertönten Schusssignale. Einmal knatterte gar eine ganze Salve. Sind es etwa Partisanen oder gibt es doch Wasser da vorn? Ganz egal, nur weiter. Wie Idioten strebten wir nach vorne. Jetzt kümmerte sich keiner mehr um den anderen Kameraden, der nicht mehr konnte. Es ist jetzt hier alles egal, denn da vorn gibt es Wasser. Meine Gruppe ging mit den Mulis am Ende unseres aufgelösten Haufens. An zwei Stöcken zog ich mich Schritt für Schritt vorwärts. Wir mussten über einen kleinen Hügel. Vor uns ertönten laute Freudenschreie. Dann blieben wir stehen. Vor uns – 500 Meter weiter – ein Dorf. Mir kamen die Tränen. Ich kann heute nicht mehr beschreiben, wie schnell ich die letzten 500 Meter weiterkam, bis zu einem Teich. Ich glaube, ich hätte fast einen »Weltrekord überboten«.

Vor dem Dorf lag ein dreckiger, dampfender Tümpel – stehendes Wasser. Wir stürzten hinein, so, wie wir waren. Die »Knarre« weggeschmissen, rein und gesoffen! Die Mulis und alles hinterher. Eine lachende, jauchzende, dreckige und dem Tode schon ins Auge sehende Meute von Menschen trank, nein, sie soff und badete zugleich. Nun waren wir wieder fast zu Menschen geworden.

Die Dorfbewohner standen da und grinsten uns mit verwunderten Gesichtern an. Es war gegen 17.30 Uhr. Der Dorfälteste erklärte uns, das wir hier ruhig die Nacht über rasten könnten. Die Partisanen wären von seinen Leuten in die Berge getrieben worden. Er war im Besitz des Croix de Guerre – Kriegskreuzes – welches er stolz trug.

Wir machten unser Lager für die Nacht zurecht, kochten unser Essen und fühlten uns glücklich. Aber, nur so lange, bis die ersten von uns sich übergeben mussten. Die Anstrengungen waren zu viel, und das getrunkene, ungefilterte Wasser gab einigen den Rest. Leise formten meine Lippen an Gott ein Dankgebet – nun konnte ich endlich auch etwas für meine Füße tun, die ganz schlimm ausschauten.

Ehe es Nacht wurde, trafen die anderen Trupps ein, denen es nicht viel besser erging als uns. – Wohlig ausgestreckt schaute ich dann noch lange in den Sternenhimmel und dachte an die Heimat.

Am nächsten Morgen wurden noch einige Patrouillen in die Berge geschickt. Die entdeckten keine Partisanen. Gegen Mittag brachen wir auf zum Marsch nach Tourcham. Hier ansässige Eingeborene dienten uns als Führer. Die Gegend kam uns langsam wieder kultivierter vor. Gegen 18.00 Uhr erreichten wir einen Posten der Legion vom Zweiten Regiment. Dort lagerten wir etwa eine Stunde und waren, im Hinblick auf das Ende der Operation, in guter Stimmung.

Doch schon in der kommenden Nacht musste ein Deutscher unsere Operation mit seinem Leben bezahlen. Gegen 19.00 Uhr kamen unsere Kraftfahrzeuge, die uns abholten. Der Posten vom 2. Regiment und das Dorf lagen bald hinter uns. Nach ungefähr 30 Minuten Fahrt langten wir in Tourcham an. Wieder bekamen wir eine Unterkunft beim 2. Regiment der Legion. Die hier ansässige Kompanie war, bis auf einige Leute, abwesend auf Operation. Wir gingen sofort runter zum Fluss, um noch ein kühles Bad nach all den Strapazen zu genießen. Dann hauten wir uns auf beide Ohren hin, wie wir sagten, und schliefen ein. Nachts gegen 1.00 Uhr werde ich durch einen wüsten Lärm munter – Alarm! Wir machten uns rasch fertig und gingen auf den Hof. Der Adjudant-Chef stand bereits draußen. Es wurden Freiwillige für eine Strafexpedition gesucht, denn unsere aufgestellte Wache am Fluss ist überfallen worden.

Ein Legionär wurde durch einen Kopfschuss schwer verletzt. Eben wurde er reingetragen. Der Sanitäter schüttelte nur noch den Kopf – aussichtslos! Wir gingen alle freiwillig mit. Jetzt wollten wir es ihnen (den Partisanen) heimleuchten. Unseren Leutnant wollten wir im »Bettchen« lassen. Doch im letzten Augenblick kam der »Waldheini« doch noch. In Stoßtrupps aufgeteilt, pirschten wir uns durch das Unterholz am Fluss – nichts. Also, zurück auf die Straße. In mehreren Schützenketten ging es durch die Stadt und über die Brücke. Dort fanden wir in einem Graben etliche, ganz frische Fußabdrücke, die zum Dorf führten. Nun hatten wir Gewissheit. Der Chef entwickelte uns leise seinen Plan. Das Dorf umstellen, eine Gruppe sollte es anstecken und dann alles, was rauskam, abknallen. Doch unser Leutnant bat flehentlich doch, um Gottes Willen, keinen »Skandal« zu machen. Nur nach den Mördern sollten wir suchen.

Der Adjudant-Chef musste sich fügen, da er nicht Kommandeur der Brigade war. Na ja, wir durchsuchten dann auf unsere Art. Dann traten wir in den Bambushäusern die Türen ein und prügelten die Bewohner raus. Die Bambusmöbel schlugen wir kurz und klein. Das war, wie wir meinten, unsere billige Rache für den Legionär Hartmann.

Gegen 5.00 Uhr früh langten wir wieder in unserer Unterkunft an und machten uns dann rasch zum Abmarsch fertig. Seit dieser Stunde wurde unser Leutnant »X« nicht mehr respektiert. Er war Luft für uns.

Um 6.00 Uhr langten wir auf dem Bahnhof von Tourcham an. Kurz darauf bekamen wir dort die Nachricht, dass unser Kamerad, der lustige und fröhliche Seemann, an den Folgen seiner Verwundung im Hospital gestorben ist. Eine fast 90jährige Mutter, in einer Stadt im Rheinland, wartet nun vergeblich auf ihren einzigen Sohn. – Eine hübsche Frau in Kairo wird ihren Ehemann nicht mehr sehen, und zwei Kinder haben keinen Vater mehr.

Die Bahnfahrt nach Dalat verlief ernst und schweigend. Gegen 14.00 Uhr langten wir in Dalat an. So verlief unsere Operation »100 Kilometer durch den Busch von Annam«.

Ruhe sanft

Heute, am 22. Februar, hatten wir den Gedenkgottesdienst in der Kirche der Evangelischen Gemeinde für den in Erfüllung seiner Pflicht gefallenen Hartmann.

Der mir persönlich bekannte Annamiten-Pfarrer hatte die Leitung. Unsere Brigade Legion war bereits vor der angesetzten Zeit in Paradeuniform in der Kirche. Am Klavier – eine Orgel gab es leider nicht – begleitete musikalisch eine Europäerin. Gegen 10.00 Uhr trafen die Ehrenabordnungen der in Dalat stationierten Truppen ein, sodass das kleine Kirchlein bis zum letzten Platz gefüllt war. Ein Choral leitete die Feierstunde ein. Dann hielt der Pfarrer seine Gedenkrede. Französisch sprach er nur die ersten einleitenden Sätze. Dann predigte er in deutscher Sprache weiter, da ja überwiegend Deutsche um den Gefallenen trauerten. Die Offiziere machten zwar etwas verblüffte Gesichter, doch dann verstanden sie. Der Anamiten-Pfarrer führte uns kurz den Lebenslauf unseres Kameraden vor Augen und legte dann, nach christlicher Art, die Heimholung des Toten aus. Er sprach sehr gut, in verständlichem Deutsch. Wir waren ergriffen, und in Gedanken ließ jeder noch einmal die Operation vor seinen Augen abrollen. Es folgten einige Zitate aus dem Neuen Testament und mit dem Lied »Vom guten Kameraden« klang die kirchliche Weihestunde aus.

Die Amerikaner, 27. Februar 1949

Heute habe ich einen sehr schönen Tag erlebt, an den ich bestimmt gern zurückdenken werde. Die Amerikanische Protestantenmission gab den Ausschlag. Morgens besuchte ich, wie jeden Sonntag, den Gottesdienst. Die kleine Gemeinde war vollzählig vertreten.

Nach Beendigung des Frühgottesdienstes unterhielten wir uns mit den Amerikanern, in deren Verlauf wir von ihnen eingeladen wurden. Vor der Kirche, auf der Straße wurde unsere kleine kirchliche Gruppe fotografiert. Diese Fotos habe ich heute noch.

Anschließend brachten uns die Amerikaner mit ihrem Dodge in die C. I. A. B. nach St. Benoir zurück.

Gegen 16.00 Uhr machten wir uns dann auf den Weg, um der freundlichen Einladung Folge zu leisten. Staunend standen wir bald darauf vor einem großen Villenkomplex und trauten uns fast gar nicht, hineinzugehen. Schüchtern und verlegen, wie anno dazumal beim ersten Schulgang, standen wir auf dem Grundstück und wussten nicht, welches Haus und welche Tür wir zuerst benutzen sollen. Gott sei Dank erspähte uns der Hausherr, der uns sofort hineinkomplimentierte. Wir hörten, aus einem anscheinend großen Raum, viele junge Stimmen, und es wurde herzlich gelacht. Wir traten ein ... Ich dachte, mich laust der berühmte Affe, ein Speisesaal, angefüllt mit Jungen und Mädels, zwischen 6 und 18 Jahren, dem Lehrpersonal und einigen Gästen darunter. Gott sei Dank, dass wir wenigstens einen Dolmetscher bei der Hand haben. Mit der Kraft der Verzweiflung stürzen wir uns in das Volksgewühl, begrüßen durch Händchendrücken die älteren Herrschaften und werden den Kindern laut und deutlich als christliche Legionäre präsentiert. Alle Blicke ruhten auf uns, als wir uns setzten. Dann mussten wir die köstliche Kuchenplatte etwas entleeren. In einem entfernten Winkel hätte ich ja alles verputzt, aber hier?

Anschließend gab es eine zwanglose Unterhaltung mit den Jungs. Die Mädels wollten nicht, wobei ich verzweifelt meine bescheidenen Englischkenntnisse benutzen wollte. Doch rutschte ich immer wieder ins Französische. Die Verständigung zwischen uns klappte trotzdem. Wir wurden bald recht gute Freunde. Das Abendessen mussten wir auch noch bestehen und anschließend einen Dankgottesdienst. Gegen 21.30 Uhr brachten sie uns mit ihrem Dodge zurück in die C. I. A. B..

Das war, nach langer Zeit einmal, ein schöner, zivilisierter Sonntag. Beim Blättern in meinem Tagebuch bin ich manchmal auf Begebenheiten oder Auffassungen von mir gestoßen, die ich heute entweder verabscheue oder zu denen ich heute eine völlig andere Meinung habe. Ich will damit auch sagen, ich habe in meinem Leben nicht nur einiges dazu gelernt, sondern auch andere Auffassungen bekommen, als ich sie damals hatte. Doch, da ich in meinem jüngeren Leben teilweise anders war als heute und auch anders dachte, will ich jetzt nichts schönreden bzw. schönschreiben, sondern genüge der Chronistenpflicht ... obwohl, siehe oben.

Doch zurück zu meinem Tagebuch. Unter dem Datum 1. März 1949 habe ich geschrieben:

Da schlugen wir zu! Es war bei unserem letzten Kinobesuch. Der Filmtitel und die Bilder versetzten uns schon in Aufregung. Es war ein Hetzfilm gegen Deutschland. Warum wurde denn mit derartigen Sachen nicht bald Schluss gemacht? Auf unzähligen Konferenzen auf der Welt sprach man von geeinten Völkern, Europaunion usw. Doch immer wieder muss ich sehen, wie in der Praxis von der Kapitalistenklasse sabotiert wird. Es schaut noch sehr traurig aus mit den Weltverbesserungsidealen. Immer wieder neue Schlager auf alten Platten! Leicht angeheitert betraten wir, 15 Deutsche aus der Legion, die »Kulturstätte« und verteilten uns im ganzen Raum, damit eventuelle Bemerkungen während der Vorstellung an unsere Ohren dringen können. Es wurde dunkel, der Film begann. Wir spannten unsere Ohren wie die Luchse.

In der ersten Halbzeit fanden wir noch keine Veranlassung zu »Protestkundgebungen«, da die Zuschauer sich ruhig verhielten und der Film den Tatsachen entsprach. In der Pause tranken wir »einige« Limonaden, um in guter Stimmung zu bleiben. Auf dem Balkon befanden sich sehr viele Zivilisten, darunter auch die Amerikaner. Ich tat jedoch, als ob ich sie nicht bemerkt hätte. Das Kino war bis auf den letzten Platz angefüllt. Mir schien es fast, als ob alle Leute hier wüssten, dass wir bei der geringsten Gelegenheit Radau schlagen würden, denn auch die erste halbe Stunde der zweiten Hälfte verlief durchaus ruhig. Doch dann kam Lebhaftigkeit auf. Bei einigen Bildern, worin die »bösen Deutschen und Barbaren« Prügel bekamen, brachen sie in spontanen Beifall aus. Doch wir 15 Legionäre waren ja auch noch da.

Trillerpfeifen traten in Aktion, »Finger-im-Mund-Pfiffe«, Gebrülle usw. Man hätte annehmen können, eine ganze Propagandakompanie wäre hier anwesend. Die Allgemeinheit wurde daraufhin wieder »artig«. Nur einige Unentwegte schrien ein empörtes »Pfui!« in den Saal, das uns aber nicht weiter aufregte. Wir warteten auf das berühmte Boche-Schimpfwort.

Der Film war zu Ende. Alle drängten zum Ausgang. Frodrich, Manke, Richenberger und ich standen an einer Tür und warteten auf die anderen Kameraden. Die zeigten verstohlen auf einen vor ihnen gehenden Unteroffizier der Kolonialtruppen und gaben uns in Zeichensprache durch: » Sale de Boche« (schlimmes Schimpfwort für die Deutschen). Frodrich trat auf den Franzosen zu und schaute ihm still in die Augen. Da schlug der Franzose zu, und Frodrich ging kurz zu Boden. Dann trat ich an den Franzosen heran und versetzte ihm einen richtigen knallharten Schwinger. Jetzt ging es richtig los. Frodrich war schon wieder hoch, schnappte ihn und schlug mit seinen harten Seemannsfäusten kräftig zu. Er blutete. Indessen waren alle 15 Mann von uns da und der uns beschimpfende Soldat wurde »rumgereicht«. Die Zivilisten auf dem Rang stießen entsetzte Schreie aus. Nur die Amerikaner schauten still zu. Keiner der Franzosen half diesem Unteroffizier. Sie wussten, was der gesagt hat. Im Kino gingen die Lichter aus, doch Frodrich schlug immer noch auf ihn ein. Er wimmerte, er habe es doch nicht so gemeint, und er sei doch angetrunken. Mit letzter Kraft riss er sich los und flüchtete. Doch Frodrich war nicht zu bremsen. Er riss einen Kinosessel aus der Halterung und schmiss sie dem Übeltäter ins Kreuz. Außerhalb des Kinos wurde er noch einmal gepackt und in ein Wasserfass gesteckt. Auf der Straße stand ein Jeep der Militärpolizei. Der Unteroffizier flüchtete sich zu ihm hin. Dann fuhren sie mit ihm ab, wohl ins Hospital.

Viele der Kinobesucher standen noch herum und diskutierten die Schlacht, aber es belästigte uns keiner mehr.

Der letzte, diesbezügliche Satz in meinen Tagebuchaufzeichnungen lautet: »Respektiere jede Nationalität so, wie du es für die deine wünschst.«

Mein Sieg im 1.500-Meter-Lauf

Es kam für mich ganz plötzlich, dass ich am 6. März 1949 am Leichtathletiksportfest im Stadion von Dalat teilnehmen konnte. Alle Mannschaften für dieses Indochina-Treffen waren schon aufgestellt, als der Legionär Honacker, unser Spezialist für die 1.500-Meterstrecke, keine Lust mehr hatte, um sportliche Ehren zu kämpfen. Unsere Brigade war darüber sehr wütend, und der Sportleutnant der C. I. A. B. nicht minder. Legionär Honacker war unsere große

Hoffnung, aber er wollte eben nicht. (Der Alkohol war oft stärker als sein sportlicher Wille.) Der Sportoffizier meinte: Wenn er einen gleichwertigen Ersatzmann brächte, wäre er mit seinem Verzicht einverstanden. Honacker, der wusste, dass ich täglich die 3.000 Meter trainierte, wandte sich mit der Bitte an mich, für ihn einzuspringen. Na Gott, dachte ich, mehr als verlieren kannst du nicht und sagte zu. Der Leutnant guckte mich misstrauisch an. Er kannte mich kaum und musste sich eben zufrieden geben.

Ich empfing die Läufernummer 22, das ich als ein gutes Omen deutete, denn bei den Franzosen heißt 22 soviel wie: »Hast keinen Mut, du traust dich nicht.« Meine Stubenkameraden grinsten, als sie meinen Sportdress sahen und zogen mich durch den Kakao. Reichenberger meinte: »Ich würde ja lachen, wenn Fred tatsächlich im Ziel vorne liegt.« Worauf die anderen Kameraden zu wiehern anfingen. Ich dachte mir meinen Teil und hielt den Schnabel.

Gestern war ich noch unten in Dalat, habe getrunken und getanzt und war erst gegen 0.30 Uhr wieder in der Unterkunft – ehrlich gesagt, total blau. Heute früh, gegen 5.00 Uhr, haut mich doch ein Kamerad aus der Koje und meint zu mir gewandt: »Wenn wir uns heute nicht blamieren wollen, Fred, dann raus aus dem Bett und runter an den See und Training!« Er soll auch mitmachen und zwar im Kugelstoßen und Diskuswerfen, und wir beide sind die einzigen Deutschen auf dem Sportfest. Also, was bleibt mir übrig? Turnhose an und raus in den kalten Morgen. Außerdem haben wir noch Bodennebel. Gelassen drehe ich, barfüßig, meine steinige 3-Kilometerrunde um den See von St. Benoir. Anschließend nimmt mich die Sportkanone (Deutscher Jugendmeister im Skilanglauf) unter seine Fittiche, reibt mich mit Fett ein und massiert und knetet mich durch wie eine weiche Semmel. Danach dreißig Minuten Ruhe und dann für eine Stunde rein in den See und geschwommen.

Gegen 8.00 Uhr sind wir wieder in unserer Unterkunft. Fast alle schlafen noch. Nach dem Frühstück ziehe ich mir meine Uniform an und gehe mit einigen andern Kameraden die sieben Kilometer bis zur Kirche nach Dalat. Nach dem Gottesdienst die gleiche Strecke wieder zurück.

Meine Zigaretten sind heute alle »beschlagnahmt«, und mir räuchert es. Nach einem unzulänglichen Mittagessen gehe ich mit Sedel hinab zum Chinesen-Bistro, um dort ein »Sportlerfrühstück« einzunehmen. Seidel isst eine Büchse Ölsardinen, Brötchen und Soup Chionise. Ich bevorzuge ein Omelett aus drei Eiern mit Speck, Brötchen und auch einen kleinen Napf scharfe Chinesensuppe. Danach ging es wieder hoch in die Unterkunft, und bis 14.30 Uhr ruhten wir.

Um 15.00 Uhr brachte uns ein Militär-LKW ins Stadion von Dalat. Vergeblich habe ich versucht, Rennschuhe zu erhalten. In meiner Größe war nichts vorhanden.

Das Stadion füllte sich, und um 15.30 Uhr begann das Sportfest. Auf der Tribüne beim Start und Ziel sah ich, außer den Offizieren und Zivilisten, das Amerikanische Missionspensionat, dann das Französische Pensionat mit vielen Bekannten. Es stand für mich sofort fest, dass, wenn ich als Letzter meinen Lauf absolvieren würde, ich mich bei ihnen nicht mehr blicken lasse.

Um 17.00 Uhr wird durch das Mikrofon zum 1.500-Meterlauf gerufen. Statt meines Namens höre ich von dem Idioten von Ansager den Namen des ursprünglichen Läufers. Na, wenn schon, denn schon, dachte ich mir, spurtete zum Radio und stellte die Sache richtig. Na also, geht doch, mein Name hört sich auch ganz gut an. Im letzten Augenblick, aber noch rechtzeitig, bekam ich von einem schwarzen Soldaten noch Schuhe geliehen, die mir jedoch etwas zu klein waren. Ich musste meine großen Zehen etwas einkrümmen. Ein Sporthemd mit der Nummer 22 und dem Wappen der Legion (die Legionsgranate), sowie die Hose der C.I.A.B.-Mannschaft (blau-weiß) vervollständigte meine Kleidung. Dann ging es zum Startplatz. Oh je, Sportler waren dabei – da habe ich wohl kein Glück, ging es mir durch den Sinn. Vier Mann, darunter ich, vertraten die C.I.A.B. Die restlichen

11 Läufer waren von der zivilen Sportschule, der Unteroffiziersschule und anderen Truppeneinheiten. Außerdem liefen als Gäste der französische Meister dieser Strecke und der beste Truppensportler aus Indochina, die jedoch nicht gewertet werden sollten, sondern uns nur »ziehen« mussten.

Von der Tribüne hörte ich Rufe: »22 bon chanch!« Aha, die Mädchen vom Pensionat. Aber ich schaute nicht hin. Sedel stand am Start und drückte die Daumen. »Aufstellung! Achtung!« (Die Pistole hoch in der Luft stand der Starter da) – »Fertig, los!« Ein Knall aus der Pistole, und die Läufer spurteten ab. Ich setzte mich sofort in die Spur des langen Unteroffiziers der C.I.A.B., der angeblich die meisten Chancen haben sollte. Ich lief als Letzter und merkte, dass die anderen mich sperren wollten. Aha, so sieht es aus mit den fairen Sportlern. Aber sie kannten mich noch nicht. Schließlich habe ich ja fast täglich die 3.000 Meter trainiert.

Auf der Geraden war ich machtlos. Doch da, in der Kurve vor der Tribüne, gaben sie sich eine Blöße. Jetzt oder nie, war mein Gedanke! Ja, und dann zog ich ab wie der alte und berühmte Rennfahrer Bernd Rosemeyer auf der Avus. Kurz vor der Tribüne ging ich in Führung. Die Legionäre feuerten mich durch Zurufe an, und die Mädchen aus den Pensionaten schrien im Chor: »22 – 22 – 22!« Ja, und ich wollte sie nicht enttäuschen in meiner sportlichen Eitelkeit. Ich rannte buchstäblich dem Feld davon. Dann aber hatte ich einen toten Punkt. Ich glaubte, nicht mehr weiter zu können. Am Ende der zweiten Runde wurde ich eingeholt und überholt. Der Sportoffizier von der C.I.A.B. schrie mir zu: »Alléz, alléz, 22!« Mir wurde fast schwarz vor Augen. Ich lief langsamer, um mich zu erholen und lag schon ziemlich weit zurück im Feld. Jetzt hörte ich die Anfeuerungsrufe für andere Sportler. Von den Zuschauern war ich schon aufgegeben.

Da wurde es in meinem Inneren rebellisch. Ich vermeinte, eine Stimme zu hören, die mir sagte: »Du Schlappschwanz, reiß dich zusammen, du darfst nicht verlieren!« Ich dankte ihr, dachte an meine

Blamage und gewann wieder an Tempo. Jetzt hörte und sah ich keinen Zuschauer mehr. Ich rannte, rannte, raste, kurz hinter der vorletzten Runde bekam ich wieder Anschluss. Noch 400 Meter – ich war auf dem dritten Platz, ein kurzes Duell mit dem Ersten, der fiel ab. Rein in die Kurve, dann in die Gerade, und jetzt besitze ich den Wahnsinn – so steht es in den Tagebuchblättern – und gehe fast zu früh in den Endspurt. Ich höre nun wieder: »22 – 22 – 22!« Ich mobilisiere meine letzte Kraft. Noch 50 Meter – mein Atem geht keuchend. Ziel und durch – geschafft! – und falle dem Sportoffizier der C.I.A.B. in die Arme. Das Stadionradio meldet meinen Namen als Sieger.

Rundenrekordzeit für Süd-Annam. Zwei glückliche Sieger verlassen das Feld – mein Kamerad aus Österreich im Diskuswerfen und ich im 1.500-Meterlauf.

17. März 1949

Heute bin ich 20 Jahre alt geworden. Komisch, ich fühle mich kein bisschen »alt«. Nach Feiern ist mir natürlich auch nicht zumute. Wieder habe ich den Brief meiner Mutter in der Hand, den sie am 10.8.48 geschrieben hat. Es ist ein erschütternder Brief. Ich habe ihn damals bewusst nicht in mein Tagebuch abgeschrieben. Aber jetzt, beim Aufarbeiten meiner hinter mir liegenden Zeit, ist er wieder in meiner Hand, und ich werde ihn wortgetreu abschreiben. Meine Eltern sind schon lange tot. Meine Schwester und ich, wir zwei leben noch. Und wir zwei wissen, wie unsere Mutter unseren Vater geliebt hat. – Ich zitiere:

»Berlin, den 10.8.48
Mein lieber, lieber Junge!
Mit großer Freude habe ich drei Deiner Briefe erhalten. Über den einen, so recht verzweifelten Brief, war ich so maßlos traurig. Doch kann

ich Dich so gut verstehen. Ich weiß, was Heimweh bedeutet. Ich habe es als Kind kennengelernt, und es ist mir noch so lebendig in meiner Erinnerung. Papa hat nun Schritte unternommen, Dich von der Legion frei zu bekommen. Ich selbst weiß nun nicht, was er geschrieben hat. Karin sagte es mir gestern in der Besuchszeit, daß sie den Brief Opa zur Weiterbeförderung übergeben hat. Möge dies nun, mit Gottes Hilfe, gelingen, dass Du, mein lieber Junge, bald wieder in der Heimat sein kannst, zwar muss ich Dir nun mitteilen, dass es um Dein Elternhaus traurig bestellt ist.

Was ich Dir jetzt schreibe, mein Fredi, brauchst Du Deinem Vater in Deinen Briefen nicht anmerken zu lassen. Papa hat ein Verhältnis zu einer anderen Frau, schon seit meiner Krankenhauszeit. Ich habe Papa viele liebe Worte gegeben, von dieser Frau zu lassen, nun auch vielen, zum Schluss aufgeregten Worten, bei dem letzten Auftritt trank ich vor lauter Verzweiflung Alkohol. In dieser Alkoholstimmung versuchte ich, noch einmal gut zu Deinem Vater zu sein. Doch er hat es hohnlächelnd abgewiesen, mit dem Bemerken, ich sei nur <u>Mutter</u>, aber nicht Frau. Nun gab ein Wort das andere. Bei dieser Auseinandersetzung hat Papa mich sehr geschlagen und mich so unglücklich gegen die Tür und auf die Erde geschleudert, daß ich mit einem Wirbelsäulenbruch nun im Krankenhaus liege. Jetzt bin ich verzweifelt, mein Junge. Ob es mir nun noch einmal gelingen wird, richtig Laufen zu lernen und ob ich überhaupt mein Krankenlager verlassen werde, Überschrift unserer Ehe. <u>So endete eine Liebe</u>.

Ich hätte Dir dies nie mitgeteilt, mein Junge, aber ich weiß ja nicht, ob ich alles lebend überstehen werde, ob dies eventuell mein letztes Krankenlager ist. Karin hat alles miterlebt, um des Kindes wegen tut es mir so furchtbar leid. Nun ist sie wieder so allein und Papa nimmt Karin jetzt auch schon immer mit rauf zu dieser bewussten Frau. Karin leidet sehr darunter. Sie weint immer, wenn sie mich besucht. Papa kommt nicht her mich besuchen. Es ist auch besser so. Ihn zieht es zu einer anderen und ich sehne mich nach Ruhe. Bis heute hat Papa sich nicht *einmal für seine rohe Tat entschuldigt. Ich könnte ja Anzeige erstatten – aber ich kann nicht, denn ich hatte ja Deinen Vater einmal sehr, sehr lieb und darum will ich ihn auch nicht hinter Gefängnismauern wissen. Nun, mein lieber, lieber Fred, werde Du nun im Leben besser als Dein Papa.*

Eta kümmert sich in rührender Weise um Karin und mich. Karin ist schon wiederholt von Etas Mutter zum Mittagessen eingeladen worden. Sie würde gern Karin ganz zu sich nehmen, aber Papa erlaubt dies nicht. Schreib ihr bitte auch mal einen netten Brief. Eta ist so lieb und gut zu mir, wie eine Tochter. Sie besucht mich laufend im Krankenhaus. Sie hat mich schon bis abends 10 Uhr im Krankenhaus besucht und dann weilten unsere Gedanken und Worte nur bei unserem Fred.

Fredi, Eta hat Dich wohl sehr lieb, zeig Du Dich ihrer würdig, behandele sie lieb und gut. Sei nur nicht traurig, mein lieber Junge, freue Dich auf Dein Glück, welches Du bestimmt in Eta gefunden hast. – Auch ich will nicht mutlos meine Krankheit ansehen, sondern hoffen. Doch sollte ich einmal nicht mehr sein, Fredimann, sei lieb und gut auch zur Karin. Ich bitte Dich von ganzem Herzen darum.

Tante Lia (ihre Schwester) und Onkel Hans mit ihrem Töchterchen sind gestern zu Opas Geburtstag nach Berlin gekommen. Ich bin gespannt, ob sie mich besuchen. Schreib Du an Tante Lia ruhig weiter, denn sie hat es ja mal nach ihrer Ansicht gut mit Dir gemeint. Leider ist mein Papier alle. Ich hätte nicht mal schreiben können, hätte mir Eta nicht Papier gebracht. Ich hatte durch Karin Papa bitten lassen, mir Papier zu schicken, aber er hatte es abgelehnt, wohl aus Furcht, ich könnte dir die Wahrheit schreiben. Also mein Schieter, schreibe weiter gut zu Deinem Vater, denn ich möchte nicht das bestehende gute Verhältnis zwischen Dir und Papa trüben. Vielleicht schämt er sich später einmal sehr, dies alles der Mutter seiner Kinder angetan zu haben. Doch sollte ich gesund werden, kann meine Ehe nicht mehr bestehen, dann bleibt nur noch die Scheidung. Nun mein Kleiner muss ich schließen, denn ich werde sehr müde. Schreibe mir recht bald wieder, aber bitte an Etas

Adresse Gubener Str. 50 oder Berlin NO 18 Landsberger Alle 159 Krankenhaus Am Friedrichhain Station 25 Zimmer 2. Am besten ist es aber, Du schickst die Post an Eta und Eta bringt sie mir dann. Also Schluss, mein Junge. Viele liebe Grüße und herzliche Küsse sendet Dir Deine Dich lieb habende Mutti.«

Der Inhalt des Briefes meiner Mutter ging mir damals so wenig aus dem Kopf, wie auch heute noch, Jahrzehnte später. Diese unsichtbare Barriere zu meinem Vater bestand lange, lange Zeit – bis zum Tode meiner Mutter, und sie war immer noch die Ehefrau meines Vaters und hatte sich nie von ihm getrennt. Wir standen bei ihrer Beisetzung beide am offenen Grab, und mein Vater sagte leise und traurig: »Verdammte Scheiße!«

Beim Schreiben meiner Erinnerungen habe ich lange überlegt, ob ich diesen intimen Brief meiner Mutter verwerten soll. Nun habe ich es getan, im Wissen, dass, wenn je eine Frau ihren Mann geliebt hat, dann war es, bis zum Ende ihres Lebens, meine Mutter … und das trotz allem, was er ihr angetan hat. – Und das stand, fast bis zum Tode meines Vaters, auch immer zwischen uns.

Was ich noch Berichtenswertes über meinen Vater zu sagen habe – bis zum Ende seiner Tage – folgt zu einem späteren Zeitpunkt.

Doch, was Eta angeht, möchte ich hier auch, in dieser Darstellung meines Lebens, meinen herzlichen Dank aussprechen für alle ihre Hilfestellungen, die sie meiner Mutter und meiner Schwester in einer schweren Zeit gab. Die Eta lebt schon länger in Baden-Baden und ist mit einem, wie ich hörte, älterem Herrn liiert. Ich habe keinen Kontakt zu ihr, ich weiß nicht genau, wo sie wohnt. Aber, sie hat es verdient, dass ich ihrer auch jetzt liebend gedenke.

In meinem Tagebuch ist unter dem Datum 17. März 1949 nur ein Gedicht von »Lagarde« wie folgt notiert:

»Wenn du vor Not kaum schreiten
Und kaum noch sehen kannst
Dann sind die großen Zeiten.
Zeig in den Dunkelheiten
Was du an Licht gewannst
Wenn alles dir genommen
Was leis das Leben schmückt
Bist du zu dir gekommen
Und leis in dir entglommen
Ist was dich weit entrückt.«

Ende des Lehrganges

Am 18. März ist unser Deponneur-Lehrgang offiziell beendet worden. Die Prüfung dauerte drei Tage. Der erste Prüfungstag war überwiegend der Theorie gewidmet.

Ich hatte Wissen und natürlich auch das berühmte Quäntchen Glück, denn ich habe tatsächlich alle Fragen mit »Gut« beantwortet.

In der praktischen Prüfung haben wir mit sechs Mann ein Kraftfahrzeug der Marke »Chevrolet« zerlegen und wieder zusammenbauen müssen. Da zwei Legionäre vom Fach an unserem Kraftfahrzeug dabei waren, klappte alles ausgezeichnet. In der Theorie bekam ich 16,5 und in der Montage 17,5 Punkte. (In meinen theoretischen Arbeiten während des Lehrganges, bekam ich drei Zensuren und zwar 16,5, 18,5 und zum Abschluss 20/20, ausgezeichnete Arbeit. Deshalb fand ich meine Theorie-Abschlussnote etwas ungerecht.) Am zweiten Tag der Prüfung wurden uns in einem Motor mehrere Fehler eingebaut, die wir finden und reparieren mussten. Ich brachte als erster Prüfling meinen Motor in Gang und erhielt 17,5 Punkte.

Am dritten Prüfungstag wurden wir im Schießen, in der Waffenkunde und im Sport geprüft.

Die Abschlussurkunden wurden uns vom Kommandanten der C.I.A.B. Bernhard überreicht. Er betonte, dass unser Lehrgang seit Bestehen der Schule die besten Leistungen erbrachte. Wir hätten zwar in der Stadt usw. genug Unfug angestellt, der aber jetzt vergessen sei. (Wir grinsten.) Er werde unsere Leistungen und die Beförderungen sofort dem Kriegsministerium unterbreiten.

Ich schnitt mit dem Gesamtresultat 16,55 Punkte/20 als Elfter ab und war der Letzte von denen, die zum Caporal eingereicht wurden. Meine damalige eigene Abschlussbeurteilung lautete: Ich habe es gar nicht verdient.

Dank an unseren Adjudant-Chef – 25. März 1949

Ihm waren wir in erster Linie zu Dank verpflichtet. Er war nicht nur unser Vorgesetzter, sondern auch Lehrer, Freund und Kamerad. Bei diesem Menschen konnte ich erstmalig während meiner Dienstzeit in der Legion sagen: In diesem Unteroffizier der Eskadron (1. R.E.C.) habe ich das wahrhafte Vorbild gefunden. Er war in erster Linie ein wahrer Kamerad, ein Pfundskerl, und in zweiter Linie ein verständnisvoller Vorgesetzter, der uns als Mensch achtete und behandelte. Oft hatte er beim Kommandanten der C.I.A.B. für unsere »Untaten« ein gutes Wort eingelegt, in den »Affären« geschlichtet und dafür von seinen Vorgesetzten so manche »Zigarre« eingesteckt.

Er hat in der Legion von der Pike auf gedient und bereits den Dienstgrad eines Leutnants gehabt. Warum er dann wieder zum Unteroffizier degradiert wurde, kann ich mir denken – er liebt ein offenes Wort. Er ist der Inhaber hoher Tapferkeitsauszeichnungen. Chevallier soll bereits in seiner Heimat Kanada Offizier gewesen sein.

Was hat den wohl in die Legion verschlagen? Allen Kameraden von uns fiel es sehr schwer, nun von ihm Abschied zu nehmen. Seit über einer Woche liegt er oben im Hospital, an Malaria erkrankt. Wie wir ihm nun dankten, habe ich kurz in meinen Tagebuchaufzeichnungen notiert: Wir legten alle etwas Geld zusammen für ein Geschenk. Sedel und ich beschafften einen großen, herrlichen Blumenstrauß. Eine Gruppenaufnahme von uns wurde vergrößert und mit einem passenden Rahmen versehen. Wir besorgten eine große Torte. Auf ihr stand mit Zuckerguss der Text: »Die Deponneure danken«, und unter diesem Text war das Wappen der Legion, die »Granate«, in Zuckerguss zu sehen. Manfred Barsch, ein sehr talentierter Zeichner, der sich auch in meinem Tagebuch verewigte, entwarf einen Dankesbrief, der den Eindruck eines alten Pergaments erwecken sollte, was ihm auch herrlich gelang. Im Text bedankten wir uns für alles und gaben Chevallor den Ehrentitel »Kamerad«. Die zwei Wappenbänder der Legion mit dem Siegel des 1. Regiments und einem vergilbten Rand schufen so ein herrliches Dokument des Dankes.

In Ausgangsuniform zogen wir hoch zum Hospital, stellten uns dann in zwei Reihen auf und baten Chevallier heraus. Caporal Dallmann sprach ihm unseren Dank aus. Dann überreichten wir die Torte, Richenberger das Bild, ich die Blumen und Barsch das Dokument. Unser Chef hatte Tränen in den Augen.

Abschied von Dalat

Am 30. März 1949 habe ich in meinem Tagebuch meinen Abschied von Dalat dargestellt. Die schöne Zeit in Dalat ist nun vorüber. Abschied nehmen, heißt es jetzt, von einer Gegend, die mir sehr ans Herz gewachsen ist. Sie gab mir für einige Monate die Illusion, wieder Mensch sein zu dürfen. Ihre herrliche Landschaft erinnerte mich an

Deutschland, und ich fand hier Menschen vor, die mir von Herzen meine Freizeit verschönten. Ja, in Dalat fand ich die Stärke wieder, mein weiteres Schicksal tapfer und ehrlich zu meistern. Und sollte ich einmal schwach werden, so will ich nach hierhin zurückdenken und weiter ausharren.

Noch einmal wanderte ich – ein Legionär – durch die bergige Landschaft, sog mit großen Zügen die herrliche, klare Gebirgsluft in meinen Körper ein. Der Wind rauschte über das Land und erzeugte dabei eine Melodie, dass ich glaubte, die rauschenden Weisen einer Orgel wahrzunehmen. Dunkle, schwere Wolken hingen oben am Himmel, doch schien im Herzen dieses einsamen Wanderers hell und licht die Sonne. Die Augen sogen mit Freude das herrliche Landschaftsbild ins Herz hinein. Meine Blicke umfassten Abschied nehmend dieses kleine Stück von Indochina noch einmal.

Vor und hinter mir liegen die Berge mit ihren Fichten und Tannen. Kein tropisches Gewächs stört meine Illusion, Heimatlandschaft zu sehen. Dort unten liegt der See von St. Benoir. Nun heißt es, zurück in die raue Wirklichkeit. – Der Wind in den Bergen aber rauschte die Melodie des ewigen Lebens.

Rückfahrt nach Cochinchine – 1. April 1949

Wir haben vier Tage gebraucht, um unseren alten Standort Saigon wieder zu erreichen, unser fröhlicher »Haufen«, der da im Urwaldexpress schneckentempomäßig seinen Rückweg »in heimatliche Gefilde« antrat. Manke, der alte Urberliner, sorgte laufend für Stimmung. Was habe ich doch über diesen Kerl schon für Tränen lachen müssen. Es ist doch gut, wenn man wie er so ziemlich alle Lebenslagen mit Humor aufnimmt. Ich kann es leider nicht so gut. Einige Tage konnte ich nun wieder den Dschungel in seiner tropischen Schönheit vom Zug aus bewundern und hassen zugleich. Was hat er schon in seinem Inneren für Menschenopfer gekostet! Nur langsam weicht er der vorwärtsdrängenden Kultur und Technik, die alles nutzbar machen will zu Geld und auch zum Verderben der Menschheit. Tief drinnen dort im Dschungel erst, lernt der Mensch, sich zu bewähren, ohne Rücksicht auf Geld und gesellschaftliche Stellung. »Selbst ist der Mann« oder sollte es nicht besser heißen, »Selbst ist der Mensch«? So lautet hier die ewige Gesetzgebung. Sei stark, kämpfe und lebe! Sei schwach, so gehe zurück zur Erde.

Mit der Zeit kamen wir in kultiviertere Gegenden. Der Zug fuhr an Chinesen-Dörfern vorbei. Oft gibt es auch Pfahlbauten, da die Flusslandschaft über ihre Ufer trat. Wenn ich nur daran denke, ein Leben lang in solch kleinem Dorf zu leben, hätte ich Angst, zu verblöden. Aber doch halten es ungezählte Europäer dort ein Leben lang aus. Sie haben hier ihre, oft bittere, zweite Heimat gefunden. Ich möchte nicht um ihre Schicksale wissen, die sie hierher verschlagen haben.

An einer »Bahnhofshaltestelle« konnte ich eine Chinesin mit ihren Sprösslingen bei der großen Wäsche beobachten. Ein Bild für die Götter!

Am 4. April traf ich in meiner alten Kompanie der 40. C.C.B. ein. Meinen Tagebuchnotizen vom 10. April 1949 entnehme ich, dass ich mich in meiner alten Kompanie sehr schnell wieder eingelebt habe. Meine Sektion wird von einem Sergeant-Chef geleitet. Zurzeit arbeite ich an einem LKW des Fabrikats GMC. In Kürze soll ich mit ihm wieder die Straßen unsicher machen. Wenn ich daran denke, wie ich einmal als Neuer herkam und nun schon ein »alter« Chauffeur bin, dann merke ich, wie schnell die Zeit doch vergeht.

In Dalat machte ich auch noch eine Führerscheinprüfung für das Motorrad. Von meiner Kompanie erhielt ich einen provisorischen Führerschein. Der ist aber schnell hinfällig geworden, da meine Papiere von der C.I.A.B. eingetroffen sind.

Heute habe ich die »Medaille Colonial« mit der Aufschrift »Extreme Orient« verliehen bekommen. Sie wird von uns auch etwas abfällig als »Bananen- oder Schweißorden« bezeichnet.

Es geht nun alles wieder im alten Trott weiter wie im vorigen Jahr: LKW fahren, Wache in verschiedenen Bereichen der Kompanie »schieben« und die freie Zeit so gut wie möglich verbringen. In meinen Tagebuchaufzeichnungen ist der Text nachzulesen: »Na, der Mensch ist ein Gewohnheitstier, einmal steht er da und einmal steht er hier, und einmal ist auch diese Zeit Vergangenheit geworden«. Als ich meinen Vertrag für die Legionszeit unterschrieb, sagte ich zu mir: »Jetzt absolviere ich zehn Semester auf der Universität des Lebens!« Ich will es auch weiter so halten.

Am 24. April hatte ich ein Jahr in Indochina absolviert. Die Gegenwart wurde schnell Vergangenheit, und wenn ich die Zukunft in Wochen, Monate und Jahre einteile, dann wird sie natürlich sehr langsam zur Gegenwart. »Hallo, Fred,« sage ich zu mir, »du bist ja noch jung, was kostet die Welt!« Nach trüben Stunden kamen auch viele Lichtblicke, und dann rollt deine Maschine wieder. Wie sang die von mir so bewunderte Zara Leander immer:

»Davon geht die Welt nicht unter,
scheint sie auch manchmal dir grau.
Einmal wird sie wieder bunter,
einmal ist sie wieder himmelblau.
Geht's mal drüber und mal drunter,
wenn dir der Schädel auch raucht.
Davon geht die Welt nicht unter,
sie wird ja noch gebraucht.«

So will ich auch meine Zukunft sehen. Darum: »Glück auf, auch im nächsten Jahr, Extreme Orient!«

30. April 1949 – Camerone

Wieder ist er da, der größte Feiertag für die Legion. Obwohl ich schon einmal einige Zeilen zu diesem Thema geschrieben habe, will ich es etwas deutlicher noch einmal tun.

Seinen Ursprung hat dieser Festtag in Mexiko im Jahr 1863. Unter der Führung des Kapitän Danjou verteidigte sich eine kleine Gruppe der Legion gegen eine große Truppenübermacht der Mexikaner in Camerone. Wenn die Geschichte richtig geschrieben ist, kämpften 63 Legionäre unter der Führung des genannten Offiziers gegen eine riesige Übermacht von 2000 mexikanischen Soldaten. Getreu bis zu ihrem Tod, gaben sie alle, bis auf drei Überlebende, ihre Körper für Frankreich und ihre Seele der Großen Armee. Wenn ich den Geschichtsschreibern Glauben schenken darf, konnten es die Mexikaner damals nicht fassen, dass sich die Legionäre gegen eine riesengroße Übermacht so lange zur Wehr setzen konnten.

Seit damals feiert die Legion Jahr für Jahr die Heldentaten ihrer Kameraden überall, wo sie in der Welt stationiert sind, mit einer Truppenparade. Die Handprothese des Kapitän Danjou soll sich noch heute in einem Reliquienschrein befinden, den ein alter Legionär, eingekleidet in einer Paradeuniform, vor seiner Brust präsentiert – neben ihm ein hoher Offizier, der die Parade abnimmt.

Heute erhielt unser Kompaniechef Kapitän Hubert Lusenfeldt den höchsten Orden Frankreichs »Legion de Honneur«.

Unser Essen an diesem Tag war der Feier angemessen. Die Kompanie ließ sich nicht lumpen, freier Ausschank im Foyer usw., usw. Viele von uns waren natürlich blau – Ehrensache! Und es gab auch wieder einige Prügeleien, aber die gehören dann schon fast zum guten Ton, an einem solchen Tag.

Wir hatten Ausgangssperre, um auf alles gefasst zu sein. Jeder von uns musste »Dienst schieben«, wie z. B. in der Streife, auf Posten, in der Alarmsektion in Bereitschaft liegen.

Der letzte 30. April liegt uns noch schwer im Magen. Der Name des Generals »vom letzten Mal« ist noch nicht vergessen. – Die Aufständischen ließen uns wunderbarer Weise in Ruhe. Wir waren fast erstaunt darüber.

20. Mai 1949 – Abschied von Saigon

Was ich durch meinen alten Kameraden Manke von der C.I.A.B. hörte und nicht glauben konnte, ist nun wahr geworden. Ich komme als Deponneur zum 3. Regiment nach Tonkin. Dieses Gebiet grenzt an früher National-China, jetzt Rot-China. Die Luft in dieser rauen Landschaft ist »bleihaltiger« geworden. Mein Abstellungsbefehl kam vom Etat-Major. Hätte ich das schon in Dalat gewusst, wäre ich bestimmt der Letzte meines Lehrganges geworden. Aber dort fachlich über dem Durchschnitt zu stehen, bringt mir nun einen negativen Standort. Ich werde mich für keine Sache mehr freiwillig melden und keinen Handschlag mehr machen, als von mir verlangt wird. Ab jetzt will ich »blöd sein wie ein Hornochse«. (Ich will natürlich keinen Hornochsen beleidigen, doch der Spruch lautet nun mal so.) Auf Dienstgrade und Orden lege ich keinen Wert mehr. – Diesen »Wunsch« erfüllte mir die Legion.

Es heißt nun, Abschied nehmen von meiner alten Kompanie und meiner alten Unterkunft in Gia-Dinh. Ich hatte mir ja vorgenommen, noch einmal nach meiner Tonkin-Zeit hierhin zurückzukommen und meine Dienstzeit zu verlängern, um mit meinen alten Kameraden wieder zusammenzutreffen. Das gilt aber nur, wenn ich Tonkin noch gesund verlassen kann. Nun muss ich auch meinen besten Kameraden, Werner, verlassen. Wir beide waren ab Marseille immer zusammen, sowohl in der Ausbildungskompanie in Sidi-bel-Abes, als auch in Indochina in der 40. C.C.B. Was haben wir Beide schon für Pläne miteinander geschmiedet. Jeder von uns teilte Leid und Freud zusammen, wir hatten keine Geheimnisse voreinander. An meinem letzten Tag vor der Abreise haben wir uns an einem kleinen Chinesendenkmal ewige Freundschaft geschworen. Legionär Krause hielt es auf dem Bild fest. Wir zwei lächelten, doch innerlich weinten wir schon. Abends feierten Werner und ich im Foyer Abschied. Er nahm einen kräftigen Kredit für uns beide. »Aber beim Wiedersehen«, sagte ich, »zahle ich dann.« Und wie feiern schon zwei Freunde in der Legion, nicht im Café oder im Bordell, sondern im Foyer der Kompanie. Wir soffen beide bis zur Bewusstlosigkeit, und zwischendurch weinten wir wie kleine Kinder und lagen uns in den Armen. Zwei Freunde feierten ja nur, wenn es das Schicksal so will, für kurze Zeit Abschied, denn schon im nächsten Jahr wollten wir uns in der alten Kompanie wiedersehen.

Es war eigentlich das erste Mal in meiner Dienstzeit, dass ich morgens nicht wusste, wie ich abends in mein Feldbett gekommen war. So voll war ich ja schon ewig nicht.

Im Durchgangslager der Legion, im Chinesenviertel Cholon, wartete ich nun mit anderen auf die Abfahrt. Gestern, in der Nacht, habe ich einen Angriff der Partisanen glücklich überlebt. »Aber«, so sagte ich damals, »was macht es mir schon aus, ob ich nun hier oder erst in Tonkin ins Gras beiße, ist ja nun scheißegal.« Am 25. Mai soll es losgehen. »Na, von mir aus«, sagte ich. – »Ich bin ja nun schon recht stur geworden, ganz schön stur, aus Enttäuschung.«

Auf der »St. Michel« nach Tonkin

Wir fahren! In stockdunkler Nacht sind wir eingeschifft worden. Der alte Frachter ist vollgestopft mit Truppen für Tonkin. Vor ungefähr einem Jahr fuhr ich den Mekong mit der »Nantes« hoch nach Saigon und nahm irrtümlicher Weise an, ihn erst im Jahr 1950 wieder in Richtung Afrika zurückzufahren. Mein Schicksal hat es anders für mich vorgesehen, denn schon jetzt fahre ich den Fluss meerwärts zu, um noch weiter in dieses verfluchte Indochina hinein zu kommen. Das Schiff fährt uns hoch nach Haiphong. Von dort aus soll ich dann in irgendein Bergkaff an der Grenze zu China kommen. Hoffentlich verblöde ich dort nicht ganz. Mit mir fahren Kramer und Muchelberger. Zwei weitere Kameraden fahren ebenfalls mit diesem Kahn nach Tourane zur ersten Sektion meiner alten Kompanie. Nichts weckt mein Interesse, stur der alte Kahn im Kurs, stur ich im Gemüt, so fahren wir beide nach Tonkin. Vier Tage später hatten wir unser Ziel erreicht.

C.C.R. Cao-Bang – 10. Juni 1949

Ich bin nun endgültig in meiner neuen »Wirkungsstätte« angelangt, im 3. Regiment, und arbeite schon einige Tage in der Stabskompanie im KFZ-Dienst als Deponneur. Ich habe hier so ein richtiges Drecknest erwischt. Von den Japanern noch halb zerstört zurückgelassen, macht der Ort auf mich einen toten Eindruck. Nicht weit von hier ist China. Der Fluss markiert die Grenze. Es ist der Mekong. Er soll 4.500 Kilometer lang sein und in der chinesischen Provinz Ynnan entspringen. Durch Indochina fließend, endet er im Chinesischen Meer. Der Ort, in dem meine Stabskompanie liegt, heißt Cao-Bang. Seit ich hier bin, habe ich ein unangenehmes Gefühl im Magen. Die Gegend wirkt für mich etwas unheimlich, und ich kann nicht einmal sagen, warum. In einer etwas vulgären Art mein Innenleben darzustellen, heißt es, ich befinde mich »am Arsch der Welt«. In dem Ort sind die Preise erschreckend hoch, da wir die Waren nur durch Flugzeuge und gefahrvolle Autokonvois erhalten.

Vier Tage »Bau« habe ich auch schon kassiert. Was soll ich darüber noch Großes schreiben, passiert, ist passiert, wenn auch ungerechter Weise.

Der Kommandant der C.C.R. scheint ein feiner Kerl zu sein. Er behandelte mich beim Rapport sehr freundlich und bot mir an, auf einem Caporals-Lehrgang nach Dadke zu gehen. Ich dankte für Backobst. Mir ist alle Lust genommen. Ich bleibe eben weiter ein Legionär der 2. Klasse. Erst später habe ich gemerkt, wie dumm mein Verhalten in dieser Angelegenheit war. Irgendein Legionär hat mir mal einige Erfahrungen aus seiner Wehrmachtszeit mitgeteilt. Sie mündeten für ihn in den Ausspruch: »Melde dich für nichts freiwillig. Was kommt, kommt sowieso.« Und ich Blödmann habe lange gedacht, der Mensch hat Recht.

Die ganze Gegend hier geht mir auf den Keks. Alles sieht für mich öde und trübe aus. So richtige Kameraden habe ich hier noch nicht gefunden. Kramer ist eine ganz komische Nummer und Muchelberger ebenfalls. Ich werde hier wohl ein Einzelgänger bleiben und komme auch ohne Kumpels vorwärts, dachte ich. Mich interessierte nur, wann ich endlich wieder Post von zu Hause erhalte.

Nebenbei erfuhr ich, dass ich irrtümlicher Weise nicht auf einen Posten nahe des Flusses abkommandiert wurde. Welch ein Glück für mich! Die Aufständischen überfielen diese kleine Legionsstellung und metzelten ein paar Legionäre nieder.

Mit unseren LKW die Bergstraßen hier zu befahren, ist mehr als gefährlich. Die Kolonialstraße, die die Bezeichnung Straße nur bedingt verdient, ist schon ohne Überfälle der Aufständischen eine gefährliche Strecke. Außerdem ist immer damit zu rechnen, dass sie die Autokonvois überfallen. Frauen und Kinder sind als Kämpfer für uns äußerst gefährlich. Ich hörte von einer Offizierstochter, die bei einem Überfall Aufständischen in die Hände fiel. Das Mädel wurde von den Aufständischen wie eine Sau transportiert, das heißt, sie trieben dem jungen Mädchen eine recht dicke Bambusstange in die Scheide und so durch den Körper, dass sie oben zwischen den Schulterblättern wieder raus kam ... und das Kind hatte keinem etwas getan.

Manchmal war die Gebirgsstraße mit Minen gepflastert, oder es wurde eine große tiefe Grube ausgehoben und oben mit Bambus und Buschwerk gut getarnt. Und wenn dann das erste Fahrzeug in diese Grube stürzte oder andere auf Minen fuhren, kamen die aufständischen Kämpfer mit furchterregenden Schreien von oben oder unten über die Legionäre. Ich hörte, dass Frauen und Kinder fanatische Kämpfer waren.

Ich bekam auf einmal Fieber und wurde in das so genannte Hospital von Cao-Bang eingeliefert, wenn man diesen Stall überhaupt Krankenhaus oder Hospital nennen darf. Zwei Tage lang lag ich mit Fieber, ohne eine Decke oder sonstigem Bettzeug oder gar einem Moskitonetz, in einem dreckigen, kleinen Krankenzimmer mit Arabern zusammen. Erst am dritten Tag kam ich dann in einen großen Pavillon und erhielt dort eine Decke, ein Moskitonetz und zur Behandlung Chinin. Ich fühlte mich sauschlecht. Da man in diesem sogenannten Krankenhaus keine ausreichenden Medikamente zu meiner Behandlung hatte, wurde ich umgehend mit dem nächsten Konvoi in einem Ambulanzwagen nach Langson zurückgeführt. Nach drei langen Tagen langte ich im dortigen Zivilhospital an. Von der anstrengenden Fahrt war ich sehr ermüdet und fühlte mich an allen Knochen zerschlagen.

Die Kolonialstraße von Cao-Bang nach Langson ist aber auch die furchtbarste Strecke, die ich jemals auf meinen Fahrten durch Indochina sah und erlebte. An und für sich ist die »Straße« für schwere Kraftfahrzeuge schon schlecht zu passieren. Außerdem haben die Partisanen noch gute Arbeit geleistet, indem von ihnen die Strecke überall aufgerissen war. Wir mussten ständig mit Angriffen rechnen, und das geht dann schon schwer auf die Nerven. Doch vorläufig bin ich erst mal durch. Weiter darf ich hier noch nicht denken.

Mit dem Datum vom 20. Juli 1949 habe ich in meinen schriftlichen Aufzeichnungen auch einige Bemerkungen über das Hospital in Langson gemacht. Ich zitiere:

Hospital Langson

Ja, hier darf man es mit Recht so nennen. Alles freundlich und sauber gehalten. Das Pflegepersonal ist sehr nett und zuvorkommend, das Essen sehr gut. Herrliche Betten und schöne weiße Wäsche! Ich fühle mich hier wie der Herrgott in Frankreich! Nur eine Sache macht mir schwere Sorgen. Auf dem Transport ist mir meine Tasche mit Decke und Moskitonetz abhanden gekommen. Das allein wäre ja noch nicht so schlimm, aber mein Gewehr fehlt auch, da könnten noch große Schwierigkeiten kommen. Der mich behandelnde Arzt, der gut deutsch spricht, meinte jedoch, ich werde nicht bestraft, da ich als Kranker für meine Sachen nicht verantwortlich bin. Er würde alles in die Wege leiten. Wirklich ein sehr feiner Kerl. In der Zeit, die ich hier schon im Krankenhaus bin, sah ich zwei Menschen sterben. Einer hatte einen leichten Tod, aber der andere Franzose kämpfte schwer. Er wimmerte nach seiner Mutter und rief laufend den Namen seines Freundes. Es war furchtbar, das mit anzusehen. Morgens, gegen Fünf Uhr wurde er von seinem Leiden erlöst.

Am 25. Juli soll ich nun auf einen Monat zur Erholung nach Do-Son gehen. Der Arzt meint, ich brauche Ruhe. Und sollte es dort nicht gut werden, müsste ich in ein Krankenhaus nach Haiphong. Ich werde abwarten, was kommt. – Ja, so kam es dann auch.

Seit Anfang August befinde ich mich in Do-Son. Der Ort liegt direkt am Golf von Tonkin. Mein Bett steht in einem kleinen Häuschen nahe dem Meer. Ständig habe ich das Rauschen der Meeresbrandung in meinen Ohren. Zum Klima wäre zu sagen, es ist sehr, sehr heiß hier. Meine Hautkrankheit Bui-Bui macht sich schon wieder unangenehm bemerkbar. Es juckt am ganzen Körper. Außerdem leide ich an sehr schmerzhaften Tropengeschwüren. Zusätzlich habe ich noch Ohrenschmerzen. Also, alles in allem, ich fühle mich gesundheitlich schlecht. – Das Essen, außer Donnerstag und Sonntag, schmeckt mir überhaupt nicht. Das war sogar in Cao-Bang besser. Aber wir haben ja alle Ruhe vor dem Dienstbetrieb, und das ist ja auch was wert.

Endlich habe ich auch Post von zu Hause erhalten. Die Briefe haben mich aber sehr aufgeregt. Der Service-Social in Berlin bereitet offenbar meinen Eltern Schwierigkeiten. Meine Post wird ihnen vorenthalten. Und die Lebensmittelzuteilung wurde ihnen entzogen. Meine Mutter nimmt nun an, ich hätte hier irgendeine dumme Sache angestellt und macht sich um mich Sorgen. Verdammt noch mal, kommt denn immer wieder etwas Unangenehmes? Ich bin so richtig verzweifelt. Nicht genug, dass ich hier Sorgen habe, bekommen meine Eltern in Deutschland vom Franzosen, aus welchem Grund auch immer, Schwierigkeiten bereitet.

In den etwas kühleren Abendstunden sitzen oder liegen wir fast direkt am Abhang zum Meer. Die Brandung rauscht Tag und Nacht gegen die Felsen. Und irgendeiner von uns fängt dann an, irgend etwas aus seiner Vergangenheit zu erzählen. Wenn das Klima hier etwas kälter, das Essen etwas besser wäre, könnte ich die Abendstunden an diesem Meeresabschnitt direkt genießen. Ich hatte ein wenig Kontakt mit einem ehemaligen deutschen Lehrer, der ab und zu mit anderen oder mit mir in diesen beschaulichen Stunden philosophierte. Er gab Weisheiten von sich und berühmteren Leuten zu Gehör, so zum Beispiel von Schleiermacher:

»Sorge nicht um das, was kommen mag,
weine nicht um das, was vergeht,
aber sorge, dich nicht selbst zu verlieren
und weine, wenn du dahintreibst im Strom der Zeit,
ohne den Himmel in dir zu tragen.«

Oder:

»Die meisten Menschen finden es gewagt, sie selbst zu sein
und viel leichter und sicherer wie die anderen zu sein,
eine Nachäffung, eine Nummer mit in der Menge zu werden.«

Und ein letztes noch von Wolfgang Bächler:

<u>»Die Erde bebt noch</u>
Die Erde bebt noch von den Stiefeltritten.
Die Wiesen grünen wieder Jahr für Jahr.
Die Qualen bleiben, die wir einst gelitten,
Im Antlitz in das Wesen eingeschnitten.
In unseren Träumen lebt noch oft, was war.
Das Blut versickerte, das wir vergossen.
Die Narben brennen noch und sind noch rot.
Die Tränen trockneten, die lang geflossen.
In Lust und Fluch und Lächeln eingeschlossen
Grüßt immer noch wie damals uns der Tod.

Die Städte bröckeln noch in grauen Nächten,
Es weht noch Asche unterm Blütenstaub.
Die Toten stöhnen manchmal in den Schächten
Und auf den Märkten stehen die Gerechten
Und schreien, schreien ihre Ohren taub.

Die Sonne leuchtet noch an blauen Tagen.
Die Schatten fallen tief in uns hinein.
Sie überdunkeln unser helles Fragen.
Und auf den Hügeln, wo die Kreuze ragen,
Wächst säfteschwer und herb der neue Wein.«

Manchmal fing einer in unserer Runde davon an, aus seinem Leben zu erzählen. Mal war es fröhlich, mal war es traurig, mal lachten wir, mal rannen die Tränen die Wangen hinab. Keiner von uns war überheblich. Jeder von uns war bereit, zuzuhören, zu trösten oder als Trost nur zu schweigen.

Die Brandung rauschte, die Sterne standen über uns am nahen Himmel, und irgendwann machte einer von uns den Anfang – er ging in unser Haus und legte sich zum Schlafen nieder. Manchmal blieben zwei oder drei aus dieser großen Runde noch übrig und guckten schweigend in die Nacht und hörten auf die Meeresbrandung, bis sie müde wurden.

Im Hospital in Haiphong

Seit zwei Wochen befinde ich mich im Hospital »Annexe« in Haiphong. Es geht mir besser, und ich habe wieder Lust, mich um mein Tagebuch mehr zu kümmern.

Hier bin ich nun zum ersten Mal tatsächlich gut untersucht worden. Sie haben mit mir zwei Blutabstriche, eine Generalblutuntersuchung gemacht, Urin und Stuhl geprüft, zwei Radiospezialaufnahmen meines Rückgrades aufgenommen, sowie eine gründliche Untersuchung der inneren Organe vorgenommen. Ein Ohrenspezialist kümmert sich um meine »Horchlöffel«. Essen und Behandlung bezeichne ich als gut.

Mein Rücken ist nicht mehr in Ordnung, und ich bin ziemlich abgemagert. – Mein Regiment ist in schwere Kämpfe verwickelt, ist mir mitgeteilt worden.

Den Tag meiner Entlassung kenne ich noch nicht.

Vom Büro habe ich eine kleine Arbeit aufgetragen bekommen. Ich muss das Tableau des Hospitals neu anfertigen. Vielleicht kann ich ja dadurch meinen Aufenthalt hier etwas verlängern. Unser zuständiger Sani, im Französischen Infirmier genannt, ist ein Deutscher, namens Schulz. Er hat zwar seine Macken, doch die hat hier jeder, und hilft mir auf jede Art und Weise, wo er nur kann.

Heute ist der 14. September! Hoffentlich haben meine Eltern ihren heutigen 20. Hochzeitstag gut verlebt.

Folgende Medikamente sind mir bereits gegeben worden: Kampferöl, Palco-Strichnin, Chinin, Paludrin. Rückenmassagen habe ich auch schon überstanden.

Ich lag im Bett, über mir das Moskitonetz, neben mir, auf dem Nachttisch, in einem Spiegelrahmen steckendes Foto meiner Eltern und Schwester. Ich hatte auf einmal das Gefühl, als ob ich in einem Fahrstuhl abwärts sause. Mein Gesicht hatte eine gelbliche Farbe. Besser kann ich meinen Zustand nicht beschreiben. Ich drehte, im Bett liegend, meinen Kopf zum Spiegelrahmen und sah mein Gesicht, schmal und blass aussehend, vor mir. Da bekam ich von meinem eigenen Anblick einen Schock, fegte mit meinem Arm den Bilderrahmen vom Nachttisch und prallte dabei gegen die äußere Umrandung des, neben dem Bett stehenden, Tisches. Mein Gesicht sah aus wie das eines Toten. Ich fing an zu brüllen. Später bekam ich mit, dass meine Leidensgefährten in dem Krankensaal dachten, jetzt dreht der Fred durch. In der Rückschau kann ich nur von mir selbst sagen, dass ich das Gefühl hatte, ich müsse jetzt sterben, und das versetzte mir einen Schock.

In unserer Infirmerie ist ein Deutscher mit Namen Walter Schulz tätig. Er hat zwar seine Macken, doch die hat jeder. Er hilft mir auf jede Art und Weise, wo er nur kann. Ich kann es nicht glauben, aber ich bin am 23. November 1949 immer noch im Hospital in Haiphong. Noch einige Tage, dann sind das schon drei Monate Aufenthalt hier. Wann ich hier entlassen werde, weiß ich noch nicht, aber ich denke, es wird so langsam Zeit, denn auf die Dauer ist mir das ewige Liegen schon langweilig. Meine Rückenschmerzen sind immer noch vorhanden, bis heute. Ich habe schon einige Serien Spritzen dagegen erhalten, aber es wird nicht besser. – Meine Krampfadern im rechten Fuß machen mir nun auch zu schaffen. Vielleicht ist die ständige Gammelei im Krankenhaus mit ein Grund, dass die Ärzte immer neue Beschwerden bei mir entdecken. Aber jedes Übel muss ja einmal zu Ende gehen. – Ich habe die Bettnummer 48 und bin der »älteste« Patient im Saal.

Unsere Stationschefin ist eine Ärztin mit Namen Jeanette Blanche, und ich kann mich über sie überhaupt nicht beklagen. Ich erlebte sie bisher höflich, nett und zuvorkommend und kompetent in Diagnose und Behandlung. Wenn es sein muss, ist sie natürlich auch energisch. Sie ist das Vorbild einer guten Medizinerin.

Die beiden Stationspflegerinnen sind auch freundlich und zuvorkommend. Die eine von ihnen ist dick und kräftig und benutzt den Tennissport zur Entfettungskur. Die andere ist schlank und zierlich, trägt eine Brille und ist die Nervosität in Person. Wäre ich Arzt, hätte ich sie schon lange versetzt. Außerdem ist sie, durch ihren Zustand bedingt, oft launisch und lässt es den Patienten entgelten. Na, wir müssen uns auch mit ihr gut stellen, sonst wird hier keiner von uns mehr glücklich.

Dann wäre noch einmal der Sanitäter oder Infirmier Walter Schulz zu erwähnen. Er ist ein Legionär aus meinem Regiment, 28 Jahre alt und verheiratet. Hier macht er nun schon einige Monate Dienst. Auch schon bei der ehemaligen Deutschen Wehrmacht war er Sanitäter und versteht etwas von seinem Fach. Ich glaube, er kann sich noch ziemlich lange hier halten. Er ist kein schlechter Kumpel, aber manchmal doch sehr launisch. Wir müssen uns ihm fügen, dann hat man auch seine Vorteile. Er ist auch ein bisschen zu viel geltungsbedürftig und eitel. Man kann bei ihm auch einen Hang zur Spitzbübigkeit feststellen. Aber, wie gesagt, man muss die Menschen hier nehmen, wie sie sind. Schließlich haben wir alle unsere kleineren und größeren Fehler.

Das Weihnachtsfest rückt näher. Eine Vorfeiertagsstimmung, wie ich sie in Deutschland früher hatte, kenne ich hier, Gott sei Dank, nicht. Wer weiß, wo ich mich am Heiligen Abend befinden werde. Heute bist du hier und morgen woanders – Soldatenschicksal.

Am 14. November hatte meine Mutter Geburtstag. In Gedanken war ich bei ihr, und ein kleiner Blumenstrauß schmückte ihr Bild. Morgen, am 24.11., hat mein Vater Geburtstag. Er wird 44 Jahre alt. Am 26. November hat meine kleine Schwester Karin ihren 11. Geburtstag. Ich kann mich noch gut an ihren Tag der Geburt erinnern, als ich ihren ersten Schrei auf dieser Welt hörte. Zur Feier des Tages bekam ich von meiner Mutter eine ganze Deutsche Reichsmark und kaufte mir davon ein kleines Rennauto, den »Blauen Adler«. Ja, ja, so eine Geburt hatte auch für den Bruder seine guten Seiten.

Ich bin nur gespannt, wann die negative Angelegenheit vom Service Social geregelt wird. Vom Hospital aus habe ich alle nötigen Schritte unternommen, um diese merkwürdige Angelegenheit – falsche Behandlung meiner Eltern vom Service Social – aufzuklären. Da stehe ich nun als Soldat in Indochina für französische Interessen und muss aus der Ferne mit ansehen, wie eine französische Dienststelle in Berlin meine Eltern unangemessen behandelt. Ich bin mir keiner Schuld bewusst, denn ich habe meine dienstlichen Verrichtungen immer, so gut ich konnte, geleistet. Hier nimmt man an, dass es sich um eine kommunistische Sabotagesache handelt. Wie dem auch sei, ich werde nicht eher ruhen, bis sich alles aufgeklärt hat.

Ein Wiedersehen

Es war am 5. Dezember. Ich liege in meinem Hospitalbett und höre auf einmal eine Stimme von draußen, die nach mir fragt. Und welche Überraschung! Mein Freund und Kamerad Werner aus meiner alten Kompanie in Saigon! Ach, das war meine erste richtige Freude hier in Tonkin. Und was hatten wir uns nicht alles zu erzählen. Werner war bis 18.00 Uhr bei mir, und gegen 19.00 Uhr kam er mit noch zwei Kameraden meiner alten Einheit wieder zurück. Natürlich wurde gleich eine Flasche gekauft, um das Wiedersehen gebührend zu begehen. Die zweite Section meiner alten Companie geht auf Detachement nach Hanoi auf die Kolonialstraße Nummer 4. Von meinen alten Kumpels waren dabei: Hupe, der Lange, August aus Hamburg, Syri Kani, Badini, Strongemann und einige andere. Viele Kameraden sind in der Zeit meiner Abwesenheit von der 40. Transportkompanie gefallen. Das war für meine Freude nun ein großer Dämpfer. Aber damit muss ich immer auch selbst rechnen, und mit der Zeit härtet alles auch ein bisschen ab.

Heute wollen mich meine anderen Kameraden auch noch begrüßen kommen, und das freut mich sehr. So ist es in der Legion, man sieht sich und muss sich irgendwann wieder trennen – Schicksal.

Indochina

Bald ist das Jahr 1949 beendet, und wir treten in ein neues Jahrzehnt, das hoffentlich für unsere sturmdurchtobte Erdenkugel bessere Zeiten anberaumt. Ich möchte das, was ich bis jetzt von diesem Land weiß, in meinen Tagebuchaufzeichnungen festhalten, also etwas über die Geografie und die Politik. Es ist mir klar, dass meine Notizen, die ich gemacht habe, und mein damaliges Wissen nur recht lückenhaft sein können. Damals dachten wir ja noch, welche tollen geografischen Möglichkeiten wir hatten, in einem Land, das kaum europäische Touristen kannte.

Jahrzehnte später traf ich auf Menschen, die als Urlauber nicht nur die Schönheit des Landes erlebten, sondern auch die tief gelegten Tunnelsysteme sahen und kennenlernten, in denen die Vietnamesen Schutz vor den Napalmbomben der Amerikaner suchten oder in denen sie sich auf Kämpfe vorbereiteten, zuerst mit dem, was die Franzosen aufzubieten hatten und dann, nach ihrer großen Niederlage in Dien-Bien-Phu, mit den amerikanischen Truppen. Ich habe also notiert:

Indochina teilt sich auf in folgende Provinzen: Tonkin, Annam, Conchinchine. Außerdem gab es die Länder Laos, Cambodge.

Ihre Hauptstädte, in derselben Reihenfolge, sind: Hanoi, Saigon, Hue, Praban und Phnom-Penh.

Der größte Strom dieses Landes ist der Me-Cong mit seinen unzähligen Nebenarmen. Er entspringt in Tibet, geht durch die chinesische Provinz Yun-Nan in China, bildet eine natürliche Grenze zwischen Siam und Laos und fließt weiter durch Conchinchine und beendet seinen etwa 4500 Kilometer langen Lauf bei Cap-Saint-Jaques. Dort mündet er in das Chinesische Meer. Tausende von Dschunken benutzen diesen riesigen Strom als Handelsfahrstraße.

Nach den letzten amtlichen Schätzungen wohnen 23 Millionen Einwohner auf einer Gesamtfläche von 740.850 km².

Die Hauptausfuhrprodukte dieses großen Landes sind Reis, Kautschuk und, meist im Tagebau gewonnene, Kohlen.

Auf die einzelnen Länder bzw. Provinzen möchte ich in groben Zügen eingehen.

Tonkin

Der Umschlaghafen Tonkins ist in der Stadt Haiphong. Da diese Stadt nicht am offenen Meer liegt, sondern am »Roten Fluss«, der im Golf von Tonkin mündet, können nur Schiffe mit einem Tiefgang unter 5 Metern den Eintritt in den Hafen erlangen.

Durch ihre große Bevölkerungsdichte und ungünstige wirtschaftliche Lage, ist die Provinz auf Ernährungszuschüsse angewiesen.

Die südöstlich gelegene Stadt Lao-Kay ist der Hauptgrenzübertritt nach China. Als bekannter Kurort wäre Chapha zu erwähnen.

In der Gegend von Bac-Can existieren Goldvorkommen. In Hongay wird Kohle im Tagebau gefördert.

Die Bay de Along befindet sich im Golf von Tonkin und stellt – so schrieb ich damals fälschlicher Weise in mein Tagebuch – das Siebente Weltwunder dar. Schroffe und unbewachsene Felsen erheben sich dort in fantastischer und bizarrer Form aus dem Wasser. Herrliche Grotten lassen den Menschen erschauern und der Gottheit näher kommen. Ich kann das alles nicht genau wörtlich schildern, weil mir hierzu einfach die richtigen Worte fehlen. »Sehen und in Ehrfurcht schweigen« – in diesem Satz ist so wenig, aber auch so viel ausgedrückt. Von der Stadt Lang-Son aus ziehen sich grenzwärts bis nach China die Gebirgsketten von Tonkin entlang.

Die sieben Pagoden in der Nähe von Hanoi sind eine herrliche Darstellung des Buddhismus in Asien.

Annam

Annam ist eine von Bodenschätzen reich gesegnete Provinz. Sie ist führend für die Gewinnung von Kautschuk und kann herrliche Plantagen von riesenhaften Ausmaßen aufweisen. Eine Zeit lang war ich mit meinem LKW in einer Kautschukplantage beschäftigt.

Die Hafenstadt dieser Provinz ist der Ort Nha-Trang. Als bekanntester Höhenkurort ist das 1.500 bis 1.700 Meter hoch gelegene Dalat zu nennen. Ein angenehmes, fast europäisches Klima macht den Ort zur Hauptstadt der mondänen Welt in Indochina. Da dort fast keine tropischen Pflanzen heimisch sind, bin ich versucht, die Gegend von Dalat mit Tirol zu vergleichen. (Ich verbrachte ja eine längere Lehrgangszeit in diesem wunderschönen Ort.)

Der hohe Commissar von Indochina hat dort seinen Amtssitz.

Süd-Annam verfügt über einen großen Wildbestand von Elefanten, Leoparden und Wildkatzen, nicht zu vergessen die Giftschlangen, die natürlich in ganz Indochina heimisch sind. Die Bananenschlange und Sekundenviper sollen die gefährlichsten Töter sein. In Annam existiert das Urvolk der Mois und Rada.

Cambodge

Dieses Land war auch damals schon ein souveräner Staat innerhalb der französischen Kolonien mit einem alten Herrschergeschlecht. Im Besitz des Königs befindet sich der sagenhafte Buddha von 90 Kilo aus reinem Gold, dessen Augen aus herrlichen Brillanten bestehen. Der Königspalast befindet sich in Phnom-Penh und ist eine Sehenswürdigkeit einmaligen Ausmaßes. Seine Räume und Hallen sind mit den kostbarsten Steinen und Edelmetallen mosaikförmig ausgelegt. Die Tempeltänzergruppe des Königs verdient Weltruf. Der König und der Kronprinz sind hohe Würdenträger der Buddhisten und Ehrenoffiziere der Armee. Vor kurzer Zeit noch herrschten Kämpfe um den Thron. Der Stiefbruder des Königs wollte die Macht an sich reißen, jedoch wurden die Aufständischen niedergeschlagen.

Die Rasse der Cambodgianer hat einen indischen Einschlag. Die damalige Einwohnerzahl betrug 3.100.000.

Der Reichtum dieses Landes präsentiert sich in seinen großflächigen Wäldern. Auch bei einem Raubbau, beschrieb ich vor vielen Jahrzehnten in meinem Tagebuch, würden die Holzbestände nur langsam gelichtet werden können. Zeugnis gebend von vergangenen Zeiten präsentieren die Ruinen von Angkor ein wunderbares Kulturgut dieses indochinesischen Landes.

Jetzt, viele Jahrzehnte später, in denen ich meine Aufzeichnungen noch einmal las, erinnere ich mich mit Grauen des Völkermordes in diesem Land, den die Roten Khmer mit ihrem Massenmörder Pol-Poth zu verantworten hatten. Er rottete mit seinen Kindersoldaten fast die gesamte Intelligenz seines Landes aus. Mir ist in Erinnerung, dass ca. bis 3 Millionen ermordet wurden. – Die gesamte freie Welt schaute damals aus der Ferne zu. Irgendwann protestierten Tausende in Westberlin in Massenaufmärschen auf dem Kurfürstendamm mit den Rufen: »Ho-Ho-Ho-Chi-Minh!« Für die vielen Ermordeten in Cambodge gab es keine Protestaktionen der freien Welt. Es blieb der vietnamesischen Armee vorbehalten, in Cambodge einzumarschieren und dem Massenmorden endlich Einhalt zu gebieten. Dieses arme Volk hat furchtbar gelitten.

<u>Conchinchine und Laos</u>

Die Hauptstadt Saigon hatte damals eine Einwohnerzahl, von der ich nicht sicher bin, ob sie stimmt, ca. 111.000 Personen. Ringsum, so zu sagen als Vororte um Saigon, liegen Cholon, Gia-Dinh und Fume.

In Tran-Sounuit liegt der größte Flughafen von Indochina, ausgestattet mit allen seinerzeitigen Mitteln der modernen Technik.

Der Umschlaghafen von Conchinchine, Saigon, ist gleichzeitig der größte Flusshafen Indochinas. Jedoch haben ähnlich wie in Haiphong nur Schiffe mit flachem Tiefgang direkten Zugang zum Hafen. Größere Dampfer, wie seinerzeit z. B. die »Pasteur«, müssen bereits in der Bucht von Cap-Saint-Yaques ankern. Fischreichtum, großer Reisertrag und Kautschuk, sowie Baumwollplantagen bilden den Reichtum dieses Landes.

Die Tropenkrankheit Malaria tritt durch den sumpfigen Boden dort am meisten auf. Es herrscht ein, für Europäer ungünstiges Klima. Die Bevölkerung ist gemischt. Sie besteht aber überwiegend aus Annamiten.

Über Laos konnte ich leider nicht viel berichten. Dieses Land liegt östlich von Annam und grenzt an Siam. Es steht unter dem Protektorat Frankreichs seit 1893. Die Zahl der Laotiner soll damals 855.000 Personen betragen haben.

Trotz meiner dienstlichen Verrichtungen, habe ich immer wieder versucht, etwas mehr an Informationen über Land und Leute einzuholen, als es unter uns sonst üblich gewesen ist. Meine Kenntnisse der französischen Sprache waren zwar knapp ausreichend, reichten jedoch nicht immer aus, um Zeitungen mit französischen Texten hinreichend zu verstehen. So habe ich zum Beispiel in meinen Tagebuchaufzeichnungen nicht nur versucht, etwas über die einzelnen Länder hier in Erfahrung zu bringen, sondern ich wusste auch bald, wie der damalige Chef der Aufständischen Ho-Chi-Minh und der amtierende Kaiser Bao-Dai zu bewerten waren. Ich kann auch heute nicht mehr nachvollziehen, welche journalistischen Erzeugnisse oder andere Informationsquellen ich hatte, um unter der Überschrift:

»Kaiser und Kommunist«

das wiederzugeben, was ich vor ca. 55 Jahren in meinen Tagebuchaufzeichnungen festhielt. Da die europäischen Länder an andere, ihnen näher liegende und unmittelbar drohende Probleme zu denken hatten, werden sich nur die wenigsten darüber klargewesen sein, was sich eigentlich in diesem fern stehenden Land zwischen dem Golf von Siam und dem Chinesischen Meer abgespielt hat.

Historiker werden sich vielleicht noch dunkel an die Konferenz von Fontainebleau erinnern, in der nach dem Zweiten Weltkrieg unter großen Schwierigkeiten ein Staatsvertrag zwischen Frankreich und dem Vieth-Nam zustande kam. Ho-Chi-Minh, der ihn als Präsident der Demokratischen Republik Vieth-Nam unterzeichnete, weigerte sich, seine Soldaten unter das Kommando französischer Offiziere zu stellen. (Wohlweißlich hatte der Vertrag nichts von einer solchen Bedingung enthalten). Und wenige Monate später kam es hier in Indochina zu einer blutigen Revolte, die viele Menschenleben kostete.

Inzwischen hatte der politische Kurs in Frankreich eine grundsätzliche Änderung erfahren. Thorez und Duclos waren aus der Regierung gedrängt worden und ihr Schützling Ho-Chi-Minh, welcher zuvor als Staatschef mit Ehren in Paris empfangen wurde, wurde nun zum Rebellen gestempelt.

In der Folge hat sich ein erklärlicher, durch die Ereignisse aber kaum gerechtfertigter Hang geltend gemacht, den Umfang und die Bedeutung des Krieges zu minimisieren. Es gibt wohl nur sehr wenige Menschen, die sich im Klaren darüber waren, wie klein der Teil des Landes ist, der vom französischen Militär wirklich kontrolliert wurde. Indessen ist der Kampf in Indochina mörderisch und unbarmherzig genug und hat Frankreich schon unzähligen Menschen das Leben gekostet. Nicht zu vergessen auch die Menschen der Fremdenlegion.

Das Vieth-Nam-Reich, bestehend aus drei Ländern, nämlich dem, im Norden gelegenen Tonkin, Bac-Kay genannt, dem im Süden gelegenen Cochinchine oder Nam-Ky und dem, zwischen beiden gelegenen Annam, das Trung-Ky heißt. Die Vereinigung dieser drei Ky zu einem einzigen Staat unter dem Zepter Bao-Dais und im Rahmen der französischen Union war der Gegenstand langer und unzähliger Verhandlungen, die in dem Vertrag vom 8. März 1949 ihren vorläufigen Abschluss gefunden hatten.

Cochinchine war bisher kein Protektorat, sondern eine französische Kolonie und in Folge dessen war eine regelrechte Abtretung dieses Gebietes seitens Frankreichs notwendig. Diese Abtretung wurde bereits durch die Französische Nationalversammlung ratifiziert, unter der Bedingung, dass Vieth-Nam im Rahmen der französischen Union verbleibe. In Cochinchine wurden damals zu diesem Zweck Wahlen veranstaltet, die letztlich gezeigt hatten, dass Bao-Dais Staat doch noch auf etwas schwachen Füßen steht.

Der Bruch mit Ho-Chi-Minh, den man des Verrates beschuldigte, musste notwendiger Weise zu Verhandlungen mit Bao-Dai führen. Nicht, als ob die französische Regierung ihm unbeschränktes Vertrauen entgegenbrächte, aber, wenn man die schwierige Position in Indochina überhaupt halten wollte, so gab es keinen anderen Mann, mit dem man verhandeln konnte, als den Ex-Kaiser von Annam. Das wiederum mutet komisch an, wenn zu bedenken ist, dass der Kaiser noch vor einigen Jahren gemeinsame Sache mit den damals noch siegreichen Japanern machte und alle geschlossenen Verträge mit Frankreich für ungültig erklärt hat und erst dann abdankte, als Indochina zu einer japanischen Kolonie gemacht wurde.

Beide sind Nationalisten

So schrieb ich vor Jahrzehnten in meinem Tagebuch. Ho-Chi-Minh, der Kommunist, in Moskau in der Schule der asiatischen Völker, in der Parteidoktrin und in der Parteidisziplin erzogen. Der magische und fanatische Kommunist bildet mit seinen asketischen, von einem dünnen Ziegenbart geschmückten Gesicht, einen frappanten Gegensatz zu dem rundlichen Bao-Dai mit seinem vollwangigen und jovialen Antlitz, das fast immer durch ein freundliches Lächeln belebt wird.

Ho-Chi-Minhs Augen scheinen ausdruckslos zu sein. Die Augen Bao-Dais blitzten vor Ironie. Sind diese beiden, so ungleichen Männer wirklich unversöhnliche Feinde, wie man nach ihren Äußerungen und den Drohungen, mit denen sie einander überschütten, annehmen müsste? Bao-Dai und Ho-Chi-Minh waren jedenfalls nicht immer Feinde. Der ehemalige Kaiser hat nach seiner Abdankung in der Regierung Ho-Chi-Minhs eine Zeit lang die für ihn bescheidene Stelle eines obersten Ratgebers bekleidet, und später hat er sich einmal der französischen Regierung als Vermittler zwischen Frankreich und dem Vieth-Nam angeboten. Jetzt ist zwischen Bao-Dai und Ho-Chi-Minh natürlich eine Feindschaft zu sehen. Bedeutet das aber, dass eine Verständigung zwischen ihnen unmöglich ist? Keineswegs! Manches deutet darauf hin, das Ho-Chi-Minh unter Umständen bereit sein würde, dem Kaiser seinen »Verrat« zu verzeihen. Erst hat er in seinem Radio einen Haftbefehl von freilich mehr propagandistischem als faktischem Wert gegen Bao-Dai erlassen und kaum drei Monate später hat er eine mehrmonatige Waffenruhe vorgeschlagen.

Zu glauben, dass Ho-Chi-Minh ein unbedingter Sklave Moskaus sei, kann sich in Zukunft als ein Irrtum erweisen. Anzunehmen, dass Bao-Dai ein willenloses Werkzeug des Quai dé Orsay sei, hieße, die Schlauheit und den Eigenwillen des Ex-Kaisers gründlich verkennen. Beide Männer sind, jeder in seiner Art, zunächst Nationalisten. Beide erstreben die vollkommene, uneingeschränkte Unabhängigkeit des Vieth-Nam, und es ist nicht undenkbar, dass sie, so merkwürdig das manchem heute erscheinen mag, um dieses Ziel zu erreichen, noch einmal gemeinsame Sache machen könnten, bereit, übereinander herzufallen, wenn dieses erste Ziel einmal erreicht ist. Es ist keineswegs ausgeschlossen, dass Ho-Chi-Minh unter dem löblichen Vorwand, den dauernden Frieden in Indochina wieder herzustellen, Verhandlungen mit Bao-Dai wieder einleitet, die zur Bildung einer vietnamesischen Koalitionsregierung führen würden, wobei Ho-Chi-Minh den geheimen Plan hätte, überall Kommunisten in die Schlüsselstellungen einzuschmuggeln, um den Einfluss Bao-Dais und seiner Anhänger nach und nach zu untergraben.

Politikfachleute sagten damals, dass asiatische Politik kaum zu verstehen sei, wenn man sich nicht immer vor Augen hielte, dass die erbittersten Gegner zu Verbündeten werden, sobald es sich darum handelt, den Einfluss der europäischen Mächte in Asien zu bekämpfen. Während des letzten Weltkrieges, als der Kommunismus in Japan als politische Partei verboten war und die japanischen Kommunisten im Gefängnis saßen, aus dem sie erst durch die Amerikaner befreit wurden, unterstützte Japan mit Geld und Waffen den indochinesischen Kommunistenführer Ngim-Tai-Hoc, der später, dem Beispiel

Stalins und Titos folgend, seinen Namen gewechselt hat und heute Ho-Chi-Minh heißt.

Es kann nicht verleugnet werden, dass Ho-Chi-Minh nicht nur im städtischen Proletariat, sondern namentlich auch in der Bauernbevölkerung großen Anhang gefunden hat. Seine kommunistische Propaganda fand um so mehr Widerhall und Verständnis, als die kollektive Bewirtschaftung der Reis- und Opiumplantagen, deren Erträgnisse den Mitgliedern einer Gemeinde aufgeteilt wurden, in Indochina seit alters her üblich ist. Im Übrigen versprach Ho-Chi-Minh den Indochinesen das, was sie am meisten ersehnten: Reis, Kleider, Schulen und Freiheit.

Ohne sowjetische Unterstützung hätte Ho-Chi-Minh seine Stellung kaum halten oder gar ausbauen können, so, wie er es tatsächlich getan hat. Trotz aller gegenteiligen Behauptungen, verfügte er zweifellos über eine Armee, in der fanatische Elemente von wilder Grausamkeit den Kern bildeten.

Club und Gebete

Es ist fraglich, ob man den damals 36jährigen Bao-Dai, der in europäischer Kleidung wie ein Europäer wirkt und sich für Bridge, Segelsport, Ringkämpfe und Jagd interessierte, ein wagemutiger Flugpilot mit akrobatischer Geschicklichkeit war, ob man diesen Welt- und Sportsmann richtig einschätzte, wenn man ihn nach europäischen Begriffen beurteilt. Wohl ist er in Paris erzogen worden, aber dadurch ist er weder Pariser, noch ein Europäer geworden. Diese Feststellung setzt den Persönlichkeitswert des Kaisers keineswegs herab, aber sie ist vielleicht notwendig, um vergangene und immer mögliche zukünftige Missverständnisse zu erklären. Die Erscheinung des Bao-Dai, der ein gewähltes Französisch spricht, der in seinen jungen Jahren auf dem Mont Martre heimisch war und wegen seiner tadellosen Eleganz der annamitische Prinz von Wales genannt wurde, der lächelnde, europäisierte Bao-Dai, der in Cannes der diskret gefeierte Habitus der Galadiners und der ultrachicken Nightclubs ist. Diese Erscheinung ist wahrscheinlich nur der dünne Firnis, der den wahren Bao-Dai deckt, den nachdenklichen Orientalen, der tagelang in Gebet und Betrachtung verbringt; jenem Bao-Dai, der mit unbewegter Miene auf seinem Thron im kaiserlichen Palaste von Hue saß, angetan mit einem mächtigen Kleide von gelber Farbe, die im damaligen Indochina der Kaiserfamilie vorbehalten war und mit der perlen- und edelsteingeschmückten Tiara auf dem Kopf.

Indochina und China

Die Entwicklung in Indochina hing seinerzeit nicht allein von Frankreich ab, als auch von den damaligen Weltereignissen und namentlich von den Ereignissen in China. Die großen Erfolge der chinesischen Kommunisten haben die, eine Zeit lang schon als aussichtslos bezeichnete Stellung Ho-Chi-Minhs, wesentlich gestärkt. Es ist jedoch zu hoffen, so stand es seinerzeit geschrieben, dass die französischen Streitkräfte in Indochina in absehbarer Zeit ihre Positionen wieder ausreichend festigen können, um somit die anbrandende rote Welle wirkungslos zerschellen zu lassen. - Diese Auffassung ist nun schon längst Geschichte und nicht mehr aktuell. Von Bao-Dai spricht heute kein Mensch mehr. Der tote, erste Staatspräsident von Vieth-Nam wird von seinem Volke verehrt wie ein Gott.

Viele tausende französische Soldaten, nicht zuletzt auch viele Legionäre und die Großmacht USA haben für sich bitter erfahren müssen, zu welchen Höchstleistungen ein kleines Volk imstande war, die genannten Großmächte zu besiegen und deren Truppen aus dem

Lande zu verjagen. Die Gattin Bao-Dais weilte damals noch mit ihren Kindern in Frankreich. Die Kaiserin Nham-Phuong (zu deutsch: wohlriechender Windhauch des Südens), um deren Willen er, sehr zum Missfallen der traditionstreuen Mandarine, auf die am annamitischen Kaiserhof übliche Vielweiberei verzichtet hat, ist Annamitin, bekannte sich aber nicht zum Konfuzianismus wie der Kaiser, sondern ist katholisch.

Somit hätte ich in großen Zügen etwas über das Land geschrieben, in dem ich als Legionär seit dem 24. April 1948 meine Pflicht erfüllte. Da ich es vermeiden wollte, meine eigenen politischen Anschauungen in diesem Tagebuch aufzuzeichnen (was mir als Soldat ja auch untersagt ist), benutzte ich einen Artikel der neutralen Presse aus der Schweiz. Da dieses Land wohl eine sehr alte Demokratie in der Welt ist, die jegliches Weltgeschehen mit klaren Augen verfolgt, diskutiert und daraus weiter lernt, glaube ich, Recht getan zu haben, ihre Ausführungen in meinem Tagebuch zu kopieren.

Habe ich vorher noch geschrieben: »Ich kann auch heute nicht mehr nachvollziehen, welche journalistischen Erzeugnisse oder andere Informationsquellen ich hatte, um unter der Überschrift 'Kaiser und Kommunist' das wiederzugeben, was ich vor ca. 55 Jahren in meinen Tagebuchaufzeichnungen festhielt«, so kann ich jetzt doch, wenige Seiten später, die Zeitschrift benennen, aus der ich meine Informationen holte und hier wiedergab, nämlich »Die Woche« vom 3. Juni 1949 aus der Schweiz.

Marschall Tschiang-Kai-Schek

Was liegt näher, wenn ich so viel über Indochina geschrieben bzw. abgeschrieben habe, als dass ich auch noch kurz seinem Nachbarn einige Zeilen widmen möchte.

Vor dem kommunistischen China gab es ein China unter dem Marschall Tschiang-Kai-Schek. Der Marschall kämpfte von 1936 bis 1945 mit den Kommunisten gegen Japan. Er war kurzzeitig von

1948 bis 1949 Staatspräsident der von der Kuomintang beherrschten Gebiete. Nach Gründung der Volksrepublik China im Jahr 1949 flüchtete er auf die Insel Taiwan und war ab 1950 bis zu seinem Tode Staatspräsident. Die Soldaten seiner Armee, die sich rechtzeitig vor den Kommunisten in China retten konnten, flüchteten in die angrenzenden Staaten, so auch nach Indochina.

Ich war auf einem französischen Schiff, mit dem gleichzeitig viele Soldaten Nationalchinas in ihr Exil oder auch Gefangenschaft genannt, auf eine Insel im Golf von Kambodga gebracht wurden.

Briefe aus der Heimat

Aus meinen Tagebuchaufzeichnungen habe ich schon über die unbekannte Briefpartnerin von mir, mit Namen Elli O., geschrieben. Ich will aber auch festhalten, dass ich mit weiteren Frauen und Männern eine mehr oder minder intensive Brieffreundschaft gepflegt habe. Ich schrieb damals in meinem Tagebuch, dass die Briefe, die ich aus Deutschland bekommen habe, mich ermahnt hatten, niemals zu vergessen, wo ich hingehöre. Die Inhalte machten mich auch im Ausland stark, ein Deutscher zu bleiben.

Zwar waren es weniger die Briefe meiner Angehörigen, diese berichteten meist persönliche Sachen, sondern es waren gerade die Briefe von meinen unbekannten Schreiberinnen und Schreibern. Mit diesen, mir vollkommen fremden Menschen, tauschte ich nicht nur Erlebnisse und Interessengebiete aus, sondern sie erzählten mir auch ihr Leben und Schicksal in Deutschland. Sie berichteten über den schnellen Pulsschlag der zum neuen Leben erwachten Industriestätte, über das Blühen und Gedeihen der weiten Felder, Wiesen und Wälder, aber auch von den Kämpfen um ein neues Deutschland. Ist der eine Bürger auch Kommunist, der andere noch ein kleiner Nazi, der möglicher Weise seiner Vergangenheit nachtrauert, und der dritte Demokrat, so sind sie doch alle im Herzen und in erster Linie Deutsche.

Ich schrieb 1949: »Ist auch heute noch ein zerrissenes Deutschland unter der schwarz-rot-goldenen Fahne, so wird doch einmal die neue deutsche Flagge über ein Deutschland wehen, in dem glückliche Menschen der Zukunft ins Auge schauen können.«

Habe ich über meine Briefpartnerin Elli O. schon geschrieben, so gab es auch eine Eta Z., Ilse G. und andere mit denen ich mich schrieb. Ich erwähne sie vor allem auch der Ordnung halber und mit der Feststellung, dass das nun schon über ein halbes Jahrhundert zurückliegt.

Blockade – Berlin – Ende

Ich lese in meinen Tagebuchaufzeichnungen: »Wie viel Schicksal ist in diesen drei Worten enthalten!« Ganze Bücher und Zeitungen waren seinerzeit dem westberliner Blockadekampf gewidmet. Ich notierte damals: »Fast ein Jahr mussten die West-Berliner inmitten verkündeten Friedens ein Leben führen, dass einmalig in der Geschichte der ehemaligen Reichshauptstadt Deutschlands besteht.«

Fast die ganze Welt nahm regen Anteil an dem Schicksal dieser deutschen Teilstadt. Sogar bis in das weit entfernte Asien kamen fast täglich die großen Lettern »Berlin« in allen Tageszeitungen vor. Die tapfere Haltung der Einwohner West-Berlins während dieser Zeit fand in der ganzen Welt starke Bewunderung. Die fantastischen Leistungen der alliierten Luftflotte haben dazu beigetragen, eine Katastrophe einmaligen Ausmaßes zu verhindern. Am 12. Mai 1949 hatten die Sowjets in Folge ihrer misslichen moralischen Niederlage die Grenzen wieder geöffnet. Auch ich bin aus der Ferne stolz darauf, dieser Stadt anzugehören. – Blockade – stop – Berlin – stop – Ende – stop – ist eingegangen in das Ehrenbuch meiner Vaterstadt. Der 12. Mai 1949 ist ein Tag, der unvergessen bleiben wird. Die tapfere Haltung der Bewohner West-Berlins hat an diesem Tag ihren geistigen und moralischen Sieg davon getragen. Langsam wird sich Berlin nun erholen können von den ausgestandenen Entbehrungen. »Große Schnauze, aber, was dahinter!«

Am 16. September 1949 habe ich einige Seiten unter der Überschrift: *Die Geschlechter in der Ehe* abgeschrieben aus einem Artikel von Fred Harris. Damals war es für mich vielleicht wichtig, so etwas auf- bzw. abzuschreiben, denn das Eheleben lag ja, trotz einiger sexueller Erfahrungen, noch vor mir. In den zurückliegenden Jahrzehnten haben Fachfrauen und -männer Bücher über dieses Thema geschrieben, mit denen ganze Bücherregale gefüllt werden könnten. Damals war das nicht so, zumindest für mich nicht erkennbar. Wir »hungerten« nur nach weißen Frauen. Bei den Frauen in Bordellen blieb ein schaler Nachgeschmack.

Wiedergebenswert ist mir in diesem Zusammenhang nur der Spruch: »Mit der wahren Liebe ist es wie mit den Gespenstererscheinungen: Alle Welt spricht von ihnen, aber Wenige haben sie gesehen.«

Kunst und Kunst

Auch mit diesem Thema habe ich mich, höchst laienhaft, im Hospital von Haiphong auseinandergesetzt. Nach dem Lesen einer Kunstillustrierten habe ich ein paar Sätze in meinem Tagebuch verewigt. Goethe sagte zwar einmal: »Ich hasse die Leute, die nichts bewundern, denn ich habe mein Leben lang damit zugebracht, alles zu bewundern.« Aber ich konnte damals die Kunst eines Picassos genau so wenig bewundern wie heute. Ich staune allerdings immer wieder, wenn ich die Preise höre, zu denen Kunstwerke Picassos an den Mann oder die Frau gebracht werden. Damals habe ich das sogar »Idiotie« genannt, und ich habe den Mut, es hier festzuhalten. Hoffentlich bekomme ich von seinen Verehrern dafür keine Schelte.

Latvija

Hier im Hospital traf ich mit einem Legionär zusammen, der lettischer Staatsangehöriger ist. Der Name Lettland war mir zwar bekannt, aber das war auch schon alles, was ich über dieses Land damals zu sagen hatte. Der lettische Kamerad, der als Sanitäter im Hospital von Haiphong seinen Dienst versah, mit Namen Artur Krü., klärte mich in großen Zügen über seine Heimat auf. Es ist normal, dass kleine Länder den Zugriffen von stärkeren Mächten niemals genügend Widerstand zu leisten vermögen. So war es damals auch mit seiner Heimat. Es war ein Spielball eroberungslustiger Mächte.

Die erste nationale Republik Lettland, so sagte Artur, wurde am 18. November 1918 unter Führung von Siegfried Merovitz als Präsident und Karlis Ulmanis als Ministerpräsident ins Leben gerufen. Der genannte Präsident fiel einem tödlichen Autounfall zum Opfer. Sein Nachfolger wurde Albert Kviesis, der bis 1934 im Amt blieb. Diese Zeit ist für Lettland nicht gerade als eine glückliche zu betrachten.

Wie alle ehemals kriegsführenden Länder, war auch die Heimat meines Sanitätskollegen durch innere Unruhen geschwächt. Streiks und Wirtschaftskrisen, Parteienkämpfe und anderes mehr, waren an der Tagesordnung. Da ergriff, in letzter Stunde, am 15. Mai 1934, Ministerpräsident Ulmanis mit Hilfe von Armee und Selbstschutz das Ruder der Regierung. Bis zum Jahr 1940 erlebte nun Lettland unter der Führung dieses Mannes einen kolossalen Aufstieg in vielen Gebieten. Die Arbeitslosigkeit wurde durch volkswirtschaftliche Projekte vollkommen beseitigt, und die Landwirtschaft blühte wie nie zuvor. Ein guter Im- und Export brachten den Kreislauf der Wirtschaft wieder in gesunde Bahnen. Bis am 14. Juni der Einmarsch der Russen erfolgte. Ulmanis wurde festgenommen und verstarb noch im Jahr 1945 in einem Lager irgendwo in der Weite des russischen Raumes.

Im Juni 1941 besetzte die Wehrmacht im Rahmen des Russlandfeldzuges Lettland. Ungezählte Letten meldeten sich freiwillig zur deutschen Armee. Generalleutnant Baugerskis, Rudolf, führte die lettischen Divisionen in, wie man damals sagte, treuer Waffenbrüderschaft. Bis zum letzten Kriegstag am 8. Mai 1945 kämpfte die 19. Division im Kurland und die 15. in Pommern Mecklenburg. 1945 wurde Lettland als 16. Sowjetrepublik Russland einverleibt. Der damalige kommunistische Präsident war Professor Kirchenstein.

Wie in allen unterdrückten Ländern bestand auch in Lettland eine Partisanenarmee, die den Kampf um die Freiheit wagte. Das damalige Lettland mit seiner Hauptstadt Riga verschwand von der Landkarte. Wie immer saßen in Riga Dünaburg oder Liebau Studenten in den Hörsälen, wie immer fließt die Düna weiter durch das flache Land, aber, so mancher Lette, der seine Heimat liebte, ging in das Ausland, sei es nun ein Professor Jaseps, der in Deutschland verstarb oder mein Kamerad, der nun Legionär ist. Alle damals emigrierten Letten, seien es Künstler oder Fremdenlegionäre, liebten ihre Heimat fanatisch und in Worten, Bildern und Musikstücken sahen sie damals ihre Heimat. Ein Land in Freiheit. Wir Deutsche aber achten und ehren die Letten auch heute noch.

(Beim Schreiben meiner Worte ist durch den ehemaligen Präsidenten der Sowjetunion Michael Gorbatschow auch Lettland wieder ein freies Land geworden.)

Manfred Barsch

Im Verlaufe meiner Dienstzeit in der Legion habe ich nicht nur viel gesehen und auch erlebt, sondern es gab auch Menschen – Legionäre –, mit denen ich mich gut bis freundschaftlich verstand. Einer von ihnen war Manfred Barsch. Unsere Wege kreuzten sich auf dem Lehrgang in Dalat. Seine freundliche Art gefiel mir. Zusätzlich fand ich bald heraus, dass er auch künstlerisch einiges zu bieten hatte. So zeichnete er zum Beispiel auch gute Karikaturen.

Einen Teil meiner Tagebuchaufzeichnungen habe ich in einem DIN A4-Diarium notiert, Fotografien eingeklebt und kam auf die Idee, sie von dem Künstler Manfred Barsch auch irgendwann verschönern zu lassen.

Zuvor erhielt ich allerdings seine »Todesnachricht«. Seinem Andenken widmete ich unter dem Datum vom 9. Dezember 1949 zwei Seiten in meinem Tagebuch. Ich betrauerte seinen Tod. Meine Trauer hielt allerdings nur bis in die letzte Dezemberdekade an. Zu diesem Zeitpunkt erreichte mich nämlich ein Brief meines »toten« Freundes. So etwas kommt eben in der Legion auch ab und an vor, vor allem in der Hoffnung, dass Totgesagte länger leben. Ich freute mich über seine Zeilen und freue mich heute noch beim Durchblättern meines »Vorzeigetagebuches«, in dem Manfred Barsch sich mit einigen schönen Karikaturen verewigte. – Das alles ist nun schon sehr, sehr lange her.

Einige Zeit stand ich mit seiner Schwester Roswitha in Briefkontakt. Einige Fotos von ihrem Bruder Manfred sind in meinem Tagebuch verewigt.

Unter dem Datum vom 23. Dezember 1949 widmete ich meiner kleinen Schwester Karin auch einige liebevolle Zeilen. So wünschte ich ihr zum Beispiel, dass sie in ihrem späteren Leben immer die Kraft haben möge, »dem Kampf ums Dasein mit trotziger Stirn zu begegnen«. Ich wünschte ihr in meinem Tagebuch: »Mögest du, nach den manchmal trostlosen Jahren deiner Kindheit, eine bessere Zeit im Jungmädchenalter verleben.«

Ich stelle heute fest, dass sie seit Jahrzehnten mit einem Borkumer, auf Borkum, glücklich verheiratet ist. Sie schenkte zwei Töchtern das Leben und ist Großmutter von drei Enkelkindern geworden.

Weihnachten 1949 habe ich meinem Tagebuch folgende Zeilen anvertraut: »Ein weiterer Wunsch ist es, alle in der Heimat an Leib und Leben wiederzusehen. Meine größte Bitte jedoch, die ich an den Schöpfer der Welt habe«, so schrieb ich damals, »ist, dass die Völker der Welt endlich in Frieden und Eintracht vereint sein sollen.«

Wenn eine Wolke zu erspähen war, bildete ich mir ein, dort oben säße irgendwo der liebe Gott, und der will nicht, dass ich hier unten krepiere. Mit diesem naiven Glaubensbekenntnis konnte ich gut mit den amerikanischen Protestanten in Dalat und auch in Haiphong auskommen. Von der protestantischen Gemeinde in Haiphong erhielt ich zum Weihnachtsfest 1949 eine Bibel geschenkt, die noch heute in meinem Besitz ist. Auf ihrem ersten Blatt habe ich ein paar Sätze verewigt, die ich jetzt wiedergeben möchte:

»Den Schwachen zum Trost – den Starken zur Mahnung.«

Obwohl ich noch nie ein gläubiger Christ war, in meinen guten Stunden, so habe ich es doch nicht verschmäht, in den Stunden der Angst aus Feigheit den Gott der Christen anzurufen.

Wenn alles gut ging, dann sagte ich mir, es war ein Zufall, es war mein Schicksal, es wäre auch ohne mein Bitten an ihn wieder alles ins rechte Lot gekommen. Wann werde ich alles richtig erkennen können?

Eines aber ahne ich, ohne mein Klammern um Gottes Hilfe hätte ich die Heimat wohl nie mehr zu Gesicht bekommen.

26. Dezember 1949: Unter diesem Datum habe ich einen kurzen Verlauf der Weihnachtsfeier der protestantischen Gemeinde in Haiphong zu Papier gebracht.

Am 24. Dezember 19.00 Uhr leitete der Militärpfarrer von Tonkin, Capitaine Tassot, – von ihm habe ich die Bibel erhalten – die Feierstunde der kleinen protestantischen Gemeinde Haiphong mit christlichen Worten ein. Seine Weihnachtspredigt hatte das Leben eines Pfarrers in Norwegen zum Inhalt, der auf der Suche nach der Gottesblume sein Leben einbüßte. Leider verstand ich die Geschichte nicht vollkommen. Anschließend war unter dem imitierten Christbaum die Bescherung von Kindern und Militärangehörigen. Ich erhielt eine kleine Flasche Champagner, ein Handtuch, einen Waschlappen, einen Seidenschal, Zigaretten und einen Kalender für das kommende Jahr. Anschließend fand in den oberen Räumen der gesellige Teil des Weihnachtsfestes statt. – Einen Tag später erlebte ich um 10.00 Uhr die Festmesse.

Weihnachtspost erhielt ich pünktlich von einem unbekannten Brieffreund und von Familie Werner.

30. Dezember 1949 – Doktor Jeanette Blanche

In meinen Erinnerungen habe ich festgehalten, dass die Stationsärztin von mir, Dr. Blanche, uns zu Beginn des nächsten Jahres verlassen muss. Sie soll im angrenzenden Krankenhaus Annex eine Annamitenstation übernehmen. Etwas kritisch habe ich seinerzeit vermerkt, dass sie, unbeschadet ihrer guten Behandlung für mich, ihre Arbeit nicht so ganz für voll nahm. Für manchen von uns, so notierte ich, mag das ja ganz gut sein, aber für einen Menschen, der einzig und allein auf ihre Hilfe angewiesen ist, dürfte die Bettlägerigkeit, unterbrochen von einer, aller vierzehn Tage stattfindenden Visite, sehr unzureichend sein. Ich konnte mich über Frau Dr. Blanche nie beklagen, denn sie war immer liebenswürdig und freundlich zu mir. Als ich zu allem Unheil seinerzeit auch noch eine Gelbsucht bekam, nahm sie persönlich meine Magenauspumpung vor, obwohl das eine medizinische Leistung war, die von der Stationsschwester Gregoire hätte geleistet werden können.

Warum unsere Ärztin uns verlassen muss, darüber streiten sich die Gelehrten. Allgemein herrschte hier die Ansicht, dass der Chefarzt, Comandant S., die »Caféhauswirtschaft« in unserer Station bemerkt hat und seine Konsequenzen zog. Wie auch immer, ich mochte Madame Blanche sehr gut leiden und bedauerte es, dass sie uns verlassen musste.

Silvester 1949

Ich feierte den Jahreswechsel im Kreise der protestantischen Gemeinde von Haiphong. Waren wir, die Legionäre, zum Weihnachtsfest Gast der protestantischen Gemeinde, so konnten wir uns zur Silvesterfeier zu 80% selbst als Gastgeber betrachten, da wir zur Bezahlung der kulinarischen Genüsse die immerhin erkleckliche Masse von 1.000 Piaster aufbrachten. Es fanden sich zwar mehr protestantische Gäste ein, als angenommen, aber ich glaube, jeder kam auf seine Kosten.

Zwei junge Mädels fanden das Missfallen der feiernden Legionäre, da sie von ihnen offensichtlich geschnitten wurden. Das heißt in der Praxis, wir haben natürlich nicht mit ihnen getanzt.

Es entstand bald eine allgemeine, feucht-fröhliche Stimmung, als sich die Uhrzeiger dem nächsten Jahr zuneigten. Dann war es so weit. Die Glocken läuteten auch in Haiphong das Jahr 1950 ein.

Ein allgemeines Abküssen und »bon anné« wünschen waren die Höhepunkte der Jahreswende.

In diesen Tagen erlaubten sich die beiden Sanitäter unserer Station und ich den Luxus einer Atelieraufnahme. Dieses schöne Drei-Männer-Bild kann ich heute noch betrachten.

Beim Bearbeiten meiner Tagebuchaufzeichnungen kann ich mir noch einmal wunderschöne Aufnahmen der Bai dé Allong ansehen, aber auch Fotos schöner, junger Annamiten-Frauen und käuflicher junger Frauen.

Ende in Sicht

Während meines langen Lazarettaufenthaltes hatte ich u. a. auch eine schwere Gelbsucht zu verkraften. Gebratene Hühnchen und abgekochte Milch konnte ich schon »meilenweit riechen«. Auf gut deutsch heißt das eigentlich, ich hatte einen Widerwillen gegen diese Verpflegung. Die Tropenruhr bekam meiner Leber nicht gut, und mein Herz meldete sich mit Rhythmusstörungen auch ab und zu. Wir hatten für solche Zusammenballungen von Krankheiten immer den Spruch auf Lager: »Herz, Lunge, Leber – ein Matsch – sonst aber kerngesund.«

Mitte März 1950 befand sich meine Kompanie in Langson. Ich gab da eine »Gastrolle«.

Ende April lernte ich eine kleine Annamitin kennen. Da ich zu diesem Zeitpunkt auch einige überschüssige Piaster in meiner Kasse hatte, zog nicht nur ich sie an, sondern auch mein Geld. Sie war ein hübsches Mädchen und versuchte, mir klarzumachen, dass sie die richtige Frau für mich sei. Einige Fahrten mit ihr in einer Rikscha sind mir noch heute in lebhafter Erinnerung. In dieser modernen Fahrradrikscha saßen die Passagiere vorn, und hinter uns strampelte der »Maschinist«. Das Mädchen saß so raffiniert auf meinem Schoß, dass sie sich während der Fahrt bei jeder Unebenheit der Fahrbahn mit ihrem Po tief in meinen Schoß drückte. Zuerst empfand ich das ja als recht angenehm, aber mein erigierter Penis fing, wegen der vielen Unebenheiten, an langsam zu schmerzen. Grob formuliert heißt das, ich hatte einen Dauersteifen in der Hose. Irgendwann landeten wir in ihrer Unterkunft in einem breiten Bambusbett mit Moskitonetz. Wir beide trieben es dort bis zum Geht-nicht-mehr. Ich war verrückt auf sie, und sie heizte ständig meine Lenden an.

Irgendwann fragte sie mich, warum ich nicht hier bliebe und sie heiraten würde. Ich versuchte, ihr klarzumachen, dass ich später nicht als Zivilist in Indochina leben möchte, sondern in meiner Heimat in Deutschland. Wohl oder übel musste sie sich damit zufrieden geben.

Am 14. Mai fuhr ich mit der »Calmette«, einem kleineren Schiff, in Richtung Saigon. Mit an Bord waren wieder Soldaten der ehemaligen national-chinesischen Armee. Sie gingen als Internierte in ein Sammellager.

Die paar Wochen bis zur Abfahrt nach Saigon verbrachten die Legionäre in einer Unterkunft im Chinesenviertel Cholon.

Langsam wurde es auch für mich endlich zur Gewissheit, dass meine Soldatenzeit in Indochina endete.

Am 18. Mai ging es an Bord der SS »Champollion«, einem Schnelldampfer. Der Kurs unseres Transporters ging in Richtung Marseille. Aus meiner Erinnerung weiß ich, dass es diesmal nicht über 30 Tage Seereise, sondern nur über 18 Tage mit unserem modernen Schiff ging. Viele Tage hatten wir eine stürmische See. Leider ging es nicht allen so gut wie mir. So mancher Legionär konnte kein Essen mehr sehen und kein Wasser mehr riechen. Es wurde ihm und vielen anderen übel oder auch Seekrankheit genannt, unter der sie litten. Einige von uns hielten sich fast nur noch an Deck auf. Wir saßen so in den senkrecht angebrachten Rettungsflößen und unsere Körper gingen im Rhythmus des Schiffes in den Wellen hoch und nieder. Wir guckten in die Mastspitzen und ohne, dass wir an Übelkeit oder Brechreiz litten, machte es uns nichts aus, die starken Schwankungen der Mäste zu verdauen. Uns machte die wogende See Spaß.

An Bord waren auch wieder zahlreiche Zivilpassagiere – nett angezogene, hübsche Frauen. Ihr Anblick machte uns nicht mehr nervös. Wir nahmen sie gelassen zur Kenntnis – jeder hatte ja schließlich seine eigenen Erfahrungen mit dem weiblichen Geschlecht in Indochina gehabt.

Die Rückfahrt nach Europa nahmen wir alten Legionäre natürlich viel leichter, als die Fahrt nach Indochina. Viele von uns fragten sich natürlich, was ihnen die Zukunft noch so alles bringen würde. Ich wusste, dass ich noch von einigen Ärzten begutachtet werden muss. Von deren Urteil würde es abhängen, ob ich meine Dienstzeit schon vorzeitig beenden darf.

In Marseille blieben wir »Alten« nur drei Tage. Wir stellten fest, dass das Fort St. Nicola immer noch brechend voll war von Männern, die in die Legion wollten.

Wenige Tage später reisten wir auf einem kleineren Schiff in Richtung Oran nach Nord-Afrika zurück. Von dort ging es mit einem Zug nach Sidi-bel-Abbes, der Hauptstadt der Legion Etrangeré. Wir wurden auf unsere Unterkünfte verteilt und harrten der Dinge, die da noch auf uns zukommen sollten. Irgendwann traf ich einen Legionär, der auf den Namen Johannes W. hörte und den ich zum letzten Mal im Jugendwohnheim 9 in Berlin in der Limonenstraße gesehen hatte.

Viele von uns warteten nun auf ihre Weiterleitung oder Versetzung in andere Standorte. Ich wartete auf meinen Eintritt in das Krankenhaus dieser Stadt, um ärztlicherseits begutachtet zu werden und zu hören, was sie weiter mit mir vorhaben.

Wir hatten Zeit und Muße, durch das Araberviertel zu streunen und die, die gut bei Kasse waren, trieben mit einer Araberin käufliche Liebe.

Was mir immer wieder beim Umgang mit Arabern auffiel – auch zu diesem Zeitpunkt – war die Tatsache, dass sie uns immer sehr freundlich behandelten, wenn sie hörten, dass wir Deutsche sind. Oft hörten wir von ihnen dann Sätze, wie z. B. »Deutschland gut, Hitler sehr gut, er hat viele Scheißjuden umbringen lassen. Leider leben noch zu viele.« Diese Abneigung oder sogar dieser Hass besteht ja heute noch an vielen Orten der Welt gegen das jüdische Volk.

Eines Tages traf ich im Foyer auf einen dienstjungen Legionär, namens Hartwig Habemann. Er versah seinen Dienst im Kultursaal, bezeichnete sich als Künstler, und sein Ziel war, unbedingt nach Indochina zu kommen. Durch unsere Gespräche kamen wir uns immer näher, und ich sagte ihm u. a. sinngemäß, dass Indochina nicht nur ein schönes Land sei und vieles andere mehr. Eines Tages hörte ich, dass der Harry, wie ich ihn nannte, irgendwo so eine Art von Tobsuchtsanfall bekommen hatte – niemand konnte mir etwas Genaueres sagen. Das tat mir natürlich sehr leid!

Ich landete dann bald im Krankenhaus von Sidi-bel-Abbes, wurde vom medizinischen Personal nach allen Regeln der Kunst untersucht, diagnostiziert und behandelt. Aus dieser Zeit habe ich noch ein Foto. Das nannte ich immer den »Tod auf Latschen«.

Ich kam zu einer weiteren medizinischen Begutachtung in ein Krankenhaus von Oran. Mein Bett befand sich in einem recht langen Krankenhaussaal. Überwiegend lagen arabische Patienten in den Betten. Wenige Tage später rückten Sanitäter mein Bett zwei Meter zur Seite. Ein Bett weiter lag ein Araber und auf der anderen Seite neben ihm wurde ebenfalls ein Bett etwas verrückt. Ehe ich das Rätsel lösen konnte, warum das alles, kamen zur Besuchszeit viele verhüllte Frauen in den Saal. Mein Bettnachbar hatte sich im Schneidersitz in Pose gesetzt, seinen Turban auf dem Kopf geordnet, die Arme vor seiner Brust verschränkt und empfing so seinen »Harem«. Hufeisenförmig waren zuvor einige Bänke um sein Bett gestellt worden, damit seine Frauen Platz nehmen konnten. Huldvoll wechselte dieser Patient mit jeder seiner Besucherinnen einige, wie ich annehme, freundliche Worte. Er »hielt Hof«. Na, dachte ich, bei so vielen Frauen ist das ja auch kein Wunder, dass dieser arme Mann so geschwächt im Krankenhaus liegt. Leider konnte ich ihre Gesichter nicht erkennen. Bis auf ein freies Auge waren sie streng verhüllt.

Irgendwann wurde ich einer kleinen medizinischen Kommission vorgestellt, und wenig später wurde mir mitgeteilt, dass ich die Legion frühzeitiger verlassen kann, als ich angenommen hatte.

In meiner Unterkunft in Oran erfuhr ich dann zufällig, dass der Legionär Hartwig sich in einem festungsähnlichen Krankenhaus befände. Ich beschloss, ihn zu besuchen, nahm eine Tüte Apfelsinen mit und drang bis zu ihm vor. Der arme Kerl befand sich in einem schlimmen Zustand. Er hatte einen so genannten »Wackelkontakt«. Sein ganzer Körper befand sich in einem Zitterzustand. Ich konnte das nicht lange ertragen, wünschte ihm alles Gute und verließ ihn mit einem mulmigen Gefühl.

Schon hier möchte ich anmerken, dass er nicht mehr nach Indochina kam, sondern, er wurde vorzeitig aus gesundheitlichen Gründen als legionsuntauglich ausgemustert. Später trafen wir uns in Berlin wieder. Zwischen uns entwickelte sich eine jahrzehntelange Freundschaft. Sollte ich beim Schreiben die Zeit dafür haben, werde ich noch einiges über diesen Menschen schreiben.

Bald stand es für mich fest, dass ich, nach dem Durchlaufen einiger militärischer Stationen, meinen Dienst in der Legion beenden kann. Ein Arzt mit hohem Offiziersrang hat es für richtig gehalten, mich für dienstuntauglich zu befinden. Nach meiner Entlassung kam ich in das kleine Depot der Legion. Am 17. Januar erhielt ich Zivilkleidung. Meinen Militärführerschein wollte ich nicht auf einen internationalen Führerschein umschreiben lassen. Die Gebühren erschienen mir zu hoch und außerdem, so dachte ich damals, könnte ich mir ein Auto finanziell sowieso nicht leisten.

Der Rest ist schnell erzählt bzw. geschrieben. Ich stand auf einmal draußen, kein Kamerad mehr an meiner Seite. Was wird mir die Zukunft bringen? Ich wusste es nicht.

Ich habe lange überlegt, ob ich hier noch einiges Wichtiges zur geschichtlichen Beurteilung der Legion aufschreiben sollte. Das werde ich nicht tun, aber einige Bemerkungen machen. Die Legion hatte vor allem im Ausland einen schlechteren Ruf, als ihr zustand. Eine große, aus vielen Tausenden bestehende Truppe, in der Männer aus verschiedenen Nationen sich freiwillig verpflichtet hatten, fünf Jahre Dienst zu versehen, muss auch manchmal hart und diszipliniert durchgreifen können. Sicher gab es auch schwarze Schafe unter den Söldnern, aber gibt es die nicht auch außerhalb der Legion? Bis auf wenige negative Erlebnisse von mir, habe ich auch Menschen kennengelernt, der unterschiedlichsten Nationen, mit denen ich mich kameradschaftlich bis freundschaftlich verbunden fühlte. Die Soldaten der Legion Etrangeré verstehen ihr soldatisches Handwerk auch heute noch. Sie sind couragiert und diszipliniert und dienen heute auf vielen Feldern, bis hin zum Weltraumbahnhof Kourou, der Erhaltung des Friedens im Rahmen von Aufträgen der UNO oder NATO, so u. a. im Kosovo und Afghanistan, zur Schaffung und Erhaltung des Friedens. Sie zählen zu den hervorragendsten Soldaten in der Welt.

Bis zum endgültigen Abschied aus der Legion waren noch einige Formalitäten zu erledigen, so gehörte es dazu, letztmalig verhört zu werden. Falls zum Beispiel jemand unter falscher Flagge in der Legion war, d. h. bei seinem Eintritt in der Legion unter einem anderen Namen oder anderen Nationalität seine Dienstzeit begann, hatte jetzt die Möglichkeit, alles ins rechte Lot bringen zu lassen.

Zivilkleidung wurde beschafft oder musste beschafft werden. Persönliche Papiere, wie zum Beispiel Personalausweis oder Entlassungsscheine aus der Kriegsgefangenschaft wurden wieder ausgehändigt. Ich erhielt einen Teil meiner kleinen Briefmarkensammlung aus Österreich wieder zurück. Das Wiederaushändigen von persönlichen Papieren, Ausweisen, Pässen, Briefen oder Fotos gewann für jeden von uns an Bedeutung. Wir hielten wieder einen Teil unserer früheren Persönlichkeit in den Händen. Dabei tauchten Erinnerungen auf. Vorsätzliche Gedächtnislücken wurden geschlossen.

So sehr der Gedanke, bald wieder ein freier Zivilist zu sein, faszinierte, so kreisten auch schon unsere – meine Gedanken um die Zeit, die vor uns lag. Eine meiner Brieffreundinnen, Ilse aus Mainz, machte ihre, mir gegebene briefliche Einladung, ihr einen Besuch abzustatten, wieder rückgängig. Warum, wusste ich nicht.

Ein letztes Mal ging ich als Zivilist mit Kameraden durch die Straßen der Legionsstadt Sidi-bel-Abbes. Wir nahmen Abschied.

Eine meiner letzten »Amtshandlungen« war, dass ich mich aus Nord-Afrika um eine Einstellung in die Berliner Kriminalpolizei bewarb.

Ende Januar fuhren wir Ausgemusterten mit der Eisenbahn in Richtung Oran. Wir passierten die Stationen: Prudon, Les Trembles, Qued-Imbert, Lauriers-Roses, St. Lucien, St. Barbe du Thelat, Arbal, Valmy, La Sénia, Oran. Dort bestiegen wir unter den wachsamen Augen der Militärpolizei unser Schiff, das Kurs auf Europa nahm. – Marseille hatte uns bald wieder. Nach zwei Übernachtungen bestiegen wir neuen Zivilisten einen Zug in Richtung Deutschland.

Zurück in Deutschland

In meinem Gehirn schlugen die Gedanken Purzelbäume. Wie geht es weiter? Wann sehe ich meine Mutter? Komme ich gut nach West-Berlin und wenn ja, was dann? Womit werde ich mein Geld verdienen? Wie werde ich von meinen Eltern, meiner Schwester, anderen Verwandten und Bekannten aufgenommen? Werde ich ein Gebrannter oder ein Hoffnungsvoller sein? Geht mein weiterer Lebensweg geradeaus oder muss ich Umwege machen? Auf der Zugfahrt bis nach Offenburg gingen mir solche und ähnliche Gedanken durch meine grauen Gehirnzellen. In Offenburg bekam ich einen Fahrschein bis Hannover.

Meine Reise zu meiner Tante Lisbeth oder kurz, Tante Lisa genannt, und ihrem Ehemann Ewald verlief problemlos. Sie bewohnten ein kleines Häuschen in Hannover-Anderten. In wenigen Tagen bekamen meine Tante und ihr Mann Besuch von zahlreichen Freunden, Bekannten oder Kollegen. Es hatte sich nämlich herumgesprochen, dass nicht nur ihr Neffe mit viel Reisegepäck angekommen sei, sondern der sollte auch einen mittelgroßen Koffer mit schwarzem afrikanischem Bohnenkaffee mitgebracht haben. Und wir alle feierten, freuten uns, tranken etwas Alkohol und viel Bohnenkaffee.

Eine Nachricht von meiner Mutter traf ein. Sie wolle schwarz über die Grenze. Sie will mich unbedingt sehen. – Ja, und dann kam der Tag, an dem wir uns beide gegenüberstanden. Wir lagen uns in den Armen, drückten uns liebevoll – und wir weinten, weinten, weinten. Dieses Wiedersehen werde ich nie vergessen. Sie wusste ja inzwischen, warum ich damals weg bin. Sie versuchte zu erklären – ich versuchte zu erklären und uns beiden rannen die Tränen über die Wangen. Später erzählte sie uns, wie es denn so für sie war, schwarz über die Grenze aus dem Osten Deutschlands in den Westen zu gelangen, Angst haben zu müssen vor den russischen oder deutschen Grenzwächtern. Die gaben ihr auch später etwas Westgeld, damit sie sich eine Fahrkarte lösen konnte bis Hannover. Bei meiner Tante gab es dann viel zu erzählen, von jedem von uns. Und, wenn ich dann so heute daran denke, wie meine Mutter die Rückreise mit der Bahn, ausgestattet mit dem Personalausweis ihrer Schwester Lisa, ohne Probleme gestalten konnte, wird mir heute noch mulmig. Was hätte ihr alles passieren können? Noch heute, beim Schreiben dieser Zeilen, könnte mir schlecht werden. Aber, Gott sei Dank, verlief alles ohne Schwierigkeiten. Meine Mutter kam gut in Berlin an, und der Personalausweis meiner Tante kam ohne Komplikationen zurück zu ihr.

Seit meiner Antragstellung bei der Britischen Besatzungsmacht auf einen Interzonenpass zur Durchreise nach West-Berlin ist einige Zeit vergangen. Ich weiß nicht, warum das damals alles für mich so lange dauerte. Deshalb nutzte ich die Zeit – etwas Geld hatte ich noch bzw. bekam ich von meiner Tante – um zu meinen Großeltern nach Espelkamp in Westfalen zu fahren. Dieser Ort entwickelte sich zu einer großen, heute noch existierenden Flüchtlingsdomäne bei Lübbecke. Auch die jüngste Schwester meiner Mutter mit Familie hatte dort nach Kriegsende ihr neues zu Hause gefunden. Wir alle freuten uns und genossen dieses Wiedersehen. Meine Verwunderung war allerdings groß, als ich feststellte, dass aus meinen Hitler anbetenden Großeltern glühende Verehrer der West-Alliierten geworden waren. Sie schwärmten von der Tapferkeit und dem Wagemut der alliierten Flugzeugbesatzungen, die während der Berlin-Blockade die Bevölkerung Berlins aus der Luft mit Lebensmitteln versorgte.

In der Blockadezeit entstand im Französischen Sektor von Berlin der Flughafen Berlin-Tegel. Und auf dem Flughafen in Berlin-Gatow und auf den Gewässern in Berlin landeten britische Wasserflugzeuge bzw. Flugzeuge, um die Ernährung der West-Berliner sicherzustellen. Ich wunderte mich schon sehr, wie schnell meine Großeltern und viele andere tausende Berlinerinnen und Berliner aus den ehemaligen Feinden alliierte Helden machten. – Ja, mehr noch, sie wurden zu Freunden. Das war meine erste politische Lektion seit meiner Rückkehr nach Deutschland.

Die zweite Lektion bekam ich junger Mann, als meine Tante Uschi mit ihrem Ehemann mir eine Kinokarte spendierte, und ich den Film »Die Sünderin« mit Hildegard Knef sah. Der sorgte damals in Deutschland für viel Aufsehen, einer kurzen Nacktaufnahme der Schauspielerin wegen.

Die dritte Lektion bestand aus der Empfehlung meiner Tante, der Sozialistischen Reichspartei beizutreten, in der der ehemalige Major Remer das Sagen hatte. Remer wurde bekannt als der Offizier, der nach dem Attentat auf Hitler 1944 nach einem vom damaligen Berliner Gauleiter Josef Goebbels initiierten Telefongespräch mit Adolf Hitler die Gewissheit erhielt, dass ein Attentat gegen Hitler fehlgeschlagen sei. Unter Remers Führung konnte sich der Aufstand gegen Hitler in Berlin nicht etablieren. Oberst von Stauffenberg und andere Offiziere wurden im Bendler-Block standrechtlich erschossen.

Meine Tante und ihr Mann hatten politisch nichts dazugelernt. Schön war es damals für mich, meine beiden kleinen Cousinen, Ute und Sigrid, zu treffen. Die Ute lebt seit einigen Jahren mit ihrem Mann auf ihrem Anwesen in Tunesien.

Sigrid und ihr Mann sind honorige Zollbeamte im leitenden Dienst geworden. Diese Ehe blieb kinderlos.

Meine Cousine Ute und ihr Ehemann Enzio halfen zwei Kindern, einem Jungen und einem Mädchen, das Licht der Welt zu erblicken.

Während meines Aufenthaltes bei meinen Großeltern mütterlicherseits, bewunderte ich die Altbäuerin. Am Abend steckte diese ihre Beine in den noch warmen Backofen ihres Küchenherdes und las Klassiker. Mit ihr habe ich mich gern unterhalten. Ihr Enkel nahm mich irgendwann mit auf den Tanzboden. Und da lernte ich dann aus Varlheide ein junges Mädchen kennen. Zuerst tanzten wir nur miteinander, später liebten wir einander. Jeden Abend fuhr ich mit einem geliehenen Fahrrad zum Anwesen ihrer Großeltern, bei denen sie schlief. Ich klopfte an ihr Fenster, sie öffnete mir, mit einem Nachthemd bekleidet, ja, und dann, heute sagt man: »Ja, und dann ging wieder die Post ab!« Wir waren beide wie verrückt miteinander und aufeinander. Ich weiß nicht, ob es die große Liebe war, aber sie hatte Heißhunger auf einen Mann, und ich war verrückt nach dieser ersten weißen Frau in Europa nach meiner Legionszeit.

Ich lernte auch ihre Eltern kennen, freundliche Menschen. Vorsichtigen Fragen von ihnen, ob ich denn ihre Tochter ernähren könnte usw., musste ich vorsichtig ausweichen, denn ich konnte sie nicht klar beantworten. Ich wusste ja damals noch nicht einmal, wie ich mich ernähren kann und wie das Verhältnis meiner ersten Liebe in Österreich mit dem von mir gezeugten Mädchen Karin sich weiterentwickeln würde oder auch nicht. Heute, viele, viele Jahre später, gestehe ich mir freimütig ein, dass ich mit jeder, einigermaßen nett aussehenden Frau, die Haltefestigkeit von Betten erprobt hätte. Ich war einfach verrückt nach ihnen. Damals meinte ich, als einigermaßen anständiger Mensch, so ein Verhältnis müsste unbedingt in einer guten Ehe münden. Aber, wenn ich später jeder Frau, mit der ich sexuell verbunden war, ein Heiratsangebot gemacht hätte, wäre ich »vor lauter Hochzeiten nicht mehr in den Schlaf gekommen«.

Mein Verhältnis mit diesem Mädel wurde durch die älteste Schwester meiner Mutter in Berlin schnell torpediert. Sie teilte ihr mit, wer in Berlin zurzeit meine nächste Geliebte war. Welch' Glück, dass man Verwandte hat, die es nur »liebevoll mit einem meinen«.

Meine Großeltern sah ich später nie mehr wieder. Als sie beide hochbetagt starben, hatte ich nicht einmal das Fahrgeld, um zu ihrer Beisetzung kommen zu können. Auch zu ihrer Tochter Ursula, ich sagte früher immer Uschi, und ihrem Mann sind die gegenseitigen Kontakte schnell erlahmt. Viele Jahre später standen sie mit ihrem Auto, an einem Wochenende, unangemeldet mit ihrer ältesten Tochter, vor meiner Wohnstätte. Die junge Frau sollte in Berlin ein Praktikum absolvieren. Ein angestrebtes Untermietverhältnis für sie platzte. Na ja, und dann waren sie eben hier. Und meine Cousine Ute konnte natürlich, so lange sie es wollte, bei uns nächtigen.

Fünf Jahre nach meinem Weggang aus Berlin war ich wieder da. Und auch meine Berliner Mundart hatte ich in der Zwischenzeit nicht verlernt. Hatte ich zuvor jahrelang ein gutes Hochdeutsch gesprochen, war meine erste Frage an einen Bahnhofsbediensteten: »Könn' se mir mal sagen, wie ick am besten nach Reinickendorf komme?« Er sagte es mir!

Was wird mir die Zukunft wohl bringen? – Heute weiß ich, was sie mir brachte. Hätte ich damals gewusst, was alles noch so vor mir liegen würde, wäre ich wohl möglicherweise zurückgegangen – nicht unbedingt in die Legion, aber an den geheimnisvollen Ort in der Welt, an dem ich nicht so gebeutelt werden konnte.

In einem folgenden Buch will ich über mein weiteres Leben erzählen. Es war, wenn auch in einer anderen Weise, aufregend, interessant und manchmal schmerzlich, aber ich habe es durchgestanden – bis heute! Ich hoffe, dass mir meine Gesundheit die Chance gibt, meine Absicht in die Tat umzusetzen.